2015 中国移动电视发展报告

中广联合会移动电视分会
易目唯（北京）文化传播有限公司 著

電子工業出版社
Publishing House of Electronics Industry
北京 • BEIJING

内 容 简 介

《中国移动电视发展报告（2015）》是中国移动电视行业最权威的综合性研究报告。与2013版报告相比，本书对互联网+智慧广电时代下移动电视的概念进行了重新定义，对移动电视在新的政策、技术环境下的发展方向、路径、关键点进行深入的思考和分析，提出了移动电视全新的发展愿景。与此同时，通过对全国三十多家移动电视的调研，基于对关键、真实数据的统计和分析，全景式地勾勒出移动电视近年来在内容、运营、品牌宣传等方面的实际状况，提供了各地移动电视开展经营活动的大量创新案例，具有极高的参考价值。

本书主要供移动电视行业决策者、专家学者、广告主、业界同仁和广大关心移动电视行业发展的人士参考。

图书在版编目（CIP）数据

中国移动电视发展报告. 2015 / 中广联合会移动电视分会，易目唯（北京）文化传播有限公司著. —北京：电子工业出版社，2015.11

ISBN 978-7-121-27514-2

Ⅰ. ①中… Ⅱ. ①中… ②易… Ⅲ. ①移动式－电视事业－产业发展－研究报告－中国－2015 Ⅳ. ①G229.2

中国版本图书馆CIP数据核字（2015）第263509号

责任编辑：徐蕾薇　　特约编辑：劳嫦娟
印　　刷：三河市华成印务有限公司
装　　订：三河市华成印务有限公司
出版发行：电子工业出版社
　　　　　北京市海淀区万寿路173信箱　邮编　100036
开　　本：720×1000　1/16　印张：17.25　字数：291千字
版　　次：2015年11月第1版
印　　次：2015年11月第1次印刷
定　　价：128.00元

凡所购买电子工业出版社图书有缺损问题，请向购买书店调换。若书店售缺，请与本社发行部联系，联系及邮购电话：（010）88254888。

质量投诉请发邮件至zlts@phei.com.cn，盗版侵权举报请发邮件至dbqq@phei.com.cn。

服务热线：（010）88258888。

序 言

站在历史的基点上，审视2015年，一个承前启后的关键时刻。

创新奋斗的“十二五”在这里顺利收官，波澜壮阔的“十三五”在此刻规划启航；中华民族伟大复兴的梦想，将在未来五年驶向“全面小康”的腾飞港。

互联网革命的浪潮，在过去20年中深刻地改变着从生意到生活的一切社会形态，在2015年凝结成“互联网+”的政策感召，凝聚起“大众创业、万众创新”的力量。

经历了网络化、数字化洗礼的广电行业，在三网融合全面推进与“互联网+”时代的激发下，铺陈了智慧广电的发展愿景，成为适应经济发展新常态、满足人民数字生活新期待、顺应信息技术新发展、推动广播影视转型升级的重要引擎。

在构成“智慧广电”引擎的核心组件中，移动电视无疑是不可或缺的一环。

诞生于2002年的移动电视，是广电数字化的新媒体实践，是广播电视从固定接收走向移动播出的分水岭，更打开了一扇构建天地一体广电信息网络的时代大门。在过去十余年中，移动电视产业的所有同仁，创新探索、自力更生，开辟出一个发展健康的产业生态环境，建设了几十张全面覆盖城镇主要公共交通工具的数字单频网络，为亿万用户提供了“在路上”的视听信息享受，为党和政府打造了一个富有公信力和传播力的主流传媒阵地。

面对“互联网+”的融合发展，移动电视产业也迎来了自身全新的发展愿景，那就是在全业务、全流程、全网络的数字化基础上，与移动互联网深度融合，从拥有单一的数字电视的移动播出“功能”，到具备多元的智慧城市与便捷交通多媒体服务“智能”，成为“互联网+便捷交通”不可或缺的组成部分，成为在移动场景下有效汇聚受众与用户需求的多媒体智慧平台，成为O2O

服务的重要入口与核心场景。

显然，中国移动电视的下一个10年，更富挑战，也更加精彩！

承前启后，需要不断的回顾与总结，以启迪与思考未来的方向。作为全行业产业链的组织者，中国广播电影电视社会组织联合会交通宣传委员会移动电视分会自2008年成立以来，就承担起这项于行业发展极为重要的使命。2013年，移动电视分会组织撰写并发布《中国移动电视发展报告（2013）》，对行业发展10周年历史进行全面梳理总结；2015年，移动电视分会再次组织会员单位，会同业界专家学者、研究机构，围绕中国移动电视在新时期的全新发展愿景，深入探讨技术与商业模式创新激励下的新蓝海、新机遇。

“言而无文，行之不远；义而无立，勤则无成。”——通览《中国移动电视发展报告（2015）》，数据翔实、立论严谨、前瞻视角、时代格局，立言行文可为之远；遍历中国移动电视产业链，生机勃勃、实干为基、生态和谐、共划未来，勤勉信义可为之成。

抬望眼，在“十三五”规划的未来5年中，“保持经济增长、转变经济发展方式、优化产业结构、推动创新驱动发展”，是十大目标任务中的头四项，也正是移动电视乃至广电行业、传媒娱乐行业、交通运输业、互联网行业等相关产业群落的责任、义务和机会。

让我们拥抱这个时代，拥抱中国的未来！

是为序。

包　冉

中国智能多媒体终端技术联盟秘书长

2015年10月

目 录

CONTENTS

第一章　移动电视发展总论 ……………………………………………（1）

第一节　“互联网+”与“智慧广电”时代的移动电视 ………………（1）

第二节　中国移动电视成长历程 ………………………………………（9）

第三节　中国移动电视发展现状 ………………………………………（14）

第二章　移动电视数据篇 ……………………………………………（19）

第一节　移动电视覆盖与受众变化 ……………………………………（19）

第二节　移动电视内容生产与播出情况 ………………………………（25）

第三节　移动电视广告经营与地面活动分析 …………………………（33）

第四节　移动电视传统产业链结构分析 ………………………………（41）

第五节　车联网市场规模与趋势分析 …………………………………（48）

第六节　智慧城市发展情况与趋势分析 ………………………………（56）

第七节　出行 O2O 服务市场规模与趋势分析 …………………………（61）

第三章　移动电视政策篇 ……………………………………………（69）

第一节　国家政策：关于“互联网+”的顶层设计 ……………………（69）

第二节　广电行业：“智慧广电”背景下的产业政策与监管 ………（76）

第三节　交通行业：“互联网+便捷交通”相关政策 …………………（82）

第四节　法律法规：《中华人民共和国网络安全法（草案）》 ………（84）

第四章　移动电视技术篇 ……………………………………………（88）

第一节　移动电视传输技术 ……………………………………………（88）

第二节　移动电视硬件与相关技术 ……………………………………（120）

第三节　智能交通与车联网技术初探 …………………………………（138）

第五章　移动电视内容篇 ……………………………………………………（154）

第一节　全国移动电视内容建设现状 ……………………………………（155）
第二节　全国移动电视内容创新典型案例 ………………………………（163）
第三节　移动电视的内容建设逻辑 ………………………………………（178）

第六章　移动电视运营创新篇 ……………………………………………（181）

第一节　公共视听媒体市场运营概况 ……………………………………（181）
第二节　移动电视广告运营创新案例 ……………………………………（192）
第三节　移动电视的线下活动运营创新案例 ……………………………（196）
第四节　移动电视宣传与品牌营销创新案例 ……………………………（205）
第五节　统一账户与用户运营创新案例 …………………………………（209）
第六节　O2O 服务协作运营创新案例 ……………………………………（214）
第七节　智慧城市融合运营创新案例 ……………………………………（216）

第七章　产业链篇 …………………………………………………………（221）

第一节　移动电视新型产业链的内涵与外延 ……………………………（221）
第二节　平台化：移动电视运营商发挥核心作用的关键 ………………（225）
第三节　移动电视新型产业链发展的不确定因素及挑战 ………………（227）

附录 A　移动电视分会概况 ………………………………………………（230）

附录 B　会员单位简介 ……………………………………………………（236）

第一章 移动电视发展总论

移动电视的发展，从来不是孤立存在的。

追溯其基因本源，是广播电视数字化技术创新的一个业务分支；考量其行业特质，业已成为交通运输服务业、尤其是客运服务业的重要组成；剖析其业务属性，显然又兼具新闻传媒与信息娱乐业特征；面向移动互联网与互联网+的大潮，移动电视的车载终端及收视环境，又是天然的O2O（Online to Offline）重要入口和智慧交通的关键场景之一。

置身于上述四个象限，考量移动电视的产业发展，显然已非传统的广电范畴所尽能涵盖。

换言之，在“连接一切”的泛在网时代，面对线上与线下业务加速结合的O2O风口，拥有来自国家意志的“互联网+”与行业主管部门意志的“智慧广电”等坚定而明确的政策支撑，中国移动电视产业的发展，需要并可能树立起新的发展格局观。

第一节 “互联网+”与“智慧广电”时代的移动电视

一、移动电视的基础定义与全新发展愿景

标准的移动电视基础定义，即“基于数字电视地面传输技术，利用广播电视专用无线频率（470～860MHz），通过安装在公交车、出租车、地铁等移

动交通载体或楼宇内的专用接收终端设备，以满足公众在旅途或等待电梯等公共场所，收看电视节目的媒介形式，是具有广电性质的户外公共新媒体。从技术概念上讲，移动电视是地面数字电视技术的特殊应用……与卫星数字电视、有线数字电视共同组成了数字电视传输的完整体系。”（《2013 中国移动电视发展报告》，P1-P2）。

2015 年 3 月，在 CCBN2015 主题报告会上，国家新闻出版广电总局副局长聂辰席同志发表重要讲话，明确提出“智慧广电”的行业发展方向——“打造智慧广电，是适应经济发展新常态、满足人民数字生活新期待、顺应信息技术新发展的必然要求，是推动广播影视转型升级的重要引擎……互联网与广播影视领域的深度融合将带来重大发展机遇，推动广播影视全业务、全流程、全网络从数字化向智能化、智慧化创新转变，进而催生‘智慧广电’”。

显然，当广播影视全业务、全流程、全网络都从数字化向智能化、智慧化转变，从属于数字电视范畴的移动电视业务，其基于与互联网的深度融合，向智能化、智慧化的演进升级自然成为题中之义。

所以，本报告课题组研究认为，移动电视的全新发展愿景应该是——在全业务、全流程、全网络的数字化基础上，与移动互联网深度融合，从拥有单一的数字电视的移动播出“功能”，到具备多元的智慧城市与便捷交通多媒体服务“智能”，成为“互联网+便捷交通”不可或缺的组成部分，成为在移动场景下有效汇聚受众与用户需求的多媒体智慧平台，成为 O2O 服务的重要入口与核心场景。

从上述新的发展愿景出发，移动电视的系统构成也将发生增益性变化。标准意义上的移动电视系统，包括前端系统、信源传输系统、无线发射系统和终端接收系统，其核心目的是确保地面数字电视信号覆盖广泛、反应迅速，全面支持移动和固定状态下的视音频接收，并均能保持画面的图像清晰、伴音流畅。

在此基础上，增益性引入云服务与可视化大数据系统、互联网地理信息系统（地图）、O2O 服务平台系统、互联网社区与社群系统、车载 WiFi 接入系统，通过自建或公共互联网标准接口衔接的方式，创造出适用于“互联网+便捷交通”、多媒体智慧平台与 O2O 服务的立体化服务场景体系。

从以上定义来看，本报告范畴内的移动电视接收终端，已不仅仅局限于车载或楼宇电视，亦包含智能手机、平板电脑、具备车联网功能的私家车中控显示屏等终端，以及运行在这些智能终端之上的应用（APP/APK）。

二、移动电视的跨行业发展象限

移动电视产业横跨广播电视、交通运输服务、新闻传媒与信息娱乐、互联网 O2O 服务业四个象限，其行业属性和产品特色在不同的象限表现出不同特质（见图 1-1 和图 1-2）。

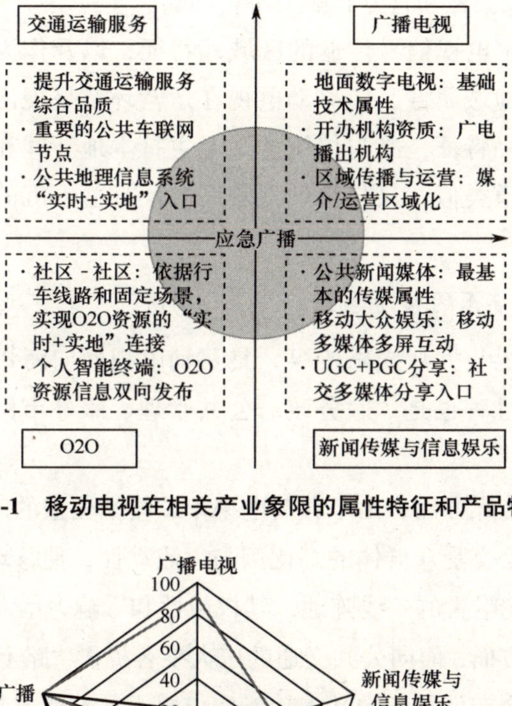

图 1-1 移动电视在相关产业象限的属性特征和产品特色

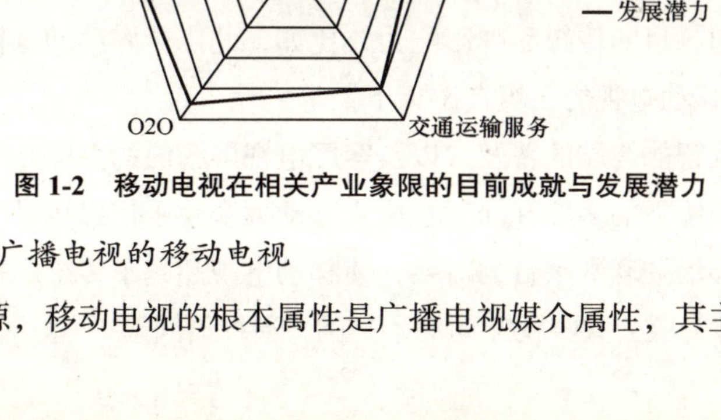

图 1-2 移动电视在相关产业象限的目前成就与发展潜力

1. 面向广播电视的移动电视

追根溯源，移动电视的根本属性是广播电视媒介属性，其主要表现在媒介技术实现基础、开办机构资质和区域化的传播与运营。

移动电视的媒介技术实现基础，是运营于专用无线频段的地面数字电视信号播出，这是移动电视运营机构所具有的独家资源，在与公共（移动）互联网、以车联网为代表的下一代互联网展开“互联网+”融合时，具有不可再生的无线频谱资源优势，以及通过融合通道提供全天候覆盖服务的能力优势。

移动电视开办单位的属性是广播电视内容播出机构，只能由当地广播电视播出机构开办，这是广电行业专营权在移动电视领域的直接体现，也使得移动电视的传播权威性和官方影响力不言而喻。

由于地面数字电视信号传输的区域性特征，以及作为开办主体的广播电视播出机构的地域属性，使移动电视在运营环节呈现出典型的本地化、区域化特征。这一特征，既与传统意义上主打本地新闻和民生服务的地面开路（电视）频道类似，又与移动互联网时代日益下沉的本地化网络服务需求不谋而合。

2. 面向传媒娱乐的移动电视

公共新闻传媒与大众娱乐传媒，是移动电视面向海量公交出行受众的两大基本媒体属性，也是“服务政府公共管理、服务市民精彩生活”的宗旨体现。

在公共新闻传媒方面，由于移动电视车载终端覆盖的广泛性、内容播出的强制性和城镇公交受众群体的高比例与大流动性，使移动电视的新闻报道成为党和政府舆论喉舌的一线阵地，其权威性和影响力巨大。

在大众传媒方面，面向公共交通的广大乘客提供“路上的娱乐”，亦是移动电视产业兴起之初就具备的基本功能和传媒服务。随着整个产业的不断发展和成熟，各地移动电视公司自办的大众娱乐节目也都形成了相当一批忠实粉丝，建立起各自的传媒品牌影响力，比如，北广传媒移动电视的《秀逗爱生活》、宁波移动电视的《爽食游天下》等。

随着个人智能终端的普及，以及客厅电视屏幕前的多屏互动习惯养成，在移动车载环境下的多屏互动正在成为移动大众娱乐传媒场景的核心组成部分。借助与移动互联网平台的对接，使移动电视超越了传统广播电视的单向播出功能，并克服公共收视互动场景下的“遥控器问题”。这一改变，无论对互动内容创意生产，还是对受众参与度的本质提升，都是质的提升。

更进一步，众多短视频“拍摄-上传”工具应用，成熟的互联网 UGC（User Generated Content，用户创造内容）、PGC（Professional Generated Content，专业内容生产方）视频平台，已在计算机和手机终端，以社交网络为传播载体，建构起日益繁荣的全民创意与创作生态。在“互联网+”时代，面向移动视音频场景，只有移动电视可以在确保内容播出安全的前提下，实现 UGC 与 PGC 平台的移动电视屏对接，其发展潜力不可小觑。

3. 面向交通运输的移动电视

作为城镇公共交通主力的地面公交、地铁，承载了绝大部分本地日常出行运力，而覆盖率超高的移动电视，业已成为交通运输业（主要是城镇客运行业）的有机组成部分。

以北京为例，日均公交出行人次达 2188 万/人次，而仅仅在公交车上的移动电视终端覆盖，就包括 480 条公交线路、12215 辆公交车、24195 个终端，覆盖北京所有区域。如果加上 9058 块地铁车载屏幕终端，则形成一个对首都每日海量公交出行群体的完整覆盖体系（注：巴士在线以及京港地铁等部分非数字信号传输的屏幕未统计在内）。

持续移动的车载终端、超高的地理覆盖率、实时的信号传输，意味着移动电视是“互联网+便捷交通”的重要组成。事实上，在“互联网+”政策提出以前，移动电视就已经通过车载屏幕、计算机屏幕（微博、官方网站）、智能手机屏幕（微信公众号、微博）等多种渠道向受众及时提供各类便捷交通信息，包括但不限于公交线路更新、临时线路调整、实时路况指南等。这些可以视作“前互联网+时代”的基础交通服务。

在以云平台、大数据的开放运营为基础，以物联网、移动互联网为主要连接媒介，以数据挖掘和实时交通运输信息服务、运力在线集成的“互联网+”时代，已有效覆盖城市公交/地铁主要线路和车辆终端的移动电视，应该也必须接入建设中的“互联网+便捷交通”平台，成为面向群体的高效率信息推送界面，以及面向个体的车载 WiFi 接入界面；并依据公交线路规划与城镇区域经济发展密切相关的特点，成为公共地理信息系统“实时+实地”的信息与服务入口，这是移动电视涉足移动互联网 O2O 应用领域的机会窗口。

4. 面向移动互联网 O2O 的移动电视

本地化、区域化特征，在“互联网+”时代是移动电视产业的一大优势，因为随着移动互联网发展呈现本地化下沉的明显趋势，O2O 服务天然的本地化基因，使全程全网的移动互联网服务迫切需要建立本地化的垂直平台，而移动电视则是很好的合作方。

免费车载 WiFi 的兴起，在大型公交车辆的车载环境中，为移动电视切入移动互联网 O2O 的产业链条，提供了新的融合网络接入基础环境。

目前，北京、上海、广州、深圳等一线城市均已试点或正式上马公交 WiFi 项目——2012 年 3 月，广州第一批公交 WiFi 试点在新穗巴士公司下属 200 辆公交车开始试运营；2013 年起，公交 WiFi 在北京 12000 辆公交车上正式开通，截至 2015 年年中已配置 24000 辆（注：已配置不代表展开正式商业运营，下同）；2014 年年底，上海浦东 3800 辆公交车开通，截至 2015 年年中已配置 17000 辆；2015 年以来，深圳已有 15000 辆公交车开通车载 WiFi 运营服务。

公交 WiFi 市场的主要运营商是民营企业，比如移动电视广告运营商华视传媒，或商用 WiFi 运营商 16WiFi 等。同时，公交 WiFi 的发展，对移动电视具有积极的促进意义。

首先，目前在全国 52.88 万辆公共汽电车中，北京、上海、广州、深圳共约 7 万辆，占全国的 13%，尚有大片车载 WiFi 的处女地未被开发，这是一个尚有大量潜力的市场区域。

其次，免费车载 WiFi 需要大量成本投入，而处于同一应用场景的、具备良好的传媒广告变现能力的移动电视，是一个很好的实现转移支付的合作伙伴。

再次，移动电视强大的本地化属性，以及强制性的区域传媒品牌影响力和号召力，恰好能补足大量新创 O2O 服务商的品牌短板。

但是，实现上述理想化的发展目标，需要移动电视运营商在车载终端的融合网络环境上进行功能和服务升级，主要是基于商用定位实现“线路-内容”运营，并实现媒资体系与 O2O 服务平台在云端的标准接口对接。

5. 面向应急广播的移动电视

当发生重大自然灾害、突发事件、公共卫生与社会安全等突发公共危机时，政府通过应急广播可提供一种迅速、快捷的信息传输通道，在第一时间把灾害消息或灾害可能造成的危害传播到民众中，让人民群众在第一时间知道发生了什么事情，应该怎么撤离、避险，将生命财产损失降到最低。

2013 年 4 月 22 日，雅安地震后，首次以“国家应急广播”为呼号，在突发灾难事件中对灾区民众定向播出的应急频率；2013 年，国家新闻出版广电总局印发推进国家应急广播体系建设工作方案，成立了国家应急广播中心；2014 年 6 月 10 日，国家“十二五”规划文化事业重点工程国家应急广播体系建设在四川省启动试点试验。

应急广播的信道，有音频广播、地面数字电视和电信网络等多重选择。目前，应急广播体系的技术系统是建立在中央和各地的应急广播系统，还有各种传输覆盖手段，包括有线、无线、卫星、移动广播电视等各种手段和终端来构成，国家应急部门产生的各种应急信息，都通过这个技术系统传递到千家万户。

比较之下，从网络技术机理与发射能力的角度看，在发生重大自然灾情或社会公共危机时，基于地面数字电视信道的传输是应急广播优选方案，其可靠性较电信网络以及基于电信网络的公共互联网要高出至少一个数量级；其表现力比单纯的音频广播也高出至少一个数量级。而从终端的公共区域广覆盖、移动化传输确保随时随地收看的角度看，移动电视又是地面数字电视传输中最好的应急广播选择。

移动电视与应急广播，是双生双赢的关系。一方面，移动电视纳入国家应急广播体系，可进一步强化移动电视的权威性和有用性；另一方面，丰富了应急广播的传输形式和表现力，后者对处于紧急状态下的民众更为重要，可有效起到政策宣贯、安抚民众、社会疏导、凝聚士气的作用。

三、移动电视的跨媒介功能平台

在“互联网+”与“智慧广电”的发展语境下，移动电视具备多重跨媒介功能的平台角色——发布平台、发行平台、营销平台和服务平台。

1. 发布平台

移动电视的发布平台功能，主要指移动电视可以实现应急广播信息发布、引导社会公共舆论及其他公共信息发布等。

发布平台的本质特征是公共性，运营特征是公益性，主要代表了党和政府的主流声音，是移动电视作为重要的舆论阵地，宣传社会主义核心价值观，倡导公民良好品德与行为规范的重要窗口。

2. 发行平台

最初意义上的移动电视发行平台功能，主要指音视频内容的发行。包括电视台、影视剧公司等出品的综艺节目、电视剧、电影等内容，通过移动电视有效地进行导视宣传。现在的移动电视，可视为“媒体的媒体”、“电视的电视”，具有一定的强制性信息传播发行能力。

成为移动互联网的新入口之后，移动电视作为发行平台又被赋予新的潜能，包括但不限于智能终端的应用发行、会员资格发行等。

3. 营销平台

与发行平台类似，移动电视作为营销平台也具备传统视音频营销和移动互联网营销两个阵地。

车载或其他公共场所环境下，移动电视利用视音频媒介形态进行商业广告信息的传播，是目前近乎唯一的可确保端到端质量的移动化视频营销推广手段。与此同时，借助二维码扫码、“摇一摇”等业已普及的多屏交互手段，实现跨屏营销。

未来真正具备颠覆性创新意义的，还在于结合地理信息系统与移动互联网接入（车载 WiFi 或环境 WiFi），借助云端的大数据系统和与 O2O 服务商的平台对接，实现结合用户位置与场景的针对性营销，包括互动、推送、社群等互联网营销方式。

4. 服务平台

在融合网络环境下，移动电视作为服务平台的意义，首先是自营服务的自然延伸，即基于目前已开通的生活服务类频道内容和微信公众号（服务号），以及品牌化的线下用户组织活动，发展会员、提供服务。

但平台化的意义远不止于此。对于真正意义上的平台来说，自营仅仅是其一部分业务形态，通过统一的账号体系和用户信用机制，在可管可控的前提下，将移动电视的传播、分发与接入能力予以开放，才是平台化服务和服务平台的题中之意。

第二节　中国移动电视成长历程

2002 年 8 月，国内首家移动电视公司——上海东方明珠移动电视有限公司注册成立。

2003 年，东方明珠移动电视正式组建地面数字电视单频网系统，包括东方明珠发射塔、虹桥广播大厦、东视大厦和上海教育台大厦四个发射点，范围覆盖整个上海市区。此举标志着移动电视市场在中国正式起步。

从 2003 年至今，移动电视产业与市场已历经十二年发展，可分为四个发展阶段——探索实验期、跑马圈地期、多元化发展期和“互联网+”机遇与挑战期。

一、探索实验期

2002—2007 年，是中国移动电视产业的探索实验期。在此期间，产业构想的提出、技术标准的实验、运营主体的设立、产业结构的“从 0 到 1”、商业模式的探索，是主要的行业性成果。

继上海率先开启中国移动电视的试运营之后，2003 年 6 月，长沙广电数字移动传媒有限公司正式注册成立；同年 8 月，北京北广传媒移动电视有限公司成立；以此为发端，一个新的市场细分领域的盖头被揭开，广电行业敏锐地捕捉到新的发展机会，各地公交移动电视的试运营次第出现。截至 2004 年年底，近 20 家移动电视运营公司相继成立，2005 年则发展到 30 余家、增长超过 50%。

因为地面数字电视国家标准尚未出台，各地试运营多采用欧标（DVB-T）切入，同时积极配合国标科研团队展开相关测试。应该说，地面数字电视欧标技术较为成熟、相关设备成本也较为适宜，能够快速搭建起网络实验环境，在中国移动电视的早期发展中，起到了很好的助力作用；同时，对尽快形成稳定的移动电视商业模式、为日后国标大规模转换提供了良好的产业支撑。

随着开通移动电视试验网络的城市越来越多，吸引了众多技术与设备供应商加入，中国移动电视的产业结构实现了从 0 到 1 的跨越。2004 年 4 月，由南京广播电视台、香港易达数字通讯有限公司（BTL）、意大利 DMT 公司共同主办的“数字移动电视技术研讨会”在南京举行，广电总局领导及广东、浙江、上海、四川、安徽、江苏等 20 多个省市电视台的 100 多名技术人员与会，移动电视完整的产业结构已初见雏形。

2005 年 9 月，由重庆广电移动电视发起并主办的首届全国移动电视协作研讨会在重庆成功举办。来自 27 个省、市、自治区的移动电视运营机构及产业链伙伴共 61 人参加了此次盛会，就移动电视产业的运营现状和发展前景进行了深入探讨，对移动电视的节目架构、广告经营、体制创新等方面问题开展了广泛交流。可以说，首届移动电视协作研讨会的成功召开，标志着中国移动电视产业结构在逻辑层面的完整自洽——成员、组织、方法、愿景。

基于自洽的产业逻辑，中国移动电视的第一阶段发展框架被清晰地勾勒出来——以公交车屏幕为主要载体、以节目为主要界面、以广告为主要营收、以区域为主要运营环境、以跨区域协作为有效纽带、以全国性广告代理机构为商业助力。

这一期间，随着移动电视运营机构和终端覆盖规模快速增长，广告主逐渐认可移动电视作为一种全新媒介的商业价值。而全国性的广告代理机构相继出现，如 2003 年成立的世通华纳、2005 年成立的华视传媒。

二、跑马圈地期

2006—2009 年，是中国移动电视在快节奏中跑马圈地的阶段，规模式的外延扩张与“大事件（Big Things）”的内在助力，成为这一阶段的发展主旋律。

2006 年 8 月 18 日，中国移动电视产业迎来了第二发展阶段的第一个大事件，即地面数字电视国标的正式颁布。由国家组织的数字电视特别工作组负责起草，全国广播电视标准化技术委员会归口并测试，国家质量检验检疫总局、国家标准化管理委员会批准发布了《数字电视地面广播传输系统帧结构、信道编码和调制》（GB 20600—2006）标准，并定于 2007 年 8 月 1 日起正式强制实施。

国标的出台与标准的统一，是整个产业规模化发展的基石，也消除了大量技术设备商投入的不确定性，更有利于激励产业链企业的进入。

同时，在这一时期，基于应用场景的细分令移动电视有了更大的市场和资本想象力。

在细分市场方面，2007 年，北广传媒地铁电视成立，从而将公共交通的车载覆盖从“地上”延伸到“地下”，实现了完整意义上的公交出行人群全覆盖，其商业价值的想象力进一步提升。

在资本想象力方面，2007 年，在国际资本的助力下，华数传媒、世通华纳等移动电视广告运营商开始在全国范围内大规模扩张，并实现在美国纳斯达克上市。2008 年 6 月，巴士在线成立，与央视国际旗下的“CCTV 移动传媒”实现从资本到市场的全面合作。

2008 年，筹备已久、成功举办的北京奥运会，以及此前突发的汶川大地震，是接踵而至的两个大事件。

在地震发生后，包括四川在内的全国各地移动电视，均在第一时间对地震灾情进行了持续、实时报道，及时报道救灾信息、传递政策声音、号召社会救助正能量，成为应急广播机制下的有力传播媒介。

北京奥运会则是整个移动电视产业的一大利好，随着国内外品牌商营销费用借奥运商机大规模注入中国市场，移动电视作为营造奥运氛围的重要宣传和传播平台受到广泛关注。随后的深圳大运会、上海世博会，均大力推动了移动电视的发展。

更进一步，政府对移动电视作为重要的城市宣传工具的认识层次不断加深，从而在市政公交建设、户外广告治理等多个领域对移动电视运营商给予更多支持。

在资本市场方面，华视传媒于2009年收购地铁视频媒体运营商数码媒体集团（DMG），标志着这一时期在资本市场推动下，市场开始整合。其后虽然经历资本诉讼，但后于2014年与橡树资本、戈壁投资及献售股东达成和解方案。

三、多元化发展期

2010—2013年，是中国移动电视整个产业放慢节奏，进入深耕细作的多元化发展阶段。价值回归成为这一阶段的产业发展主轴，而迎接移动互联网时代的产业准备，也在孕育和萌芽。

任何产业的发展都呈现类似的曲线，移动电视产业也不例外。经历了多年快速发展后，随着各地传输网络基本搭建完毕，广告资源的分配也已形成稳定格局，各地移动电视运营商开始进入深耕细作的多元化发展阶段，整体产业的发展节奏也开始趋于平稳。

稳定的移动电视产业增长，在这一时期主要来自全国大中城市公交、地铁的发展。在“公交都市”优先发展城市公共交通的政策精神号召下，全国各大中城市的公共交通车辆总量有了大幅增加。另外，目前中国获批轨道交通建设规划的城市已达 36 个，2014 年我国城市轨道交通投资达到2200亿元，比2013年增加400亿元，这也大大增加了移动电视的终端覆盖市场容量。

在广告运营方面，多模式并存的探索日益丰富。除了将基本广告时段承包给广告代理商以外，移动电视运营商开始尝试自主负责广告运营，电视台统一运营模式、运营商自主运营模式、广告代理商承包模式并存发展，百花齐放。比如，杭州广电移动电视采用分行业代理的模式，自主把握自身资源丰富的行业品牌商广告运营权，其他行业则通过与代理公司合作；再如，大连移动电视则将全国和本地客户予以划分，全国性广告客户广告交由代理公司运营，本地广告主则自己进行深入开发。

在内容方面，移动电视在此阶段已具备了较为成熟的节目自制和集成能力，培育出一批具备社会影响力和号召力的节目品牌，并成为影视剧发行推广的新兴渠道。同时，随着同一时期以微博为代表的社交网络的兴起，媒体社交化成为大势所趋，移动电视对 UGC 内容的集成也开始崭露头角；而从底层技术到媒资库的数字化建设，使其具备了深度挖掘受众信息需求、跨入大数据运营模式的潜能。

移动互联网的破茧而出，亦是从 2010 年开始发轫。在这个重新定义互联网和深度改变整个社会经济形态的巨大变革窗口期，移动电视产业链企业也在同步布局，比如利用 3G/4G 信道的车载 WiFi 接入系统、虚拟应用平台、UGC 视频自媒体客户端等技术尝试和商业试运营等。这些都为“互联网+”时代的大机遇、大发展进行了扎实准备。

四、“互联网+”机遇与挑战期

从 2014 年开始，随着中央网络安全与信息化领导小组的成立、“互联网+”政策的提出，整个广电行业开始由数字化向智慧化转型，移动电视产业迎来了机遇与挑战并存的新发展阶段。

如前文所述，“互联网+智慧广电”时代的移动电视，无论在内涵还是外延上，都已经超越了传统地面数字电视乃至广电业务的范畴，而成为横跨广播电视、传媒娱乐、交通运输、移动互联网和应急广播的综合发展体。

在这一时期，最大的利好是国家方针的指引、行业政策的激励，最大的挑战是互联网企业凭借体制、资本和平台方面的灵活优势快速扩张。

一般来说，“互联网+”产业链结构是“四部曲式”的递进语境——“应用/内容→入口→平台→生态”，中国移动电视运营商需要做出符合实际情况的战略取舍，才能有效应对挑战、充分抓住机遇。

从产业实际发展情况看，移动电视产业链的关键企业，包括运营商、跨地域广告运营商等，都不甘心仅仅作为“应用/内容”提供方。他们或充分利用现有的移动互联网平台开展带有明显入口属性的业务，如重庆移动电视通过微信公众号试水“云商城”业务（见图 1-3），再如巴士在线于 2015 年 1 月推出的多屏联动视频分享 APP“我拍”（见图 1-4）等，不一而足。

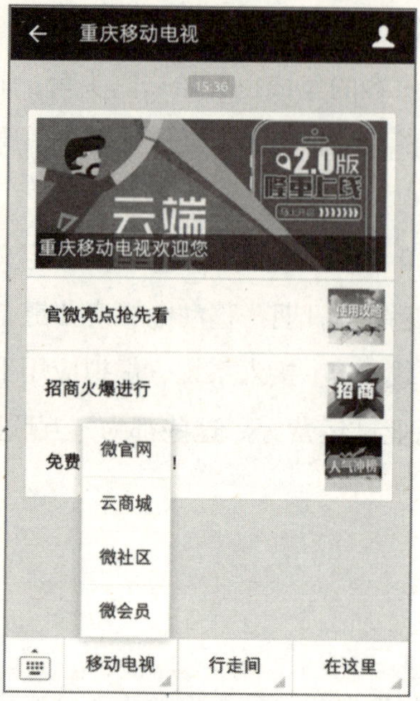

图 1-3　重庆移动电视官方微信公众号的云商城入口

图 1-4　由巴士在线/CCTV 移动传媒开发的 APP“我拍”

第三节　中国移动电视发展现状

如前文所述，随着近两年来城市公共交通与轨道交通的大建设、大发展，以公共交通车载终端为主的移动电视存量市场也相应平稳、快速地增长。据不完全统计，截至 2014 年年底，全国移动电视终端屏幕已经超过 40 万块，较 2012 年年底增幅近一倍（《2013 中国移动电视发展报告》：截至 2012 年年底，全国公交电视终端总量近 20 万块）。

并且，在地面数字电视广播技术的支撑下，终端数量的扩容对已组建的数字单频网产生的边际压力几乎为零，除了城市新开偏远公交线路需要补点优化外，广播技术机制的优势充分表现出来。同时，液晶屏幕终端价格的雪崩式下滑，使终端成本也大幅降低，这些都保证了中国移动电视产业规模化发展所必需的低成本、高收益。

一、公共交通与移动电视运营发展规模

近几年，随着公共基础设施投入增加、低碳出行概念的日益流行，我国各城市公交车数量、地铁以及公交线路呈现明显增长。

据统计，全国目前公交车总量已达 60 万辆，并且根据《国务院办公厅关于加快新能源汽车推广应用的指导意见》，交通部明确提出 2020 年前新能源公交车要达到 20 万辆，这又孕育了相当规模的移动电视终端屏幕换装市场。

地铁方面，全国已具备投入运营地铁线路的城市达 21 个、在建地铁城市达 17 个、规划筹建地铁的城市为 6 个，基本覆盖了主要省会城市、计划单列市和二线经济发达城市，大量在建和规划筹建的地铁线路，也是移动电视运营商新增规模的重要支点。

据中国广播电影电视社会组织联合会交通宣传委员会移动电视分会（以下简称中广联合会移动电视分会）对会员的统计信息，截至 2015 年 5 月，共有 41 个省/市正式运营移动电视（全国 53 个会员单位，含观察员单位）；截至 2014 年年底，全国移动电视终端屏幕已经超过 40 万块（见表 1-1）。

表 1-1　全国移动电视运营商所属行政区划分级

行政区划	省/市（按拼音字母排序）	数　量
直辖市/省	安徽、北京、重庆、甘肃、广东、广西、黑龙江、湖北、湖南、江西、辽宁、上海、山西、陕西、四川、天津、云南	17
省会/首府城市	长沙、成都、福州、广州、杭州、济南、南京、乌鲁木齐、西安、西宁	10
其他城市	大连、汉川、黄石、洛阳、宁波、青岛、苏州、深圳、温州、芜湖、无锡、厦门、烟台、扬州	14
合计	41 个省/市（首府）	

资料来源：《2015 中国移动电视发展报告》企业调研。

例如，参照《第一财经周刊》于 2013 年发起的全国 400 个城市综合商业指数排名，以及新的一线、二线、三线等城市层级划分，尤其是对“新一线城市”的界定[1]，目前移动电视在一线城市、二线城市和三四线城市的运营覆盖情况，如图 1-5 所示。

1 《第一财经周刊》于 2013 年对全国 400 个城市的分级排名中，“新一线城市”包括“成都、杭州、南京、武汉、天津、西安、重庆、青岛、沈阳、长沙、大连、厦门、无锡、福州、济南 15 个”。

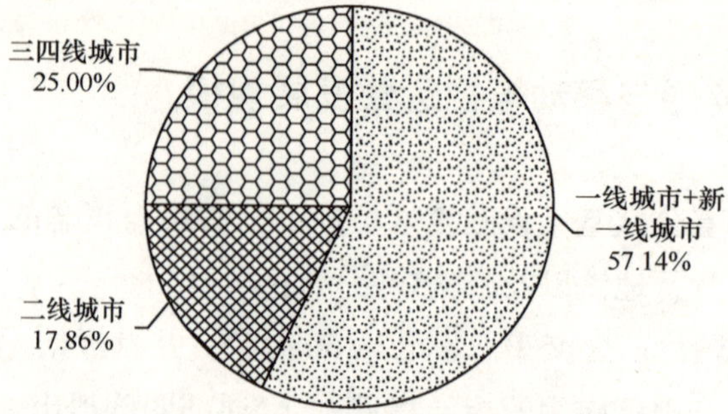

图 1-5　2015 年中国移动电视运营覆盖情况

资料来源：《2015 中国移动电视发展报告》企业调研。

二、移动电视运营商营收规模与盈亏情况

根据中广联合会移动电视分会对会员单位的调研，2008—2014 年，可统计的运营商会员单位年营收汇总情况如表 1-2 和图 1-6 所示。

表 1-2　2008—2014 全国移动电视运营商营收汇总情况　　单位：亿元

年份	2008	2009	2010	2011	2012	2013	2014
收入合计	3.53	3.89	5.50	6.72	6.84	7.15	7.19
统计单位	24 家	24 家	25 家	27 家	28 家	28 家	29 家

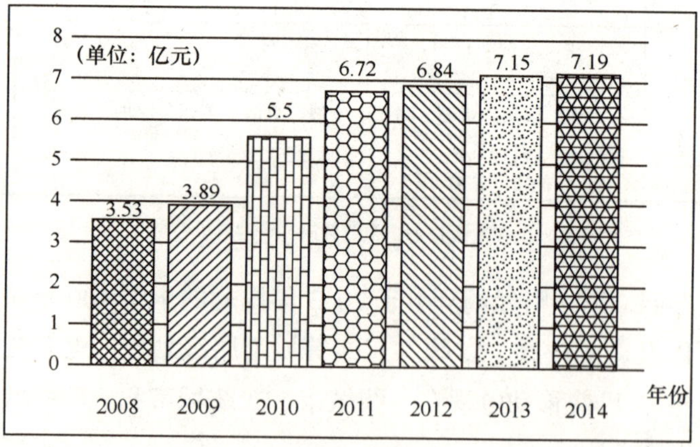

图 1-6　2008—2014 全国移动电视运营商营收汇总情况

资料来源：《2015 中国移动电视发展报告》企业调研。

如表 1-2 和图 1-6 所示，虽然移动电视面对的市场容量在不断扩大，但产业整体营收自 2011 年之后表现出温和增长，并没有再现爆发性成长，造成这一情况的主要原因，一方面是宏观经济景气程度下降；另一方面则是产业发展初期在资本市场参与下一度造成市场虚高，进入理性发展阶段后，市场必然有一个“去泡沫化”的盘整阶段。

应该说，这种盘整对整体产业的健康发展是必需的，也是有益的。2014 年可统计运营单位的盈亏比例可以清晰地佐证这一点，如图 1-7 所示。

从图 1-7 中可以看出，全国移动电视运营商的盈利比例达 68%，盈亏平衡比例为 19%，亏损比例只有 13%，呈现出相当健康的全行业发展形态。

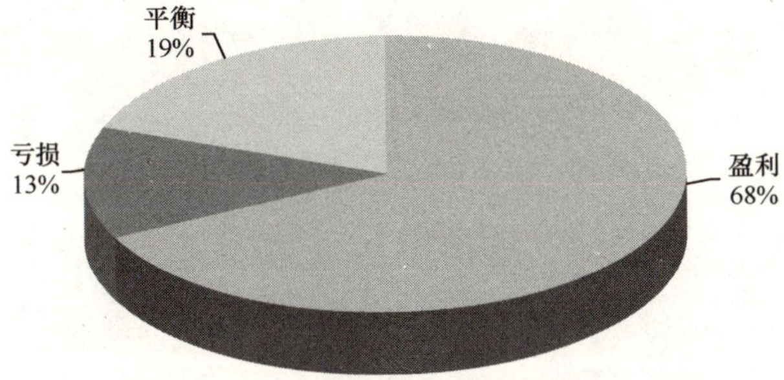

图 1-7　2014 年全国移动电视运营商盈亏比例

资料来源：《2015 中国移动电视发展报告》企业调研。

三、移动电视运营商新媒体拓展情况

2009 年，新浪微博的上线，被视为中国互联网与传媒行业进入社交网络时代的开始；2012 年，微信公众平台（最早曾命名为“官号平台”和“媒体平台”）功能正式推出，标志着社交网络自媒体开启了新纪元。

根据中广联合会移动电视分会对会员单位的调研，多家运营单位已开通官方微博和官方微信公众号，通过移动互联网与智能手机的广泛覆盖，为移动电视受众提供全方位的信息交互服务，并凝聚了一批忠诚粉丝。

调研数据显示，截至 2015 年 5 月，全国移动电视运营商共开通官方微博 31 个、官方微信公众号 31 个。但是，其分布存在明显的不均状态，如广州珠江移动城市电视有限公司、大连移动数字电视、福州移动传媒、陕西广电移动电视等单位，针对不同细分主题，开通 3 个或以上官方微博；厦门广播电视数字传媒公司、大连移动数字电视等，目前保持运营的微信公众号均有 3 个之多。同时，尚有不少运营单位，还未利用微信公众号平台提供用户交互服务。

本研究课题组认为，积极利用既有移动互联网社交平台，享受智能手机普及带来的用户交互红利，是一个投入少、见效快的务实办法。并且，随着互联网社交平台开放开发接口，大量第三方应用开发技术和产品服务日渐成熟，借助这些外力，让移动电视的“受众”真正变成“用户”，是一个必修课。

第二章　移动电视数据篇

第一节　移动电视覆盖与受众变化

一、公共交通建设蓬勃发展

公交车和地铁是移动电视主要的主要空间提供方，而出租车、长途客车等也是移动电视重要的展示场所。近几年，随着公共交通的迅速发展、环保出行概念的日益流行，我国各城市公交车的数量、地铁以及公交线路都在不断增长。目前，各个地区都把建设公交网络作为城市公共交通工作的重心。各地深入贯彻国务院关于城市优先发展公共交通的指导意见，稳步推进“公交都市”建设。广州实施“百线千车”工程，2014 年新开公交线路 100 条、新增公交车辆 1000 台；哈尔滨新增、更新公交运力 2800 台，公交车标台数量较创建前增长一倍；成都建成了国内规模最大的城市公交专用道网络，北京、济南、福州等多个城市开通定制公交，乌鲁木齐、枣庄、常州等城市大力发展快速公交。广东、河南等在省内开展公交优先示范城市创建活动，带动城市公交优先发展。部分城市公共交通工具拥有情况如表 2-1 所示。

表 2-1　部分城市公共交通工具拥有状况

城　　市	出租车数量（辆）	公交车数量（辆）	运营中地铁线路（条）
北京	66500	28080	17
上海	51000	19900	14
天津	32000	8600	4
广州	21800	15000	9

续表

城　市	出租车数量（辆）	公交车数量（辆）	运营中地铁线路（条）
成都	18600	10800	2
沈阳	17060	5306	2
深圳	15973	14274	5
武汉	16000	6500	4
重庆	12600	8100	5
哈尔滨	14300	4500	3

易目唯整理，截至 2014 年。

在大力发展公交线路的同时，各地的地铁建设也开始进入快车道，北京、上海、广州、深圳等城市除了正在运营中的地铁线路之外，正在积极建设新的线路以及延长老的线路，打造自己的轨道交通网；常州、青岛、厦门等诸多二线城市也陆续开始建设自己的轨道交通体系；另外，济南、洛阳等城市也向有关部门提交了自己的地铁建设规划（见表 2-2）。据了解，到 2013 年年底我国有 19 个城市拥有地铁，总里程达到 2366 公里，预计到 2020 年全国拥有轨道交通的城市将达到 50 个，到 2020 年我国轨道交通要达到近 6000 公里的规模，在轨道交通方面的投资将达 4 万亿元，也就是说未来几年城市轨道交通的投资将保持大幅增长。据国家发改委统计，目前中国获批轨道交通建设规划的城市已达 36 个，2014 年我国城市轨道交通投资达到 2200 亿元，比 2013 年增加 400 亿元。

表 2-2　全国部分城市地铁建设与运营状态

状　态	城市数量	城　市
营运中	21	北京・长春・长沙・成都・重庆・大连・佛山・广州・哈尔滨・杭州・昆明・南京・上海・沈阳・深圳・苏州・天津・武汉・西安・郑州・香港
建设中	17	常州・东莞・福州・贵阳・合肥・兰州・南昌・宁波・南宁・青岛・石家庄・太原・厦门・徐州・无锡・乌鲁木齐・澳门
规划中	6	赣州・济南・九江・洛阳・宜昌・中山

易目唯整理，截至 2014 年。

公交、地铁的发展给移动电视市场的发展提供了良好的外部环境。从 2004 年全国移动电视运营商大力发展终端建设以来，据不完全统计，至 2014 年移动电视终端屏幕已经超过 40 万块。以部分城市为例，北广传媒移动电视有限公司仅在北京一地的公交电视终端为 24000 块，覆盖人群达到 1300 万；上海东方明珠移动电视有限公司拥有的公交电视屏幕也超过了 20000 块，覆盖人群超过 720 万；广州珠江移动城市电视有限公司的公交电视屏幕 19000 块，出租车屏幕 8000 块，水上巴士及码头屏幕 200 块，覆盖人群超过 2000 万。

从各地反馈的信息看，目前各城市公交、地铁公司与移动电视运营商的合作方式主要有两种：一种是支付租赁费，获得移动电视的终端安装与节目播出平台，这是最常见的合作模式；另一种是运营商与公交地铁运营公司通过组建合资公司等方式联合运营，共同参与移动电视的盈利分成（见图 2-1 和图 2-2）。

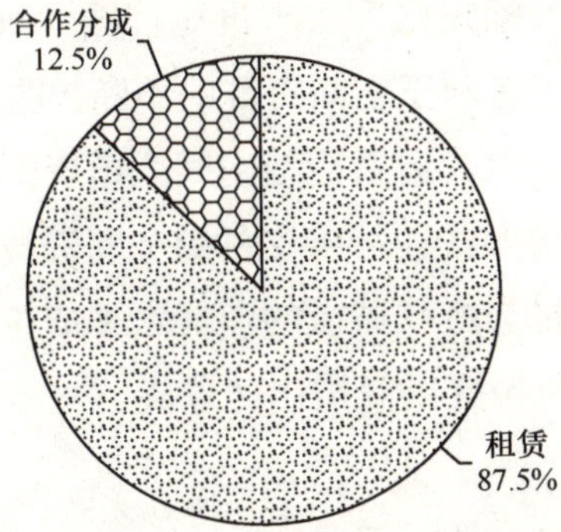

图 2-1　移动电视与运输公司的合作模式的比例

资料来源：《2015 中国移动电视发展报告》企业调研。

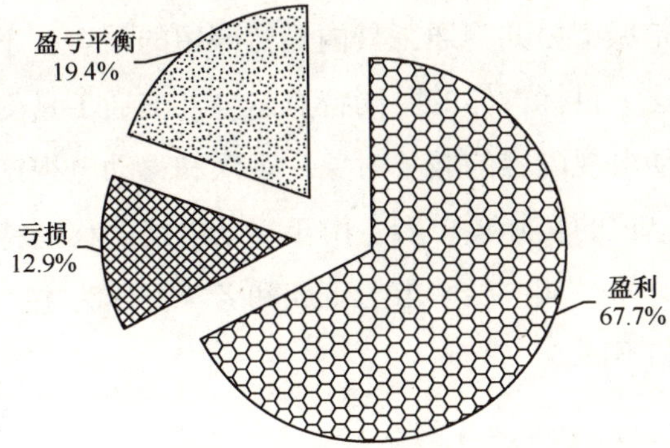

图 2-2　2014 年受调移动电视公司的盈利情况

资料来源：《2015 中国移动电视发展报告》企业调研。

第一种合作形式下，移动电视运营商需要自己购买终端或者由广告代理公司合作出资，并支付空间租赁费用。以一个中等城市为例，搭建 1000 辆车的公交数字移动电视网，接收终端的直接投资费用约在 100 万元人民币，再加上每年的制作与播出费用，约占整体支出的一半。另外一个重头是公交播放平台的租赁费，每年也有 100 万元以上（一般每辆车为 1000~2000 元/年，个别地区的租赁费用低于 1000 元/年），移动电视运营商的经营压力不小。因此 2014 年，有些移动电视运营商出现了亏损的情况。

第二种合作形式是运营商与空间资源商共同经营，共同承担风险，分享利润，有时候广告代理公司也会参与其中。这种合作形式能有效地减少移动电视运营商的运营成本压力。在这种模式下，移动电视公司不用缴纳播放平台的租赁费，维护成本及播出内容成本也比较低。而且双方资源共享，有利于运营商规模化发展，也有利于空间资源的不断扩张。

调查显示，目前移动电视运营商与空间渠道资源方的合用以租赁为主，大部分地区都是以租赁的方式，每年支付给空间资源提供商一定价格以获得平台播控权。租赁的价格与所在城市的消费水平成正比。少数地区采取合资的形式，运营商与空间资源提供商按比例分成。

二、受众数量稳步增长

受众是指传播过程中信息的接受者，是读者、听众和观众的统称。移动电视的目标受众是城市公共交通工具内短暂停留的乘客，不管在哪座城市、哪路公交车上，这一目标群体的共同特点是公共交通工具的乘客，具有很大的流动性，是移动电视内容的服务对象、观众和移动电视广告信息的潜在消费者，也是移动电视的实际买单者。由于移动电视的移动特性，其拥有庞大的、流动的收视群体，其中以城市上班族和老年群体为主。这些受众群体也有着自身的特点和不同。

1. 被动接受，主动选择有限

被动接受，这一直是移动电视运营用来吸引广告主的最大优势。传统的媒体，报刊、杂志、广播、电视，甚至互联网，用户都有一定的选择权，看或不看，听或不听，看什么或不看什么，受众都有一定的主动控制权。但是在公共交通工具上，只要在到达目的地之前，内容、音量，受众都没有选择的余地，这也充分体现了移动电视本身的强制特性。当然，随着移动互联网的兴起，尤其是智能手机的普及，移动电视的强制地位正在遭受严重的挑战。

2. 有空闲的注意力

注意力经济是信息时代的潮词，尤其是在媒体与信息过剩的前提下，注意力开始成为稀缺资源。作为广告交通工具的乘客，其主要目的是乘坐交通工具从一地到另一地，具有很强的流动性和暂时性，在这个流动过程中，乘客的注意力是有空闲的，具有被吸引的可能性。如果移动电视有足够吸引人的内容或者信息就很容易引起乘客的主动收看行为，在此需要注意的是“有足够吸引人的”的前提，如果没有这一前提，这种注意力空闲必将会转向其他方向寻求信息。因此，移动电视的业者应该着力于信息生产的创新和应用，而不是依靠先天优势炒作或者玩概念。

3. 有商业价值

数据显示，上班族、学生、打工族等群体是公交电视的主要受众群，占据了公交乘客的 65%以上，其年龄多在 15～40 岁，是各类商家追寻的消费对象，是市场大额消费的主力军；还有一类公交电视的主力是中老年人和家庭妇女，他们对于移动电视内容，尤其是商业促销等信息比较感兴趣，是家庭小规模消费的主力军。这些特质决定了移动电视受众群的商业价值所在。

4. 需求的多样性与相对确定性

与传统媒体不同，作为具体在同一公共交通工具的乘客，其在社会属性、文化水平、经济地位、心理状态等各方面的层次更复杂。传统的媒介受众往往具有某种相似或者相近的习惯、爱好或者生活状态，受众是相对自由的，媒体对于他们没有任何的约束力与强制力，传播者在很大程度上难以确定自己的受众是哪一个人，最多只能定位到某一类群体，即受众在时间和空间上与传播者是分离的。而移动电视的目标受众是在空间上是相对明确的，即面向所有、在空间和时间上暂时失去自由的路上的乘客，尽管他们在需求上存在着多层次、差异化的特点。当然，他们虽然存在着很强的不确定性，但是也有相对的固定性，比如他们的生活半径、乘车时间、乘车路线基本固定，因此在内容编排上就要充分考虑到这一特性，要合理设置界面在不同时间内播出，既要让同一时间段出行的人可以基本完整收看到全部节目，而又不能让其天天接受同一信息而出现厌烦心理。

2013 年年初，国务院发布《关于城市优先发展公共交通的指导意见》，明确要求城市优先发展公共交通。要求增强公共交通竞争力和吸引力，构建以公共交通为主的城市机动化出行系统，同时改善步行、自行车出行条件。意见指出，要科学研究确定城市公共交通模式，根据城市实际发展需要合理规划建设以公共汽（电）车为主体的地面公共交通系统，包括快速公共汽车、现代有轨电车等大容量地面公共交通系统，有条件的特大城市、大城市有序推进轨道交通系统建设。提高城市公共交通车辆的保有水平和公共汽（电）车平均运营时速，大城市要基本实现中心城区公共交通站点 500 米全覆盖，公共交通占机动化出行比例达到 60%左右。这一要求无疑给包括公交电视以及地铁电视在内的移动电视创造了良好的发展机遇，也给移动电视的市场运营扩大了基础的受众群体。

据报道，2013 年，北京居民各种交通出行构成中（不含步行），轨道交通出行比例达 20.6%，公交车出行比例为 25.4%，二者相加达到 46%，距离 60%的目标还有 14%的差距。同期，上海市中心城区公共交通出行比例为达到 49.9%，比 2012 年的 45%也有了一定幅度的提高。据交通部门统计，到 2014 年年底，广州公交系统日出行 1700 万人次，公交出行率为 62%，居大城市第一位。根据规划，到 2017 年，广州的公交出行率将提高到 70%，实现“公交都市”的目标。

从这次调查的数据来看，全国主要城市的公交路线以及地铁线路已经完成了移动电视的覆盖，部分运营商已经开始进军户外大屏、楼宇电视、长途客运等领域，这为做大移动电视的受众群和覆盖面奠定了良好的基础。仅从会员单位提供的数据看，绝大部分城市移动电视的覆盖率都超过了 95%，平均覆盖率超过 91%；会员单位拥有的公交以及地铁电视的屏幕数超过 22 万台，覆盖人群超过 1.3 亿。部分移动电视公司拥有的屏幕数以及覆盖人群如表 2-3 所示。

表 2-3 部分移动电视公司拥有的屏幕数以及覆盖人群

公司名称	屏幕数量（台）	日受众人次（万）
北京北广传媒移动电视有限公司	24000	1300
重庆广电移动电视有限责任公司	12000	500
青岛广电无线传媒集团股份有限公司	4000	300
北京北广传媒地铁电视有限公司	9058	700
安徽广电移动电视有限责任公司	6000	800
长沙广电数字移动传媒有限公司	3960	400
广州珠江移动城市电视有限公司	28200	2000
杭州广电公交移动多媒体有限公司	12470	400
辽宁北方新媒体有限公司	5000	300
南京广电移动电视发展有限公司	12500	800
深圳市移动视讯有限公司	11000	600
四川广电星空数字移动电视有限公司	3000	120
厦门广播电视数字传媒有限公司	3000	300
甘肃广电数字移动电视传媒有限责任公司	852	150
黑龙江龙视数字移动传媒有限责任公司	5000	230
湖北华视数字移动电视有限公司	3500	350
山西大众移动电视有限公司	2722	200
天津北方移动传媒有限公司	3489	250
云南无线数字电视文化传媒有限公司	2345	490
大连移动数字电视有限公司	2400	150
福州移动传媒有限公司	7000	700
广西广电移动多媒体传播有限责任公司	4000	175
广州地铁电视传媒有限公司	1700	700
黄石数字移动电视有限公司	260	20
济南广电移动电视有限公司	3350	260
洛阳广播电视台移动电视频道	1000	200
宁波广电华视移动数字电视有限公司	3000	120
上海东方明珠移动电视有限公司	20000	720
苏州华视数字移动电视有限公司	2195	300
温州数字移动电视有限公司	1700	120
乌鲁木齐广电移动电视有限公司	2300	100
西安风上移动多媒体有限责任公司	2000	500

第二节 移动电视内容生产与播出情况

随着媒体形态的快速发展与演变，尤其是移动互联网的兴起，移动电视在某种程度上与广播、电视、报刊、网络、手机等一起成为人们关注的重要媒体形态，尤其是凭借着其封闭性、强制性、重复性、即时性引起了业界的广泛关注，其改变了人们在通常乘车时间中的一些习惯，丰富了公共交通文化，也发挥出其作为新的媒体形式的巨大潜力和商业价值。

移动电视的最主要特点在于“移动”，面对的是各行各业的不同人群，变传统电视的固定接收方式为移动接收方式。“吸引受众闲置的注意力资源，将受众的闲散时间化零为整，及时提供信息与娱乐，弥补了外出人群获取信息的盲点。”除此以外，移动电视的强制性也成为其区别于传统媒体的特点之一。公交移动电视不存在转换频道的可能，于是乘客要被强制性地接受信息，此特点方便了广告的投放，可从一定程度上提高经济效益。

移动电视具有受众面广、接触频率高的特点，全国移动电视的平均全天播出时长接近 17 个小时（见图 2-3），播出时间一般从早上 5 点到晚上 10 点多，基本上覆盖了人们外出活动的时间。由于移动电视面对的是流动人群，每台移动电视终端在一天的播出时间段内都是不间断播出节目（机房检修时间除外），因此其收视周期长，收视率高，在传播效果与广告效果上具有很大的发展潜力（见图 2-4）。

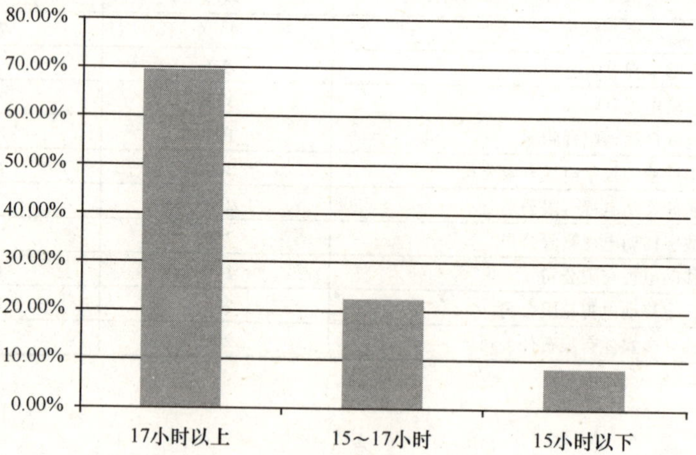

图 2-3　移动电视日播时长分布

资料来源：《2015 中国移动电视发展报告》企业调研。

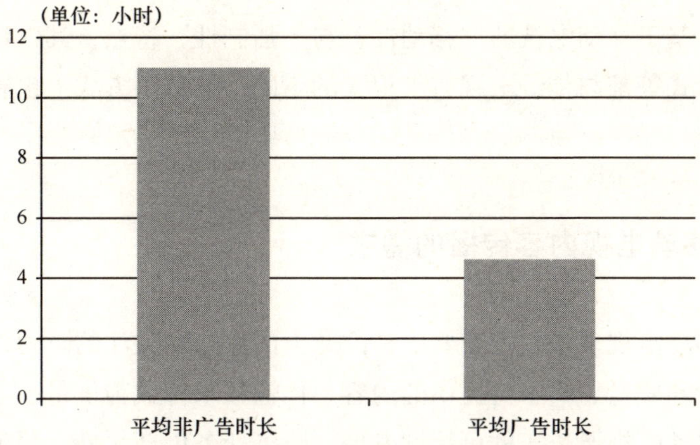

图 2-4 移动电视日均播出节目与广告时长情况

资料来源：《2015 中国移动电视发展报告》企业调研。

一、移动电视内容传播的特点

媒体的传播环境包括社会环境、自然环境和心理环境。而对于移动电视来说，环境的重要性更为重要，有人甚至将移动电视称为环境媒体，因此交通工具这一环境载体对于传播活动的顺利进行非常关键。移动电视的传播环境最大特点是空间固定、封闭、速度相对平稳，但是狭小，噪声较大：外界环境的声音、报站声、刹车声、鸣笛声、讲话声、电话声……这种传播中的噪声势必会影响传播效果，也对移动电视的内容表现形式以及传播方式提出了巨大挑战。

车载移动电视的收视人群流动性较大，观看节目时间较短，注意力也容易分散，这就决定了移动电视播出的节目在内容和编排方式方面都要与传统电视体现出差异性。如果移动电视仍然沿袭传统有线电视的运作理念和节目编排方式，移动电视与传统电视的不同就无法得到体现，市场占有率也无法提高。因此，根据移动电视的收视特点，公交车载移动电视应该主要提供新闻资讯、生活服务、休闲娱乐以及公益性节目；节目总体定位应以新闻资讯为主，以生活服务为辅，以休闲娱乐为依托；节目设计和编排要体现“短、快、新、活、全”的原则，让受众在较短时间内既可以完整地看到节目，又能学到一些有用的知识。

因此，基于移动电视的“移动性”与“强制性”特点，其内容生产、编排、传播方式等都与传统电视有了很大的不同，在传播方式上也有自己的独特需求。

二、移动电视内容传播的需求

对于移动电视来说，很重要的是注意力的焦点和关注的时间，因此覆盖人群的数量和质量、其本身提供的内容、传输效果都成为衡量一个媒体的关键因素。移动电视要长久的可持续发展，除了业务创新之外，要想引起受众的兴趣和关注，内容是关键。众所周知，在移动电视传播环境中，受众相对被动，只是在乘车无聊的时候打发空闲时间而已。正是这种特殊的注意力转移模式，使得移动电视很容易被乘客接受，但是如果没有具有吸引力的节目内容，受众对于它的兴趣就会锐减。因此移动电视要实现受众强制接受到主动观看的转变，必须在内容上深挖细耕，做到针对性、知识性、趣味性、新颖性、贴近性等特点。

1. 内容为王

内容为王在移动电视上同样适用，只有做好内容才能保证移动电视的收视率。因此，移动电视一是对于重大事件和新闻尽量不要重复传统电视、报刊上的信息，一定要有自己的观点和角度，发出自己的声音，并通过持续的发声树立移动电视的品牌效应。二是要把握移动电视的传播节奏，节目内容尽量短小精炼、观点犀利，在新闻等方面要做好“切条”，快速更新，其他内容的更新工作也要及时跟进。三是要抓住移动电视的受众特点，充分体现服务大众、信息快捷等定位，多开展各种公益活动，尤其是方便受众在移动状态下就可以轻松参与活动，比如扫码送电影票、发短信送优惠券等。四是要根据不同时段人群的特点推送不同的内容，比如上下班高峰期要充分考虑到交通拥挤等特点，尽可能安排一些轻松、幽默、柔和的节目，避免暴力、血腥等冲突剧烈的场景；非高峰期时中老年人乘客较多，可以穿插一些养生保健类的节目等。五是设定合适的重播率，不仅仅针对节目内容，包括广告都要严格限制，重播率与节目更新频次等要综合考虑，避免千篇一律，尤其是一些恶俗的广告。六是突出节目个性化，避免成为有线电视的移动版，既可以与优酷、爱奇艺、搜狐视频、乐视网等视频网站内容提供商大力合作，也可以加大 PGC、UGC 内容比例，包括邀请部分受众参与节目制作等。七是还要加强广告的把关工作，尽量做到广告趣味化、可欣赏性高，加大公益广告的播出力度，充分发挥移动电视在应急广播和公益传播方面的优势。最后一点可以考虑的是打破传统电视屏幕“单屏化”的表现形式，进行分屏播出，一些警方提示、站点信息、公共信息等可以在边屏循环或者机动播出。

2. 及时更新节目

公交移动电视通过车内电视终端来播放节目，由于采编团队的限制，以及费用和技术等原因，可能无法实时更新节目。因此，传播者可采用“固定节目+新闻资讯”的方式来组织一天的节目，固定节目可以包括播放 MV、公益短片、生活小贴士等。用没有太强时效性的节目来降低更换和编辑成本，而在每天固定时段播出新闻资讯节目，这样可以给用户节目更新相对及时的感觉。

3. 拓展节目内容

针对公交乘客的复杂收视群体，可根据不同年龄层或不同职业性质来制作不同的节目。比如，针对早晚高峰的上班族，可以播出一些娱乐新闻、“每天一笑”等轻松娱乐的节目，缓解他们的工作压力；也可以制作一些连续小短剧，每天以短集形式播出，并且在固定时段播放。部分观众或许会因为剧情悬念的吸引而在固定时间乘坐同一班交通工具收看连续剧。连续剧的形式应短小精悍，长度控制在 10 ~ 15 分钟为宜；剧情内容可以为悬念、幽默、浪漫，主要目的是抓住观众眼球，吸引观众继续看下去。而针对非高峰期中老年人以及游客等乘坐公共交通工具比较多的情况，除了可以安排播出一些养生保健节目外，还可以播出一些城市宣传片，以此来为城市的外地游客介绍本城市的风土人情、旅游景点、美食美味。此外，根据公交车中的大众传播的特点，还应播放公益类的广告和宣扬道德文化的公益短片，以此来提升公民素质。在公益和应急宣传方面，受调查的移动电视公司都比较注重，基本上每家都拿出相当长的时段来安排类似的内容。

4. 由声画媒体向画面媒体转化

尽管移动电视给乘客提供了一种打发空闲时间的方式，但是移动电视带来的噪声污染问题不容忽视，重庆、深圳等个别地区甚至有乘客等向政府主管部门提交了相关的投诉。虽然这些仅为个案，但是移动电视的噪声污染问题不容忽视，因此移动电视要逐步减小音量，加大字幕显示，向画面媒体的方向转化。在现实情况下，由于移动电视受众需求的差异化，有人希望通过移动电视了解新闻资讯，有人希望在车上打盹休息，因此需要各方努力营造一个安全、良好的乘车环境。而移动电视的广告并非乘客的必需服务内容，具有一定的捆绑消费嫌疑，因此对于部分受众希望享受安静的权利应该予以保护，在像飞机那样每个座位配备耳机不太现实的情况下，画面播出、丰富字幕应该具有重要意义。

5. 开发多种盈利模式

目前的移动电视主要采用强制广告的运营模式，是运营商向用户的单向广播。随着公交 WiFi 等模式的兴起，可以适当加大上行运营模式，让用户参与其中，尝试收取信息费等多种收费模式。从实际调查的数据看，目前广告仍然是最主要的盈利模式，除了硬广告，还有专题、植入广告、栏目冠名、联合举办公益活动、制作公益广告等形式也有相当的发展潜力，同时可以考虑开发更多的增值服务，如 O2O、移动电商等。

随着车联网等新型业务形态的发展，移动电视必须要摆脱简单同步直播的广播模式，在互动、增值服务、交通播报、应急机制、公益宣传以及与互联网合作方面加大潜力挖掘；二是运营商的服务内容有待于进一步精细、完善，包括节目和其他增值服务环节，如提供导航、路况、娱乐、体育以及其他个性化、区别于传统媒体的新鲜资讯或者新鲜观点等。

三、部分移动电视公司节目情况

从本次调研情况看，各主要移动电视公司在节目内容编排和播出方面基本上考虑到了移动电视受众群的需要，无论是从数量还是时长方面，新闻资讯、娱乐内容以及公益、服务类节目占有比较高的比例，尤其是新闻和娱乐几乎占据了移动电视实际播出节目的半壁江山。对于体育、动画以及企业服务类节目，不同公司的处理方式略有不同，有部分公司的调研数据中对于这部分内容基本上没有体现（见图 2-5 和图 2-6）。

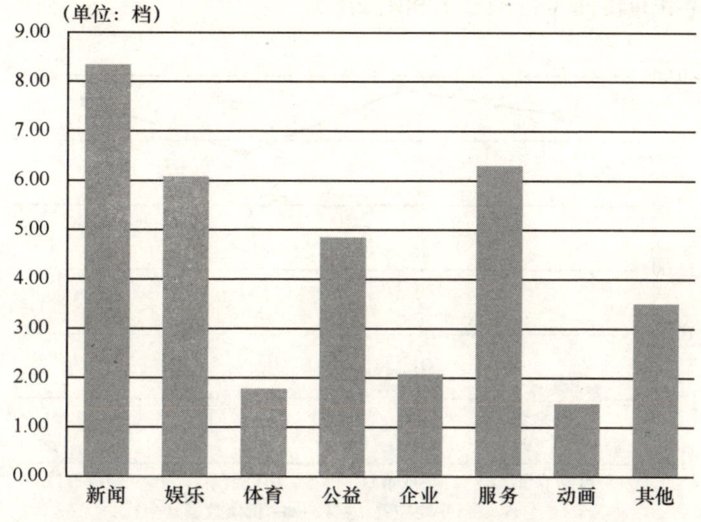

图 2-5　受调研移动电视公司各类节目档数的平均分布情况

资料来源：《2015 中国移动电视发展报告》企业调研。

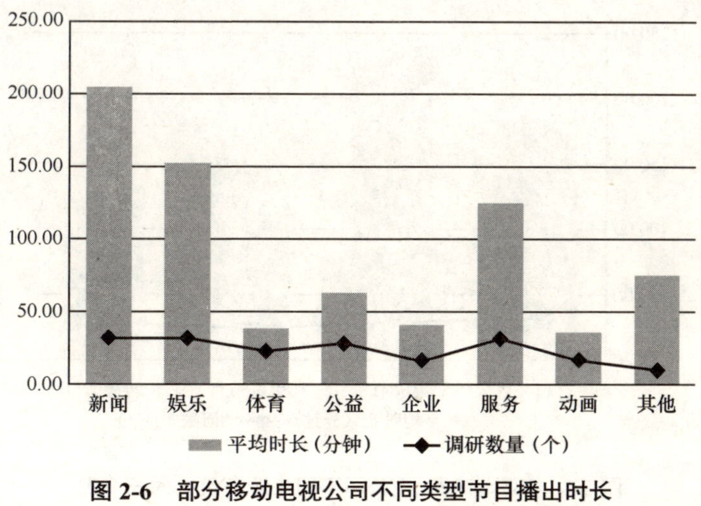

图 2-6　部分移动电视公司不同类型节目播出时长

资料来源：《2015 中国移动电视发展报告》企业调研。

而从这些节目的来源看，自制节目无论是数量和时长的比例都维持在25%左右，而集成节目的数量和时长的比例在35%左右；转播节目的占比相对小一些，约在15%，主要集中在新闻联播以及各省市新闻方面，偶尔也有一些体育赛事的转播（见图2-7和图2-8）。

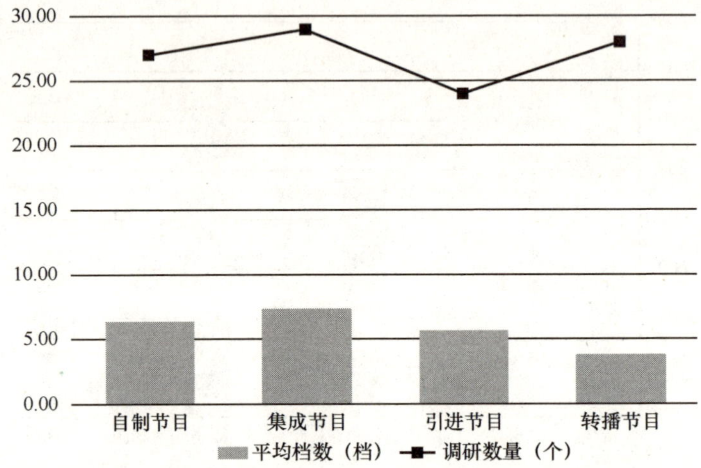

图 2-7　部分移动电视公司不同来源节目的档数情况

资料来源：《2015中国移动电视发展报告》企业调研。

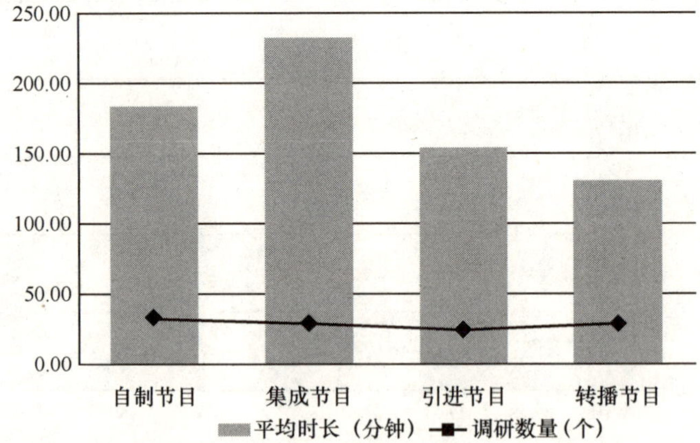

图 2-8　部分移动电视公司不同来源节目的时长情况

资料来源：《2015中国移动电视发展报告》企业调研。

第三节　移动电视广告经营与地面活动分析

移动电视广告是指以公交、地铁、出租车等公共交通工具上的移动电视为载体的广告，它是移动电视的主要营收来源；地面活动、增值服务等则是移动电视的辅助收入来源，在未来将发挥越来越重要的作用。

一、移动电视公司收入来源分析

虽然移动电视目前盈利模式单一，但绝大部分企业在运营移动电视的过程中还是盈利的，且每年的营业收入都在以阶梯状递增。要实现产业的良性发展，必须扩大盈利渠道。

（一）营收来源分析

1. 传统的广告经营收益

移动电视不仅具有平面媒体、户外广告的商业价值，而且移动性、收视强制性、受众面广等特点又提升了它的广告价值。广告收益是前期运作中最主要、最直接的收入来源。目前全国开展移动电视业务的城市，都看中了这一商机。因此，很多移动电视运营企业选择此种方式作为盈利的保障，这也是现阶段较成熟的一种盈利模式。

移动电视媒体作为公共交通工具内的一种主要媒体形式，在广告等方面具有一定的竞争力：首先是媒体的覆盖能力很高，无论是在工作日还是周末，只要乘坐公交或者地铁的人都可以看到移动电视；而对于很多乘客来说，无论是每次主动收看还是偶尔留意，整体关注度还比较高。其次，平均来说，每个人每天在公共交通工具上的时间会在半小时以上，而北京、上海、广州、深圳等城市的居民每天花在公共交通上的时间更是平均超过 1 小时，这种较长的“无聊”时间有利于节目及广告信息的深度传播。最后，虽然不少人，尤其是年轻人选择在公共交通工具上玩手机，但是手机的“低头文化”与移动电视的“抬头”优势相比还是具有一定的劣势。

2. 收视费用

国家新闻出版广电总局对于地面数字电视的政策和定位为：公益的、开源的、不可加密和收费。移动电视作为地面数字电视的一个特殊应用领域，在公共载体上播放的节目属于公益播出。同时在总局的定位政策之外，对于一些固定接收的用户也在探索采取收费的可能性。调研过程中，我们发现移动电视也可以用来发展固定接收用户，特别是城郊农村用户，数字移动电视公司可以从中收取一定的收视费用，比如湖南等就有部分地区就移动电视收取收视费的先例。这也许是在其他新型增值业务建立之前，移动电视一个比较稳定、可靠的收入来源，并且拥有一定的发展潜力。另外，随着移动电视的不断发展和影响力的扩大，也可以通过为私家车用户、出租车用户安装移动电视，收取一定的服务费用。在这一领域，深圳、厦门的移动电视运营商已经进行了有益的尝试，如深圳市移动视讯有限公司就拥有1000个私家车用户，厦门广播电视数字传媒有限公司的私家车用户更达到了27000，为其他地区提供了有益的借鉴作用。

3. 传播费用

移动电视的多节目传输能力和它所面对的收视空间的特殊性，必将对传统电视频道产生一定的吸引力。当移动电视发展到一定规模、形成一定影响后，一些看中移动电视商业价值的电视频道、广告公司可能会借助移动电视的传输通道和频道进行媒体宣传，移动数字电视公司可以从中收取一定的传输费用，类似于有线数字电视公司向卫视等收取的落地费。

4. 增值业务的收益

随着技术的不断完善，移动电视的增值服务一定会得到拓展，如与手机电视的融合、与IP技术的对接、双向互动的开发以及个人信息服务和互动信息的开发等，未来必将成为移动电视的重要收入来源。

5. 其他业务

除了以移动电视为主业外，移动电视公司也在积极探索和开拓其他业务，比如，户外大屏幕广告、楼宇电视等。

（二）收入来源统计

从接受调查的移动电视公司来看，广告收入在其整体营收中的平均占比超过 85%，不少运营商的广告占比超过 95%（见图 2-9）。这也在一定程度上导致了移动电视运营商的营收严重受到广告收入的影响，一旦广告主减少在移动电视方面的投入，将会影响整个产业的正常发展。在接受调研的运营商中，2014 年经营亏损的比例超过了 10%，盈亏平衡的比例接近 20%，这在一定程度上给移动电视运营商敲响了警钟。而据央视市场研究（CTR）在 2015 年 3 月公布的一份数据，广告主在 2015 年会更加重视精准投放，互联网、电视以及终端推广会成为广告主选择的主要营销工具，数字化营销和终端推广增长幅度明显，而移动电视等广告稳中有降。而在具体的投放意向方面，公交移动电视的意向性低于楼宇电视、机场媒体和公交车身广告；在增加营销费用时，几乎无人考虑增加公交移动电视的份额，而在缩减费用时，有不少广告主选择了公交移动电视，这种变化态势无疑给移动电视公司敲响了警钟（见图 2-10 ~ 图 2-12）。

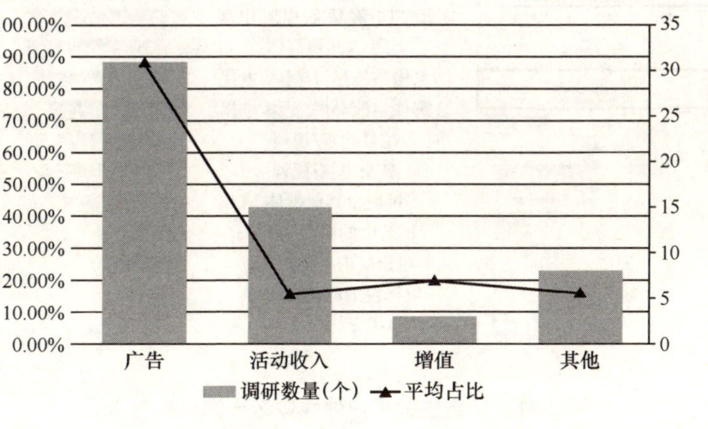

图 2-9 受调公司不同营收来源的占比情况

资料来源：《2015 中国移动电视发展报告》企业调研。

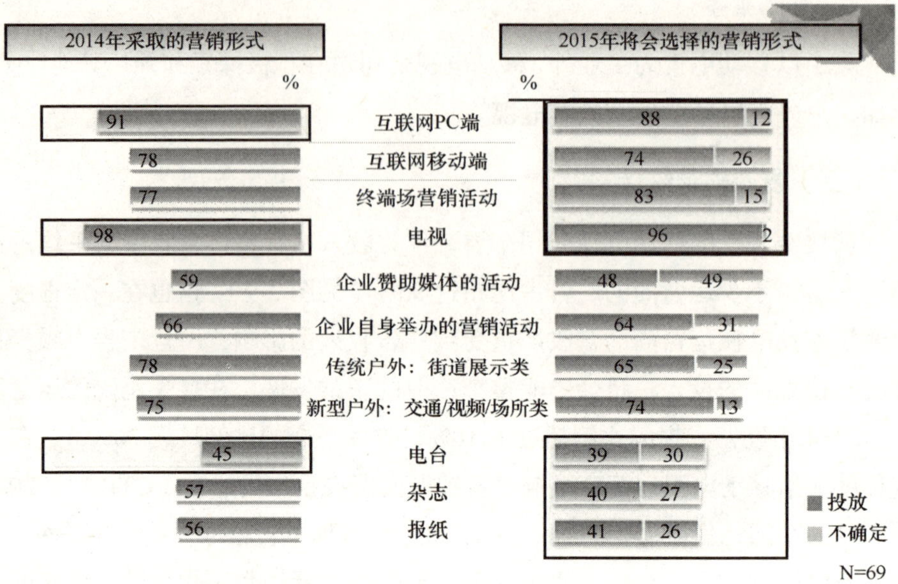

图 2-10　广告主 2015 年营销工具选择的变化

资料来源：CTR。

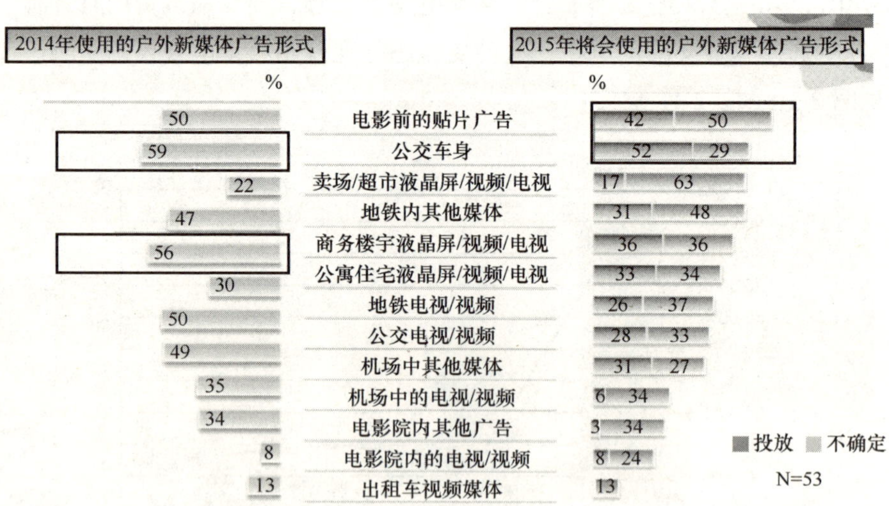

图 2-11　广告主关于户外媒体选择的倾向性变化

资料来源：CTR。

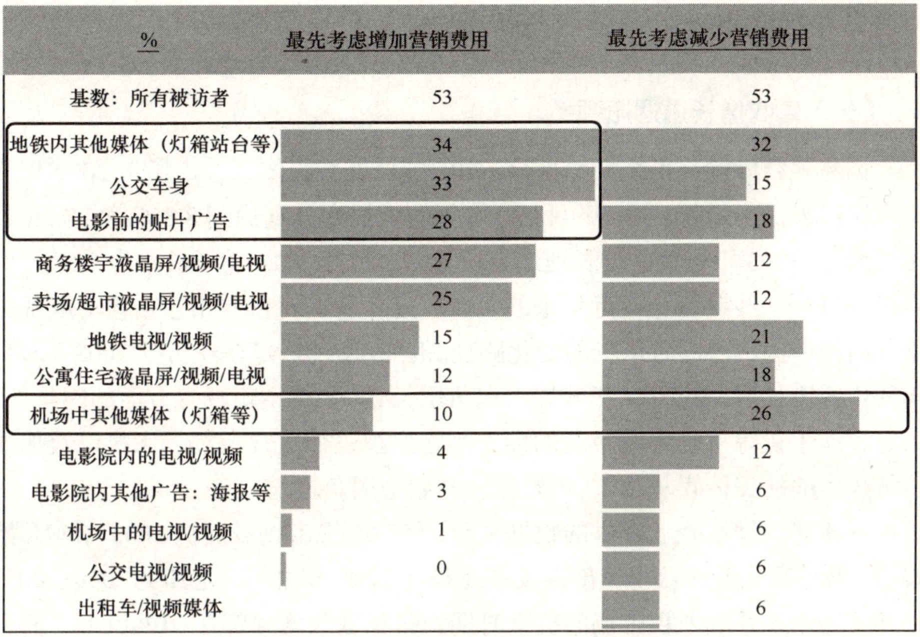

图 2-12　广告主增减营销费用考虑的优先度

资料来源：CTR。

值得欣慰的是，除了依靠广告营收，不少移动电视运营商也在积极拓宽营收来源和运营思路，举办各种形式的活动、拓宽增值服务范围以及用户收费等模式都在本次调研中得到了体现。调研数据显示，在接受调研的公司中，约有 50%的公司积极开展形式各异的线上和线下活动，并初步形成了规模，已开展活动的移动电视运营商在活动方面的收入平均基本上达到了总收入的15%，已经成为重要的收入渠道。

增值业务一直是很多移动电视运营商试图开拓的领域，但是从实际情况看，这一开拓并不乐观，仅有不到 10%的运营商在增值业务方面产生了实际收入。值得一提的是云南无线数字电视文化传媒有限公司，其营收规模与北京、上海、广州等一线城市移动运营商的规模不相上下，远超很多二线城市的移动电视运营商。其中，广告收入在其 2014 年公司营收中的比例仅为 31%，而依靠用户开拓等增值服务的收入达到了 29%，二者几乎旗鼓相当，另外由于其毗邻东南亚这一得天独厚的优势，在海外工程方面的营收更是达到了总营收的 40%，让人眼前一亮。

二、移动电视公司营收规模变化

（一）营收增长遭遇瓶颈

据易观智库的一份统计数据显示，中国户外新媒体广告市场自 2009 年金融危机以来稳步增长，2010 年和 2011 年的增长率分别达到 8.35%和 37.26%，2012 年及 2013 年行业的增长速度有所放缓，预计 2014 年增长率为 9.5%。如果仔细分析一些典型企业近年来的发展轨迹，我们可以看出包括移动电视媒体在内的中国户外广告市场的变化路径。例如，华视传媒在经历了 2008—2011 年的快速增长后，从 2012 年开始出现负增长，除了资本市场等方面的因素外，来自智能手机等移动终端市场的冲击不容忽视；而主攻机场、飞机以及加油站等媒体的航美传媒从 2013 年开始也开始遭遇负增长。

从调研的样本企业提供的数据来看，移动电视市场虽然从 2003 年就开始起步，但是真正发展获得突破性发展还是在 2008 年之后，尤其是 2009—2011 年几乎是中国移动电视市场的黄金时期，每年营收增幅都在 20%以上；而自从 2012 年开始，随着智能手机等移动终端市场的繁荣，主要依靠广告营收的移动电视市场开始遭遇发展瓶颈，市场规模停滞不前，以公交、地铁移动电视广告为主要业务的华视传媒的营收变化基本反映了移动电视市场的变迁；而广告代理业务的变化最终会传导到移动电视运营商的身上，从调研数据看就是 2012—2014 年样本企业的营收规模增速明显放缓，基本上保持在个位数，并导致超过 10%的运营商出现了亏损（见图 2-13 和表 2-4）。

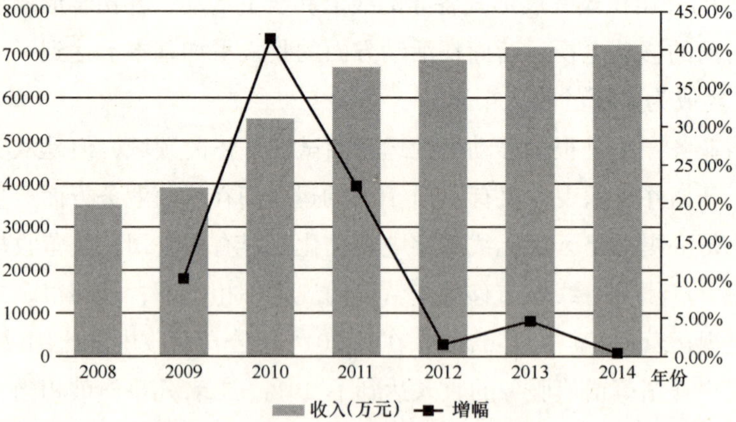

图 2-13　样本企业近年来营收规模的变化

资料来源：《2015 中国移动电视发展报告》企业调研。

表 2-4 2006—2014 年部分企业营业总收入及增长率

企业	营收及增长率	2007	2008	2009	2010	2011	2012	2013	2014
华视传媒	总营收（亿美元）	0.29	1.04	1.21	1.38	1.81	1.16	1.05	1.04
	营收增长率（%）	—	259%	16.35%	14.05%	31.16%	-35.36%	-9.48%	-0.95%
航美传媒	总营收（亿美元）	0.44	1.26	1.53	2.37	2.78	2.93	2.765	2.559
	营收增长率（%）	132%	186%	21.43%	54.90%	17.30%	5.40%	-5.63%	-7.45%
巴士在线	总营收（亿元）	—	—	—	—	—	—	2.01	2.32
	增长率（%）	—	—	—	—	—	—		

资料来源：根据公司年度财报发布数据整理。

（二）移动互联网的冲击与机遇

我们仔细研究样本企业营收规模的变化与中国智能手机出货量、中国网络视频与手机视频用户变化情况之间的变化趋势（见图 2-14 和图 2-15），可以发现一个很有意思的现象——以智能手机为代表的移动互联网正在对移动电视的运营模式和生态系统形成冲击，这种移动新媒体大潮的涌动，正在日益侵蚀着移动电视的发展空间。

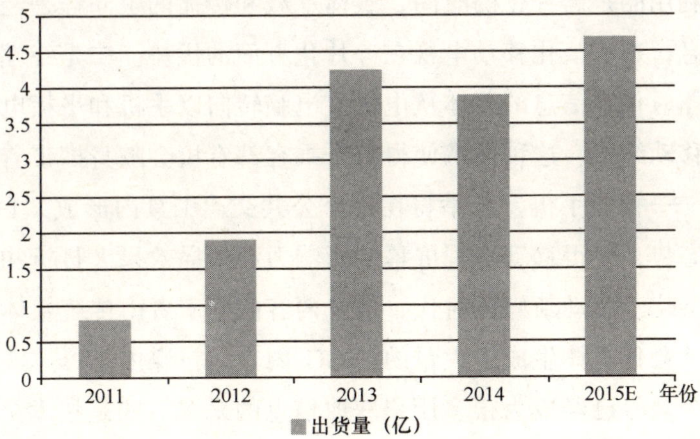

图 2-14 中国智能手机出货情况

资料来源：工信部。

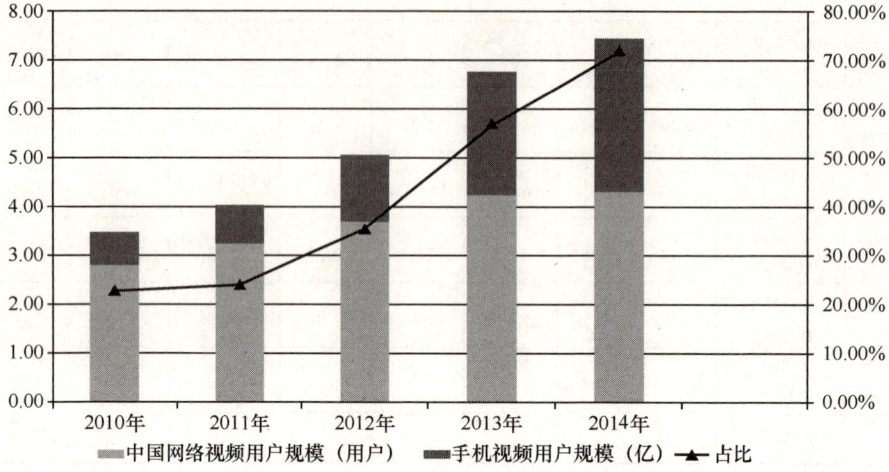

图 2-15　中国网络视频与手机视频用户变化情况

资料来源：CNNIC。

我们不能否认的是，以智能手机为代表的移动新媒体的高度便捷性打破了传统媒体的时空局限，彻底改变了信息的传递方式，深刻影响着传统媒体的生存和发展。移动新媒体在传播渠道、技术手段、内容形式上都有着鲜明的时代特征：一是时间与信息碎片化。移动新媒体的核心特征是碎片化，用户利用的是碎片化的时间，媒体承载和传播的也同样是经过碎片化处理的信息，这将淡化移动电视在碎片化方面的优势。二是终端便携化。移动新媒体时代，信息的载体从电视、电脑转向以手机和平板电脑为代表的便携式移动终端，这种便携使得每个乘客都有机会随身携带着自己的多媒体系统——智能手机，此举将在每个公共交通工具内形成“1+N”个屏幕共存的态势，使得移动电视屏幕的影响力和传播效果大打折扣。三是信息内容社会化：移动新媒体时代，信息内容的主宰者由传统媒体逐渐向个人偏移，社会化媒体生成了大量的 UGC 内容，自媒体呈爆炸式增长，微博和微信公众号已经成为很多用户获取信息的来源。四是技术全面创新。云媒体、大数据、4G 网络、LBS、车联网等技术的推广，使移动新媒体的技术全面发展，各种创新应用应运而生，谁抓住技术创新的机会谁就可以在新一轮的市场竞争中获得先发优势，由这些技术创新带来的永远在线、立体互动和个性化内容供给将是未来媒体竞争的核心所在。五是用户参与主动化。移动新媒体平台为用户提供了随时、随地、开放、互动的全新体验，使用户从电视广播的被动接受走向新媒体时代的主动参与，得用户者得天下，在这一方面移动电视运营商虽然在微信公众号、微博、内容的新媒体分发等领域尝试，但是还不够。六是移动社交商业化。移动社交迅速崛起，随时调用移动终端的 LBS、重力感应、摄像头、话筒等功能，伴随产生了大量基于社交的商业应用，不仅可以产生各种 UGC 的内容，更可以激发各种基于车联网、O2O 等方面的创新应用。七是消费行为随时化。移动新媒体不仅重新定义用户获得信息的方式，更改变用户的消费行为，尤其是冲动消费变得更容易，从获取信息到产生实际购买之间的阻碍基本不再，随时在线的状态、O2O 的便捷、NFC 以及手机支付等让随时消费成为可能，而如何抓住其中的商机迫在眉睫。

第四节 移动电视传统产业链结构分析

一、中国移动电视运营现状

中国移动电视的运营模式最早借鉴了新加坡的新巴士（SBS）和伦敦地铁。综观伦敦地铁、新巴士等国外移动电视业务经营模式，运营主体均是公共交通服务商，其服务目标在于进一步提高交通服务质量。由于它们本身就是广告载体（车载媒体），具有比移动电视运营商更为简捷的供应链，使业务内容与现金流更为牢固可靠。与国外不同，我国移动电视的运营主体为各地的移动电视播出机构，必须要经过国家新闻出版广电总局的批准。从整体情况来看，总局对于移动电视的牌照把控较严，截至 2014 年 11 月，仅有重庆、江西、青岛、长沙、厦门 5 家单位获批；不过，值得注意的是，随着移动电视市场的逐步成熟和市场竞争的充分发酵，总局的牌照批复速度也在不断加快，截至2015年4月，经总局批准的正式运营的移动数字电视频道已经增至9个（见表2-5）；而据了解，从2015年5月至报告截稿时又有济南、广西、安徽、陕西等地的移动电视频道获批。

表2-5　经总局批准的移动数字电视频道名录（截至2015年4月）

序　　号	频道名称	开办单位	频道呼号
1	重庆电视台移动电视频道	重庆电视台	重庆移动电视
2	江西广播电视台移动电视频道	江西广播电视台	江西移动电视
3	青岛市电视台移动电视频道	青岛市电视台	青岛移动电视
4	长沙市电视台移动电视频道	长沙市电视台	长沙移动电视
5	厦门市电视台移动电视频道	厦门市电视台	厦门移动电视
6	福州市电视台移动电视频道	福州市电视台	福州移动电视
7	辽宁广播电视台移动电视频道	辽宁广播电视台	辽宁移动电视
8	甘肃电视台移动电视频道	甘肃电视台	甘肃移动电视
9	杭州市广播电视台移动电视频道	杭州市广播电视台	杭州移动电视

目前，从国内的管控方式以及运营模式上看，移动电视仍然属于电视媒体范畴，改变不了电视媒体以广告收入为主的创收模式，虽然在北京、上海、广州等一些大城市以及大多数中大型城市，相应的移动电视运营商及各相关企业从中实现了盈利，但对于部分中小城市及个别大城市，由于前期投入大以及最近的经营环境变化等因素，尚处于亏损状态。这种贫富不均的状态一方面取决于当地的公共交通基础建设和城市的经济水平和城市规模等客观条件，另一方面更取决于目前相对单一的创收模式，广告收入独挑大梁的局面也迫使各地区的移动电视公司必须寻求更好的发展模式，进一步扩大传播范围，提高有效收视率，以更好地吸引广告商的注意力。

从调查数据看，现阶段各重点城市的移动电视的终端数量增长趋势明显放缓，主要原因是主流城市终端布局基本饱和，未开发空间很小，而来自三四线城市的公交移动电视系统和二线城市的地铁移动电视系统建设尚需时日。移动电视市场目前整体上处于稳定增长期，这就意味着移动电视产业链面临着产业升级与商业模式的蜕变。

二、移动电视产业链简析

作为户外媒体的重要组成部分，移动电视的产业链与户外媒体有着高度的相似性，大致可分为设备供应商、内容运营商、网络运营商、内容提供商、空间提供商、移动电视广告运营商、用户等环节。

1. 设备供应商

设备供应商为移动电视业务提供实现的设备，主要分为提供通用设备的设备商以及系统和终端设备提供商两大类。通用设备提供商主要包括非编系统、演播室系统等设备提供商。其中，非线性编辑系统已经基本国产化，以中科大洋、上海索贝、索尼、苹果、新奥特、SDI 高清非线性编辑系统的国内厂家为代表占据了国内 90%以上的市场份额。从接受调查的运营商来看，大洋、上海索贝、新奥特、苹果等品牌的非编系统在移动电视运营商中占有率较高（见图 2-16）。

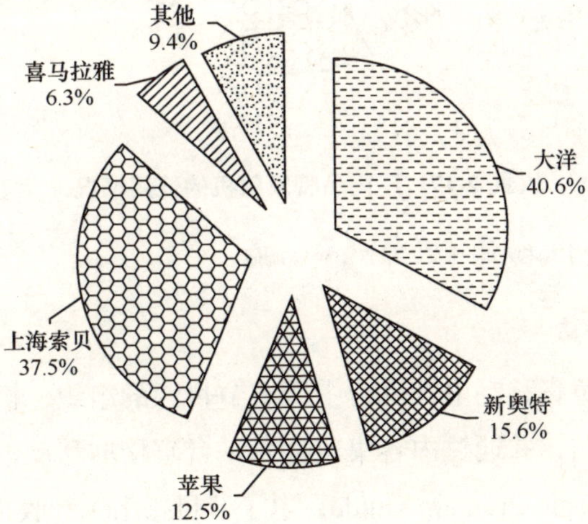

图 2-16 不同品牌非编系统的使用情况

资料来源：《2015 中国移动电视发展报告》企业调研。

系统设备商不仅提供移动电视的系统设备，还向运营商提供实现移动电视业务的整体解决方案。系统中传输网络上接单频网适配器，下连单频网同步系统，其主要由发送网络适配、网络分配、接收网络适配等部分组成。发射系统主要设备和软件包括单频网规划和设计、单频网调试、城市覆盖测量、数字发射机、调制器、单频网适配器、数字邻频双工器、GPS 同步钟源、隙缝发射天线等。相应地，接收系统主要设备和软件包括移动接收天线、移动接收机、移动接收控制软件、移动存储软件、显示屏等。

终端设备供应商主要提供移动电视机顶盒、终端显示屏等终端设备。

不同品牌发射机的使用情况如图 2-17 所示。

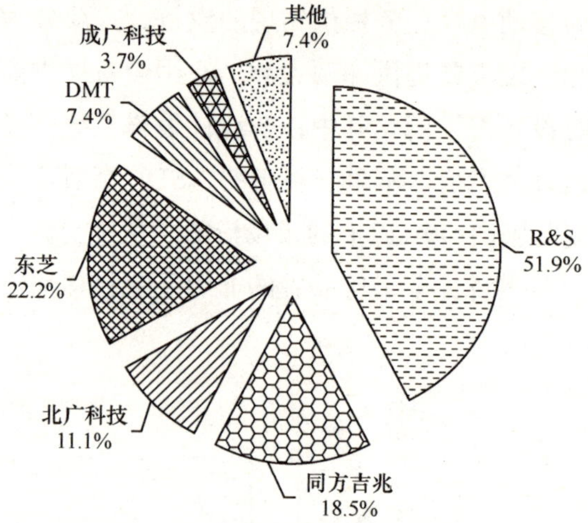

图 2-17　不同品牌发射机的使用情况

资料来源：《2015 中国移动电视发展报告》企业调研。

2. 内容运营商

内容运营商负责移动电视平台中所有节目源的组织、播出、监看及统一对外内容合作签约，并通过内容集成运营平台直接向移动电视终端提供节目导视 EPG（Electronic Program Guide，电子节目指南）和收视内容，并对所有视听节目内容的安全负责。需要注意的是，由于目前大部分移动电视频道只是试验运行，只有一个频道进行传输内容，因此只有少数移动电视具有 EPG 功能。其实，内容运营商主要针对市场需要，将不同来源的内容根据用户观看需求进行集成，并对集成内容负责，最重要的是必须满足政府监管的相关要求，例如集成内容的合法性、健康性，并随时接受政府的监控和管制。内容运营商的内容来源可以是向其他内容提供商购买的内容，也可以是自己制作的内容。

从目前各移动电视运营商的内容来源来看，集成节目、引进节目占有一定的优势；同时，大部分移动电视运营商脱胎于当地的广播电视台，因此在自制内容和转播节目方面具有相当的基础。

受调移动电视运营商不同来源节目的时长情况如图 2-18 所示。

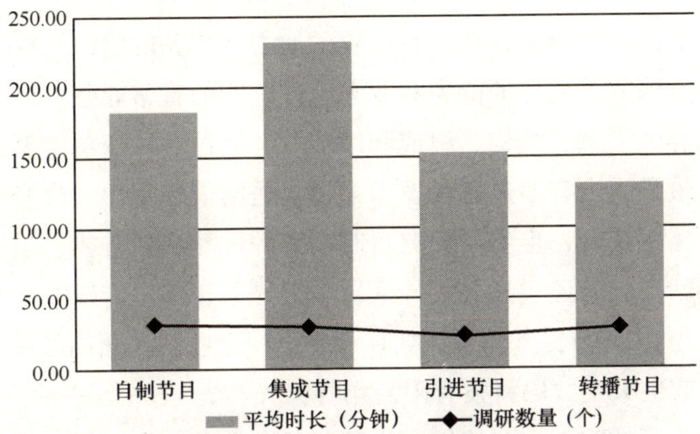

图 2-18　受调移动电视运营商不同来源节目的时长情况

资料来源：《2015 中国移动电视发展报告》企业调研。

3. 网络运营商

网络运营商提供承载网络、接入网络、业务平台、用户和网络的管理等资源。因此，移动电视产业链与有线电视基本雷同，内容运营商与网络运营商基本重合，即运营商既负责内容的集成运营，同时又是各城市移动电视网络的实际运营者，因此又可以将移动电视内容运营商和网络运营商统一称为移动电视运营商。

由于移动电视传播特性和网络建设的局限，目前国内的移动电视运营商多局限在单一城市内，而且即使在同一城市内还经常由于公共交通工具的不同划分为公交电视运营商和地铁电视运营商等，与城市电视台的性质有些许相似之处。这种条块分割的割据局面，在很大程度上限制了移动电视运营商做大做强，使得移动电视运营商在与大型广告主博弈时处于不利位置，也催生了华视传媒、巴士在线、世通华纳等跨区域、跨平台的移动电视广告运营商。

4. 内容提供商

内容提供商就是具有独立的内容制作能力、拥有内容版权或者特定区域发行权的组织或个体，它提供丰富的视听的和非视听的节目内容资源在移动电视平台内播放，并希望在版权得到保护的情况下获得收益。发展移动电视这类新型户外媒体业务，内容提供商与内容运营商、网络运营商的合作是必然也是必需的。

内容提供商大多拥有自产节目内容的能力和相关的组织结构，或者拥有将境外节目合法的本地化的能力和业务范围。它们日常业务的重点是如何规划新节目内容的创意、结构、组成和细节等，通过各种资源的努力创造新的节目内容，最终将内容通过各种发布渠道发送给最终用户。内容提供商既包括各地的广播电视台，也包括拥有自制内容的优酷、爱奇艺、乐视、搜狐视频等视频网站，同时还包括光线传媒、华谊兄弟、灿星传媒等影视节目提供商，以及一些 PGC 节目工作室，如在移动电视上收视率颇高的《绿豆蛙》的出品方上海蓝色天空数码科技有限公司等。

内容提供商的收入主要依靠广告和节目交易来实现：前者受该节目内容的覆盖范围、质量程度和收视率高低所影响，后者则要取决于内容提供商与内容运营商关于内容买卖的商务谈判价格决定。

5. 空间提供商

空间提供商就是为移动电视终端提供安装和展示空间的公共交通工具所有者，主要是指公共汽车、地铁、出租车等公共交通工具的运营者。

目前各城市公交、地铁公司与移动电视运营商的合作方式主要有两种：一是支付租赁费，获得移动电视的终端安装与节目播出平台，这是最常见的合作模式，调查数据显示，85%以上的移动电视均采用合作模式；另一种是运营商与公交、地铁运营公司通过组建合资公司等方式联合运营，共同参与移动电视的盈利分成，采用这种方式的只有北京、杭州等城市。

6. 移动电视广告运营商

如前所述，由于移动电视运营商的地域性所限，催生了依托各地移动电视联播网平台的移动电视广告运营商，也有人将其称为移动电视媒体运营商。目前，国内比较著名的移动电视媒体运营商有华视传媒、巴士在线、世通华纳、东方明珠等。值得关注的是，这些实力雄厚的运营商除了立足移动电视媒体资源的运营外，也开始涉足内容的生产。

7. 用户

从互联网的角度上讲，移动电视之前并没有真正的用户，更没有统一的用户账户管理体系，有的只是观众。幸运的是，随着官博、微信公众号以及公交 WiFi 等社交媒体平台的流行，移动电视运营商在用户运营方面开始发力。

不过从调查的数据看，各家移动运营商对于借助社交媒体开展用户运营的重要性的认知并不一致，同时拥有官方网站、官方微博以及微信公众号（包括订阅号和服务号）的运营商比例在 50%左右，而拥有 APP 的比例更是不足 10%。而从平均数据看，官博和公众号的比例超过 70%，这也充分说明各运营商对于社交媒体的重视程度差异较大（见图 2-19 和图 2-20）。例如，重庆广电移动电视媒体融合和互动平台——“云端重庆”微信公众号，通过活用 O2O 模式，利用线上线下的活动绑定十余万的公交乘客受众，用贴近民生本土生活资讯吸引受众，用层出不穷的活动活跃受众，拉近公交平台广告客户与百姓的距离。又如，广州珠江移动城市电视有限公司借助广州移动频道户外移动数字电视的传播优势，结合二维码、微信、APP、网站、微博等多种互联网、移动互联网终端进行传播。从出行人群到互联网网民，再到移动互联端的个体用户，节目的传播和活动的互动实现全方位、无障碍结合，围绕节目及活动进行全媒体营销。

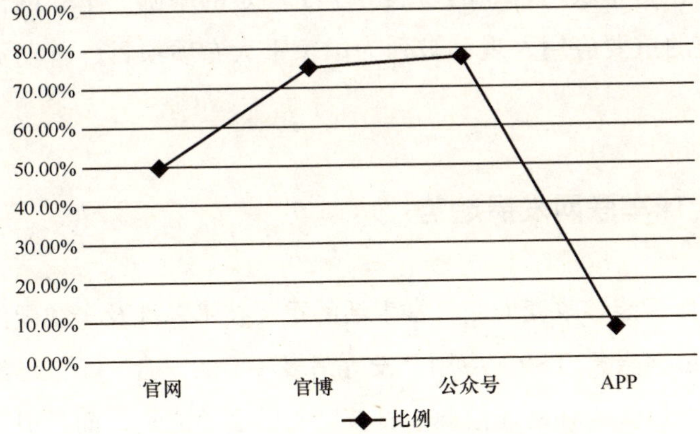

图 2-19　受调移动电视运营商各类社交媒体平均开展情况

资料来源：《2015 中国移动电视发展报告》企业调研。

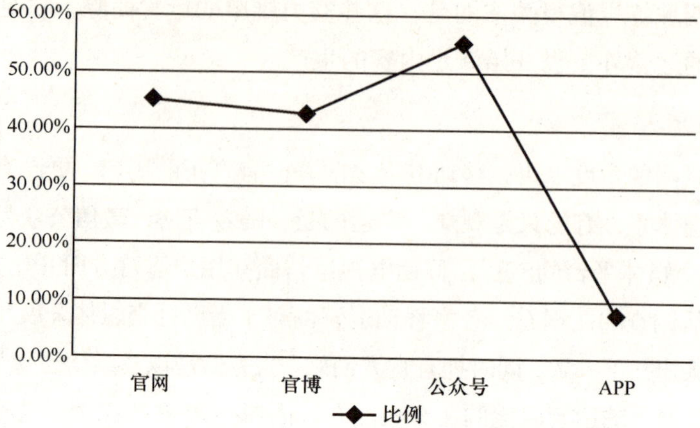

图 2-20　受调移动电视运营商各类社交媒体开展情况

资料来源：《2015 中国移动电视发展报告》企业调研。

第五节　车联网市场规模与趋势分析

在中国，车联网被认为是物联网目前最具市场潜力的应用领域之一。我国的车联网发展是从 2009 年开始的，但我国的智能交通行业则已经发展了十几年，为车联网行业的发展打下了一定的基础。车联网作为物联网在汽车行业的重要应用，现已被列为国家重大专项项目，首期资金投入达百亿元规模。

一、全球车联网发展趋势

车联网作为能够改变人们日常生活的重要技术，涉及车载硬件、软件、通信服务、远程服务 TSP、应用开发等诸多环节的整合，不仅已经成为汽车厂商、互联网巨头、移动通信商、科技巨头的必争之地，而且引领汽车行业和 ICT 产业新的发展方向。随着多方势力的进入，车联网的市场规模正在急速膨胀。据 GSMA 以及市场研究公司 SBD 等相关报告数据显示，2012 年，全球车联网市场规模约为131亿欧元，2013年约为164亿欧元，而预计到2018年，全球车联网市场规模将达到400亿欧元，其中交通信息、呼叫中心、在线娱乐等车联网服务占比最大，达到245亿欧元，占比为61.3%；TSP（车载远程服务）市场规模为45亿欧元，占比为11.34%；车联网相关电信市场规模为41亿欧元，占比为10.13%；车联网相关硬件市场规模为69亿欧元，占比为17.22%（见图2-21和图2-22）。

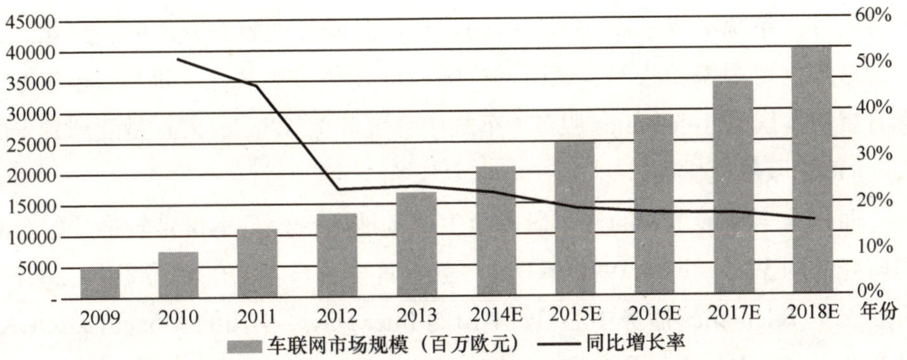

图2-21　全球车联网市场规模发展预测

资料来源：GSMA、SBD。

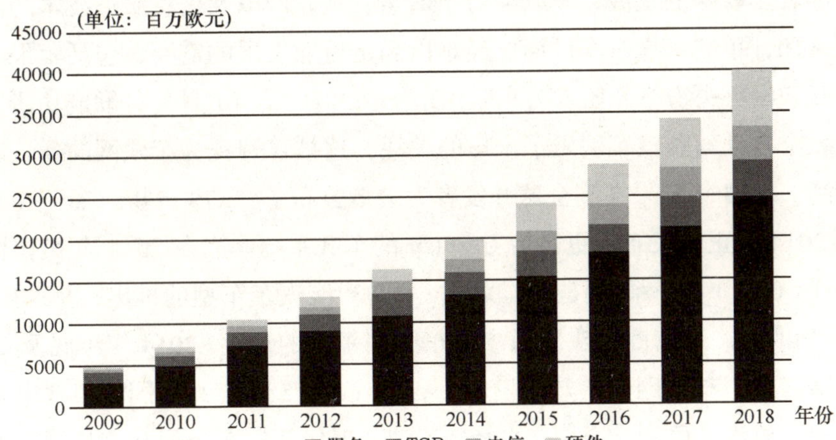

图2-22　全球车联网细分市场发展预测

资料来源：GSMA、SBD。

从欧美等车联网市场的发展历程来看，汽车厂商基本上引领了车联网前半程的发展，近年来才开始有越来越多的互联网巨头加入其中。作为全球智能交通的先行者，美国在20世纪就出现了通用OnStar（安吉星）、福特SYNC等车载信息服务。1995年诞生的OnStar是通用汽车专属配置，经过十多年来的发展，获得新专利的多项新技术超过了500项，其中100项获奖。福特SYNC是专为手机和数字媒体播放器配备的福特车载多媒体通信娱乐系统，由福特与微软和Continental合作研发，微软提供软件／操作系统，Continental提供硬件与系统集成。而欧洲各国的车载信息服务内容有一定的差异化。目前，欧盟主要国家如法国、德国、英国、意大利、爱尔兰、荷兰、瑞典等，都有属于本国的Telematics服务（车载信息服务）。WirelessCar是欧洲领先的Telematics服务提供商。

而作为全球最重要的汽车研发与生产基地之一，日本也是较早开始车联网研究的国家之一。自1997年开始，就有许多由日本OEM厂商以赞助者身份成立了Telematics服务中心，如本田的Inter Navi、丰田的Monet/G-BOOK、日产的CARWINGS与马自达的Mazda Telematics Center等，其中最具代表性的是丰田的G-BOOK。2011年，丰田推出Entune多媒体系统，可看成G-BOOK的升级版。

随着车联网的发展，车联网对于通信、互联网以及信息服务技术的需求不断增加，单纯依靠汽车厂商已经难以满足行业发展的需要，包括苹果、谷歌等互联网巨头纷纷开始发力车联网市场。2010年10月，谷歌成功研发全球首款全自动驾驶汽车引发了全球的关注，这被普遍视为车联网的新一波上升浪潮。2013年苹果在其全球开发者大会上公布了“iOS in the Car”项目，并在2014年正式发布了更名为CarPlay的车载系统。而在2014年美国消费电子展（CES）上一系列具有车联网技术的智能汽车车型的推出，表明芯片、软件、互联网、运营商巨头纷纷参与车联网领域的角逐。2014年年底及2015年年初以来，车联网开始热得发烫。谷歌在2015年1月的国际消费电子展上发起开放汽车联盟，通用、福特、奥迪、现代等汽车公司和芯片制造商英伟达纷纷加入，旨在把安卓系统、应用服务和汽车内部硬件系统进行整合。随着谷歌和苹果的入局，我们相信汽车上的移动互联和娱乐体验将取得质的飞跃。

部分智能交通参与企业定位如表 2-6 所示。

表 2-6　部分智能交通参与企业定位

企　业	业务领域	业务模式
谷歌	无人驾驶，成立开放汽车联盟	后装
苹果	推出汽车版 iOS，与宝马、奔驰、丰田等汽车企业合作	后装
NviDIA	智能汽车芯片	后装
三星	GALAXY Gear 通过独享 APP 获取汽车信息	后装
宝马	使用 GALAXY Gear 的 i3 电动车	前装
奥迪	LaerLight&车内 4G	前装
通用	OnStar 汽车应用与车内 4G	前装
福特	与智能手机联动	前装
丰田	G-Book、雷克萨斯汽车实现无人驾驶	前装
特斯拉	Model S，实现地图更新、远程诊断、人车交互	前装

二、中国车联网发展简况

1. 中国车联网市场发展现状

我国已经成为全球汽车消费大国，汽车保有量逐年增加，为车联网市场的发展带来了巨大的市场需求。2000 年中国汽车产量才 207 万量，位列世界第八；此后中国汽车产销量逐年增加，到 2006 年中国汽车产量就进入世界前列，仅次于日本和美国；2009 年中国汽车产销量分别达到 1379 万辆和 1364 万辆，同比增幅均在 40%以上，成功超越日本和美国跃居世界第一；2013 年，中国汽车销量成功突破 2000 万大关；根据工信部发布的 2014 年汽车工业经济运行情况，2014 年我国累计生产汽车 2372.29 万辆，同比增长 7.3%，销售汽车 2349.19 万辆，同比增长 6.9%，产销量继续保持世界第一（见图 2-23）。

汽车保有量的持续增加给车联网奠定了良好的发展机遇。2013 年 2 月 17 日，国务院又发布了关于推进物联网有序健康发展的指导意见，随着国家对物联网产业的扶持力度不断加大，车联网行业也迎来了发展的黄金机遇期。数据显示，国内车联网渗透率已从 2010 年的 4%增长到 2013 年的 6%，预计 2014 年将进一步增长到 7.5%。按照 2013 年全国 1.37 亿辆车的保有量计算，7.5%的渗透率下，车联网的市场规模有 1000 亿元。另据预测，到 2015 年我国车联网用户规模将达到 4000 万；到 2020 年，可控车辆的规模将超过 1 亿辆。

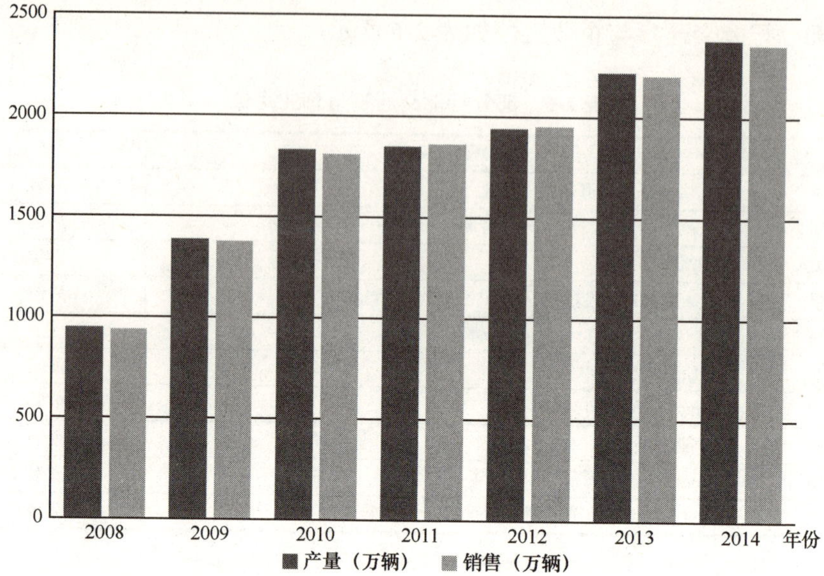

图 2-23　中国近年来汽车产销量的变化

资料来源：工信部。

中国车联网市场规模增长情况如图 2-24 所示。

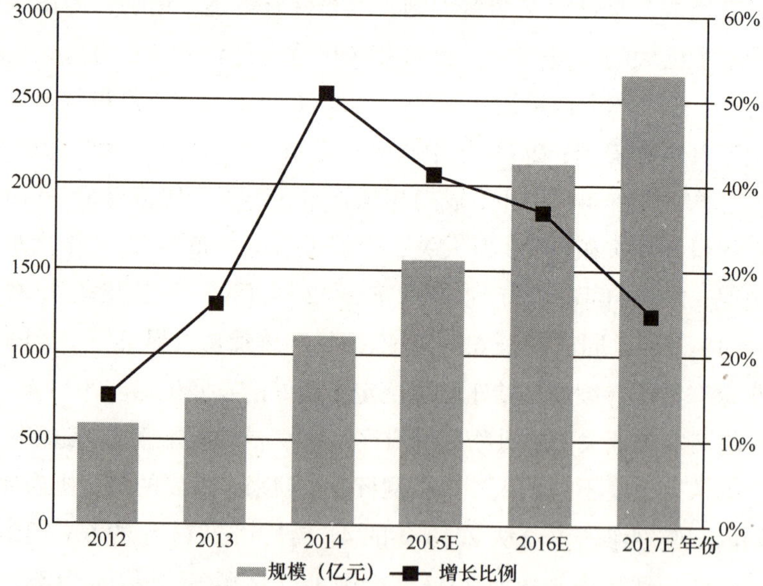

图 2-24　中国车联网市场规模增长情况

资料来源：易观、艾媒等。

其实，中国汽车厂商与互联网公司也早已嗅到这股新兴崛起的机会，在智能汽车与车联网领域不断加大投资。特别是2015年开始市场投资热度迅速升级：3月百度透露2015年或将推出自主研发智能汽车，阿里与上汽集团共投资10亿元成立互联网汽车研发合资公司，腾讯与富士康联手进入互联网+智能电动车项目，北京汽车与乐视控股签订战略合作协议共同打造互联网智能汽车生态系统。此前还有易到用车与传统汽车厂商奇瑞汽车、车联网解决方案提供商博泰集团携手，共同成立了合资公司“易奇泰行”，启动了互联网共享汽车计划。随后，小米科技的多项与汽车有关的专利被公开，意味着小米很有可能也要涉足智能汽车领域。

车联网的兴起与智能化终端的不断普及有直接联系，且由于移动通信网络速度的不断提升和资费的下降，移动互联网对车联网的发展同样起到了助推作用。我国车联网市场主要有前装车联网市场构成（在全球范围内基本也是如此），且以外资厂商的云服务平台为主。但是随着用户对车联网技术的深入了解以及前装车联网汽车的普及，面对中国庞大的汽车保有量，后装车联网市场的发展潜力不可小觑，尤其是汽车4S店、政企公车、保险公司、通信运营商对于车联网服务的需求会迅速增长。

数据显示，2014年，汽车4S百强中引入车联网应用的不到20%，未来所有的汽车4S百强都会引入车联网服务，届时2万多家4S店以及13万家汽车服务店也会不断跟随，向车联网服务转型。公车是后装车联网市场发展的重点之一，目前政企车队接近90%都没有部署车辆管理系统，随着公车管理、绿色出行、降低成本和人性化管理需求的爆发，利用车联网进行公车管理几乎势在必行。同时，2014年中国电信、中国移动都启动了车联网项目，各地省公司也都进行这方面的尝试。另外，保险公司是后装车联网应用最大的潜在用户。2014年中国人保启动了大规模的测试，其他48家保险公司也都在启动相关计划，预计汽车个性化保险将进入规模培育阶段，按照汽车保有量1.6亿辆、年2.5%装机量来计算，保险行业近几年车联网应用的综合市场空间在400万台。

最后，私家车同样是后装车联网应用的重点潜在市场。目前，“BAT们”、乐视、小米、车托帮、地图商、汽车后服务产业链及O2O厂商等，都在利用车联网打造汽车后服务与O2O的闭环，吸引个人用户使用车联网服务和车联网大数据。通过产业链的整合，个人与互联网用户在使用车联网的过程中，将有更好的应用体验、更好的用户黏性。有机构预测，2015 年个人市场将会有至少 1000 万台以上的市场空间。

车联网产业链架构图如图 2-25 所示。

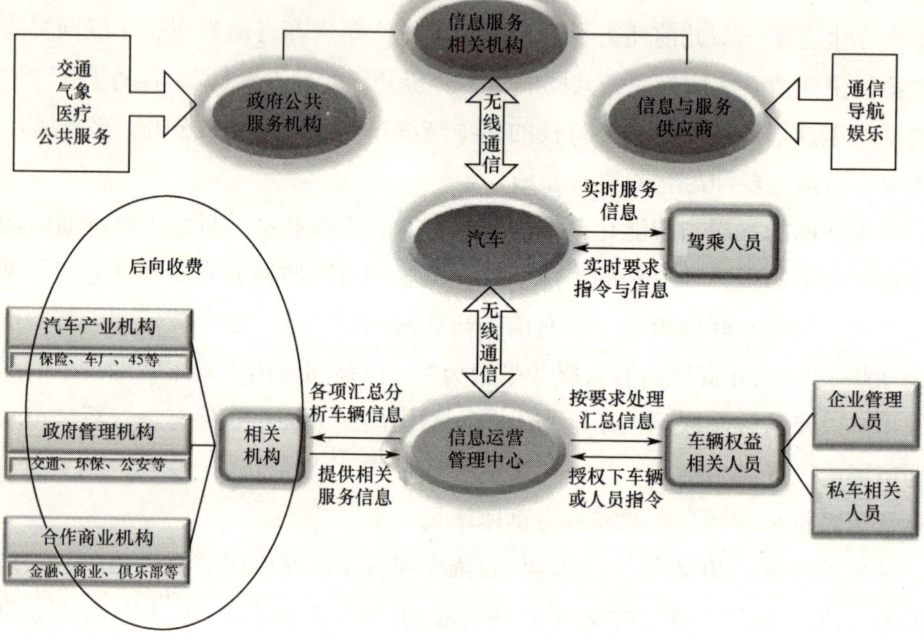

图 2-25　车联网产业链架构图

资料来源：GSMA。

2. 公交 WiFi 发展简况

公交 WiFi 作为一个无线 WiFi 热点覆盖和管理系统，可以看成智慧城市和车联网的重要组成部分，其主要是一种让公共交通工具上的乘客免费接入互联网获取信息、娱乐或移动办公的业务模式。目前，北京、上海、广州、长沙、武汉、济南、青岛、重庆等多个城市已经开通了公交 WiFi，其中移动电视运营商参与其中的城市有青岛、长沙、广州、深圳、兰州、哈尔滨、洛阳等。而交通运输部发布的《关于加快推进城市公共交通智能化应用示范工程建设有关事项的通知》中，已确定支持太原、石家庄、 青岛、武汉、株洲、贵阳、苏州、乌鲁木齐、杭州、保定、银川、兰州、昆明、宁波、合肥等 26

个城市开展城市公共交通智能化应用示范工程建设。

目前，各城市的公交 WiFi 主要是由公交公司联合第三方民营公司或者三大通信运营商来运营，部分城市的移动电视运营商也通过与移动电视广告运营商等合作方参与其中。从整体情况看，第三方公交 WiFi 运营商主要有华视传媒旗下的华视互联和七彩集团下的北京一路热点信息技术有限公司。截至2015 年 2 月底，16WiFi 已与国内 60 余城市签署公交 WiFi 建设运营协议，市场占有率已达 50%以上，其中，16WiFi 与广州珠江移动城市电视有限公司在技术集成研发和市场运营上达成了深度捆绑合作。在公交 WiFi 方面，已先后在北京、上海、南京、佛山、绵阳、保定、邯郸等城市形成规模化运营，投资建设并开通运营的 WiFi 热点数量超过 3 万个，签约车辆数达到 15 万辆。而华视互联在 2015 年 8 月公告称，已在中国 20 个主要城市拥有约 46000 辆城市公交车辆 WiFi 服务专营权，目前在深圳、重庆、太原等地已形成了规模效应。

除两大巨头之外，还有多家公司跑马圈地。聚玩网络宣称，已覆盖 20 多个城市。e 宅购公司称已签约城市达 12 个。上海文聪则宣称已经覆盖松江、奉贤、青浦、嘉定、金山等上海各区县，安装车辆超过 3000 辆。

目前，公交 WiFi 主要采用免费模式，其变现模式包括广告、流量引导、应用分发、游戏联运、电商平台、O2O 及大数据等。深圳市移动视讯有限公司联合华视互动通过公交 WiFi 传输方式实现移动电视和乘客手机之间的大小屏互动，并开展相应的互联网业务，如增值业务、游戏开发、LBS、O2O 等业务的实现，通过会员建立的方式形成公交乘客社群化，逐渐形成营销的细分群体，利用 WiFi 平台精细化经营，提高运营价值。

部分城市公交 WiFi 建设情况如表 2-7 所示。

表 2-7　部分城市公交 WiFi 建设情况

城　市	覆盖线路	覆盖车辆	运 营 商	建设状态
北京	全部	24000	16WiFi	
广州	中心城区	12000	16WiFi	0.2 万辆待建
上海	—	7000	16WiFi/上海文聪	1 万辆待建
深圳	全部	15000	华视互联/16WiFi 等	
长沙	28 条		北京波智高远/ e 宅购	“智能公交”在建

续表

城　市	覆盖线路	覆盖车辆	运 营 商	建设状态
武汉	—	5000	中国移动/中国联通	
青岛	60 多条	2000	杭州微元	
重庆	—	6600	华视互联	建设中
太原	—	2500	华视互联	建设中
南昌	21 条	609	中国联通	
包头	8 条	270	中国移动	建设中
呼和浩特	9 条	200	中国移动	

第六节　智慧城市发展情况与趋势分析

“智慧城市”概念问世后，迅速风靡全球。全球在建的智慧城市主要分布在美国，欧洲的瑞典、爱尔兰、德国、法国，以及亚洲的中国、新加坡、日本和韩国。奥巴马称“经济刺激资金将会投入宽带网络等新兴技术中，毫无疑问，这就是美国在 21 世纪保持和夺回竞争优势的方式”，已经清晰表明了其智慧地球战略。新加坡“智慧国 2015”计划的预计成果包括两方面，包括凭借 ICT 增强经济竞争力和创新力，促进 ICT 产业增长提高产业竞争力。日本在 2009 年 8 月将“u-Japan”升级为“i-Japan”战略，提出“智慧泛在”构想。

2009 年 8 月 7 日，中国时任国务院总理温家宝在江苏省无锡市高新微纳传感网工程技术研发中心考察时，首次提出了“感知中国”战略，“感知中国”随后成为新一轮信息技术革命背景下推动国家产业升级、迈向信息社会的顶层战略。中国的智慧城市建设热潮随即兴起。而在这场万亿元规模的投资大潮中，移动电视运营商至少可以在应急服务、智慧交通、智慧政务等几个方面发挥自己的优势，抢得一杯羹。

一、中国智慧城市整体发展情况

中国的城镇化进程在快速发展，2002—2012 年，中国城镇化率几乎以每年 1.3%的速度增长，2011 年首次突破 50%，2012 年达到 52.6%。城镇化已经成为中国现代化建设的历史任务和扩大内需的最大潜力所在。而智慧城市是信息化推动城镇化的一个具体体现，是未来很长时期内引领、支撑城镇化发展，拉动内需，促进信息消费的核心载体。目前，中国从国家层面和地方层面同时发力，通过政策指引和试点部署，加快智慧城市发展探索。

国务院于 2014 年 4 月出台的《国家新型城镇化规划（2014—2020 年）》指出，推动新型城市建设的核心理念之一，是建设智慧城市，即统筹城市发展的物质资源、信息资源和智力资源利用，推动物联网、云计算、大数据等新一代信息技术创新应用，实现与城市经济社会发展深度融合。

2013 年 8 月，国务院发布了《关于促进信息消费扩大内需的若干意见》（以下简称《若干意见》），明确提出在有条件的城市开展智慧城市试点示范建设。《若干意见》支持公用设备设施的智能化改造升级，加快实施智能电网、智能交通、智能水务、智慧国土、智慧物流等工程。同月，国务院发布了《"宽带中国"战略及实施方案》，为智慧城市提供网络基础设施支持。

在地方层面，截至 2013 年年底，中国 4 个副省级以上城市、89%的地级及以上城市，47%的县级及以上城市，总计 311 个城市提出或在建智慧城市，涵盖大中小城市规模和东中西部区域，"十二五"期间总投资或将超过 1.6 万亿元。其中，2013 政府工作报告或地方"十二五"规划中提出重点建设智慧城市的地级以上城市 52 个。

工业和信息化部、国家发展和改革委员会、住房和城乡建设部等相关部委已经颁布了相关政策，以引导、规范智慧城市发展。

工业和信息化部：自 2011 年以来，工业和信息化部制定了与智慧城市发展相关的众多规划，包括《信息化"十二五"规划》、《信息安全产业"十二五"发展规划》、《物联网"十二五"发展规划》、《电子商务"十二五"发展规划》、《电子政务"十二五"规划》等。

国家发展和改革委员会：国家发展和改革委员会会同工业和信息化部、公安部、财政部、国土资源部、住房和城乡建设部和交通运输部等部门，正在研究起草有关促进智慧城市健康发展的指导意见。

住房和城乡建设部：住房和城乡建设部办公厅发布了《关于开展国家智慧城市试点工作的通知》，印发了《国家智慧城市试点暂行管理办法》和《国家智慧城市（区、镇）试点指标体系（试行）》，启动试点城市实施工作。中国城市科学研究会和国家开发银行已经签署《“十二五”智慧城市建设战略合作协议》，要求国家开发银行应在“十二五”的后3年内，提供不低于800亿元的投融资额度支持中国智慧城市建设。

交通部：交通部在2014年起草了《关于促进公共交通一卡通行业健康发展、加快实现互联互通的意见》，启动了京津冀、珠三角一卡通互联互通和国家级清分结算平台建设；推动京津冀联网售票。广东制定了公共交通一卡通管理办法，推动全省19个市及港澳地区实现互联互通；加快推进全国运政管理信息系统建设，部分省份开始互联互通；在26个省启动实施省域客运联网售票系统建设示范工程。云南省实施了“七彩云南、智慧出行”信息化建设项目，建立了公众出行信息、物流公共信息、客运联网售票、包车客运管理、出租汽车电召等信息服务平台，提升了行业服务信息化水平，使公众出行更加方便快捷。

二、万亿投资规模

智慧城市从概念到试点、到实施，目前正进入规模推广阶段。业界相信，随着政策红利的不断释放，智慧城市将迎来新一轮快速发展的机遇，并辐射整个产业链。

智慧城市是物联网应用落地最重要的载体。其实智慧城市的应用已经发生在我们身边，在交通领域，如ETC不收费停车和交通一卡通，家庭领域里的视频监控、远程冰箱控制，金融行业的无线POS，教育领域的电子书包，政府领域的电子政务，能源行业的远程抄表、能量数据的远程上传与监控等，不胜枚举。如果将智慧城市的应用整合一下的话，可以分为公共、产业和生活三大领域里的十二个细分领域，包括智慧家庭、智慧商业、智慧环境、智慧文教、智慧政务、智慧安全、智慧市政、智慧医疗、智慧社区、智慧能源、智慧交通和智慧金融（见图2-26）。也正因为如此，智慧城市要实现真正的智慧，应用领域会十分广泛，但是不能一哄而上，要找准时机、找准落点，如美国选择了“智慧电网”作为切入点，日本选择“智能交通”作为切入点。

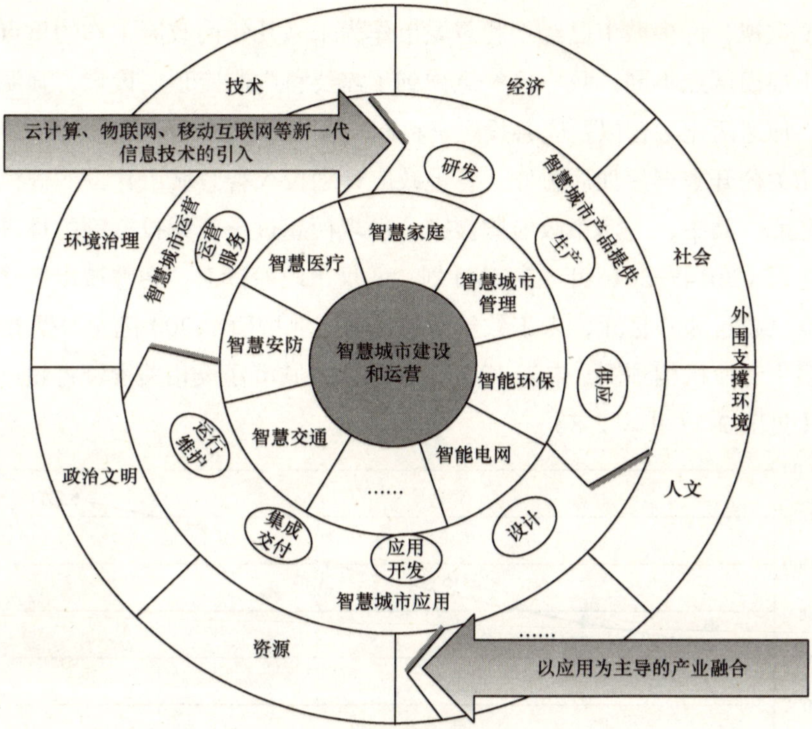

图 2-26　智慧城市产业概念

资料来源：赛迪顾问。

国务院总理李克强在 2015 年政府工作报告中，谈及新城镇建设时表示，要大力发展智慧城市。由于政府在城市规划中起到决定性作用，因此政府的扶持对于智慧城市建设推进的意义重大。据工信部《2014 年 ICT 深度报告》统计，目前中国 100%的副省级以上城市、89%的地级以上城市（241 个）、47%的县级及以上城市（51 个）都在推进智慧城市建设。

在过去的 2014 年中，智慧城市发展最大的变化是，政府相关部门已经意识到，将市场机制引入智慧城市建设已成为必然选择。财政部曾下发《关于推动运营政府和社会资本合作模式的有关问题通知》，使得 PPP（政府与社会资本合作）模式得以进入智慧城市建设。不仅如此，《“十二五”智慧城市建设战略合作协议》、《国家新型城镇化规划（2014—2020 年）》、《关于促进智慧城市健康发展的指导意见》等由政府多个部门发布的多项扶持智慧城市建设的相关政策均在 2014 年内颁布。智慧城市建设得到从中央到地方各级政府的高度重视，许多城市已经把智慧城市作为未来几年内政府工作的重点。与此前小规模试点不同，政府已经意识到了需要科学制定顶层设计，强调信息惠民、加速两化融合以及完善投融资机制。

相关公开数据累加后可知，各地政府计划投入智慧城市建设的规模已超过千亿元。其中，上海市政府曾披露一份规模超过千亿元投资额的推进智慧城市建设（2014—2016 年）行动计划；武汉市政府针对“智慧城市”建设总投资额已超过 800 亿元，未来数年计划带动产业增值 11200 亿元。据 IDC 以及等多家专业机构预测，未来 10 年，中国智慧城市建设相关投资将超过 2 万亿元（见图 2-27 和表 2-8）。

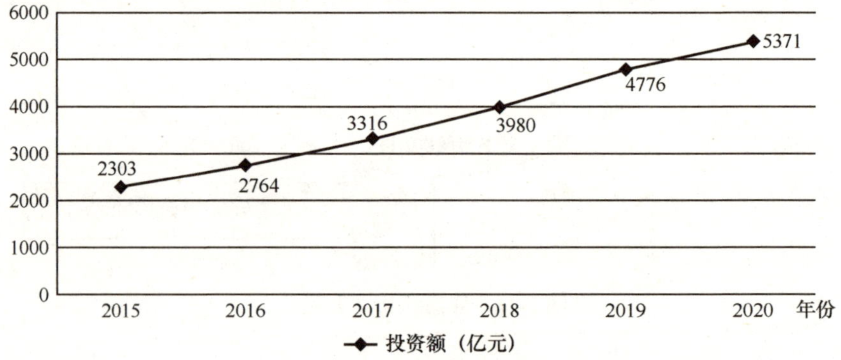

图 2-27　中国智慧城市投资规模预测

资料来源：IDC。

表 2-8　部分研究机构关于全球智慧城市的研究数据

智慧城市市场规模/项目数量	数据来源
2013 年智慧城市技术市场总价值为 81 亿美元，2018 年将增加到 395 亿美元	ABI 研究公司
2025 年智慧城市技术市场总价值将达到 3.3 万亿美元	Frost &Sullivan 公司
2012 年，全球总共有 257 个试验或商业性质移动智慧城市项目，其中美洲 38 个，欧洲 166 个，亚洲 38 个，非洲/大洋洲 11 个	GSMA
估计中国大陆智慧城市 2013 年价值为 108 亿美元，并且预测未来 5 年会双位数增长	IDC
2012 年智慧城市技术市场总价值为 61 亿美元，2020 年将增加到 202 亿美元	Pike 公司
全球智慧城市市场 2016 年规模将超过 1 万亿美元；2014 年在建智慧城市市场规模为 131 亿美元，400 个城市宣布建设智慧城市	国脉互联

尤其值得关注的是，自 2015 年两会提出“互联网+”以来，智慧城市建设开始与“互联网+”结合，展开了新一轮的产业布局。2015 年 4 月，蚂蚁金服、阿里集团与新浪微博共同启动“互联网+ 城市服务”，该服务将在广州等 12 个城市落地。与此同时，腾讯也宣布在全国六大城市开通了“城市服务”，这显示出，两大互联网+巨头正在借“互联网+”展开落地城市的圈地战。

而在这场智慧城市的盛宴中，移动电视绝非只有做看客的份，而应该积极投身其中。比如，2014 年 1 月，青岛广电无线传媒集团股份有限公司经过公开竞标，获得建设、运营和维护青岛市出租汽车服务管理信息系统资质，启动智慧交通项目建设。项目将为青岛市 1 万辆出租车免费安装使用 GPS 设备，建成出租车监控指挥、数据资源、电召服务三大中心，最终实现青岛出租车行业智能化管理，提升服务质量和水平。还有山西大众移动电视有限公司也准备与太原交警部门合作，利用地面数字播出网络和 4G 直播技术，开办专业化交通频道，参与本市智慧交通的建设。广州移动频道与广州市交委下属的广州交通信息化建设投资营运有限公司合作，通过频道的传输和发射系统，参与交通信息服务系统的建设，并成功申报城市智慧交通系统低碳技术创新与示范项目资金。

第七节　出行 O2O 服务市场规模与趋势分析

O2O 是 Online to Offline 和 Offline to Online 的缩写，是利用互联网使线下商品或服务与线上相结合，线上生成订单，线下完成商品或服务的交付。因此，O2O 的核心是把线上的消费者带到现实的商店或者交易中去，让用户在线支付购买线下的商品和服务后，到线下去享受服务，与淘宝的 C2C、京东商城、苏宁易购的 B2C 等电子商务模式有着一定的不同。

O2O 商务模式的关键是在网上寻找消费者，然后将他们带到现实的商店中。它是在线支付模式和为店主创造客流量的一种结合（对消费者来说，也是一种“发现”机制），实现了线上的购买，线下的服务。它本质上是可计量的，因为每一笔交易（或者是预约）都发生在网上。这种模式应该说更偏向于线下，更利于消费者，让消费者感觉消费得较踏实。因此，O2O 的优势在于把网上和网下的优势完美结合，把互联网与地面商店或者服务完美对接，实现互联网落地。让消费者在享受线上优惠价格的同时，又可享受线下贴身的服务。同时，O2O 模式还可实现不同商家的联盟。可以看出，O2O 的核心在于在线支付，一旦没有在线支付功能，O2O 中的 Online 不过是替他人做嫁衣罢了。

如今随着电商和实体店的快速结盟发展，包括服装、旅游、餐饮、娱乐等行业及生活服务的方方面面，都在快速进入 O2O 时代。根据商务部统计，2015 年上半年，O2O 市场规模达 3049.4 亿元，同比增长高达 80%。而艾瑞咨询关于中国近年来网络购物的研究数据，也从另一方面佐证了 O2O 的增长潜力与市场基础（见图 2-28）。

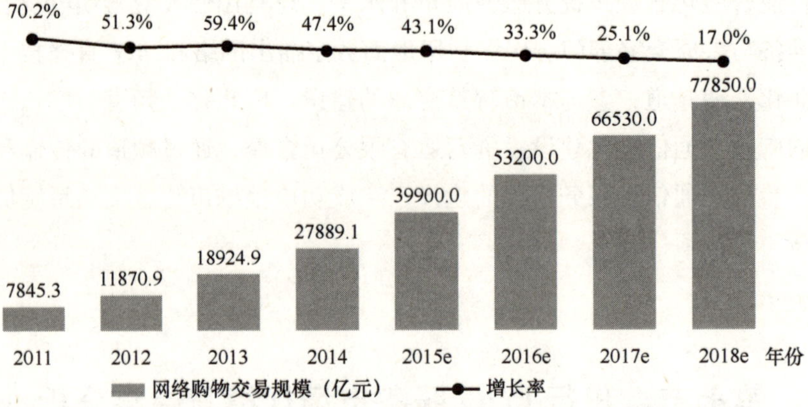

图 2-28 中国近年来网络购物市场规模的变化

资料来源：艾瑞咨询。

一、O2O 社区服务

由于 O2O 实际上对应着线下的各种店铺或者服务，因此对于 O2O 的分类也是见仁见智，有的按照实体店铺的性质和服务场景划分为服装、旅游、餐饮、娱乐、家政等；有的按照服务地点区分为 O2O 到家服务（O2O 社区服务）、O2O 出行服务等；也有人将 O2O 提供服务内容的不同简单区分为 O2O 商品和 O2O 服务……

中国 O2O 生活服务结构图如图 2-29 所示。

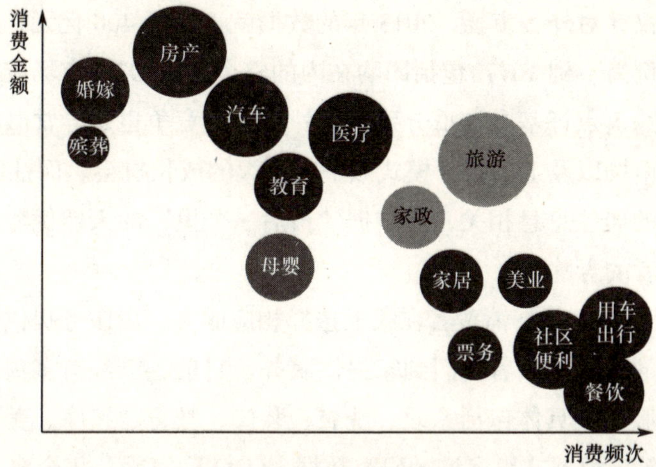

图 2-29 中国 O2O 生活服务结构图

资料来源：百度。

据易观国际的报告显示，2014 年中国生活服务 O2O 市场规模达到 2480.1 亿元，同比增长 78.4%，预计 2015 年中国生活服务 O2O 市场规模将超过 4000 亿元，这一点与商务部的数据基本吻合（见图 2-30）。2011 年团购交易模式出现，带动了本地生活服务市场的迅速增长。随着互联网尤其是移动互联网的发展，中国生活服务 O2O 市场将迎来新一轮爆发式增长。

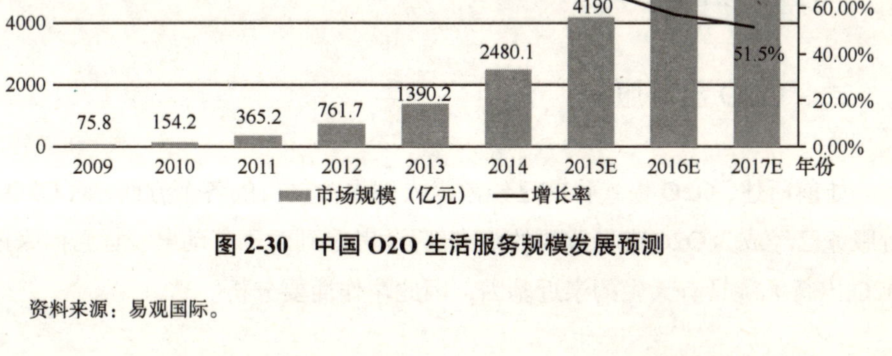

图 2-30 中国 O2O 生活服务规模发展预测

资料来源：易观国际。

其中，仅针对外卖市场，2013 年的数据就达到了 400 亿元，而外卖占餐饮市场的比例尚不到 10%，包括团购在内的整个餐饮 O2O 市场应该是万亿级别。目前团购、点评基本被瓜分殆尽，外卖点餐竞争也是异常激烈，而生鲜半成品周边市场以及上门服务模式似乎有更大的成长机会。而社区便利 O2O 由于与人们的居住息息相关，还占据“最后一公里”的天然优势，因此更容易得到消费者的青睐。

O2O 到家服务是指消费者在线上选择相应服务，由服务提供商或者在平台进行注册的服务提供者上门到家提供服务。目前，已经有多项服务可以提供上门到家服务，具体包括家政、洗衣、装修、教育、按摩、美容、美甲、美发、厨师等。根据艾媒咨询的研究数据，O2O 到家服务将会成为社区 O2O 服务的主流，虽然其与易观国际的数据略有差异，但是其快速增长的趋势显然是一致的（见图 2-31）。

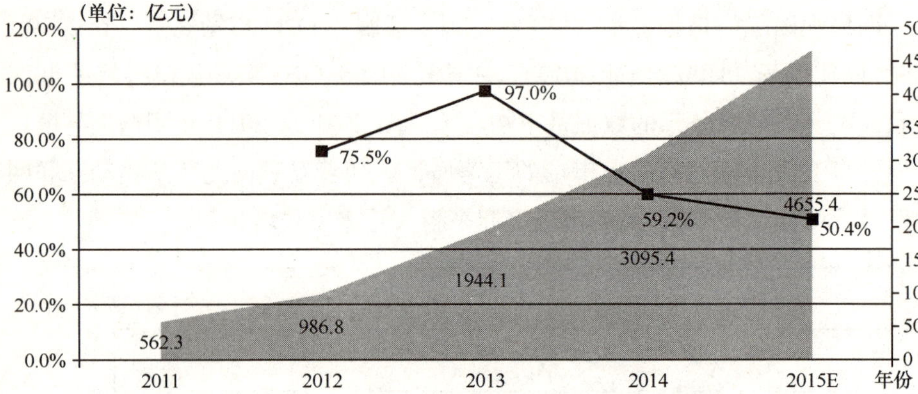

图 2-31　近年来 O2O 到家服务市场规模和增长情况

资料来源：艾媒咨询。

二、O2O 出行服务

如前所述，O2O 模式目前已经渗入人们衣食住行的各个方面，而 O2O 出行服务已经成为 O2O 市场重要的组成部分。考虑到对于移动电视运营商来说，O2O 出行无疑具有天生的亲近基因，因此略作简要分析。

1. O2O 出行服务的分类

就出行而言，综观目前市场上出现的各种出行软件，按照市场定位和用户需求，我们可以将它们分为以下几种类型：租车服务、拼车服务、打车服务、专车服务、代驾服务、共享巴士以及车联网服务等，这些 O2O 出行服务并不是一种前后相继的替代与被替代关系，而是一种共存关系，各种模式共同构成了目前的出行市场现状（见表 2-9）。

表 2-9 常见 O2O 出行服务类型

类　型	代表企业	代表企业简介
打车服务	滴滴	2012 年 9 月上线，是一个手机智能叫车系统，帮助乘客随时随地、方便快捷的叫到出租车，帮助司机低成本更方便的接受预订
	快的	2012 年创立，由杭州快迪科技有限公司研发，是一款立足于 LBS 的 O2O 打车应用，主要面向日常乘客打车和出租车司机。2015 年 2 月，滴滴与快的宣布合并
租车服务	神州租车	成立于 2007 年 9 月，在国内 169 个主要城市拥有约 1000 多个直营租车网点，车队规模近 130000 台，2014 年 9 月在香港上市
	一嗨租车	创立于 2006 年 1 月，在全国 100 多座城市开设了 1200 多个网点，现拥有 100 多种车型
拼车服务	嘀嗒拼车	一款专注上下班拼车的手机软件，为广大上班族提供一个便捷、实用、安全的拼车平台
	微微拼车	微微拼车集线上拼车、线下社交为一体，对不同场景的拼车行为都进行覆盖，包涵上下班拼车、长途拼车和临时拼车
专车服务	易到用车	2010 年 5 月创立，是中国第一家专业提供专乘约租车服务的电子商务网站，已覆盖北京、上海、广州、深圳等 74 座城市
	滴滴专车	2014 年 8 月，滴滴打车面向中高端商务群体推出的专车服务，目前在北京、上海、广州、深圳、杭州、厦门、郑州等 16 个一线城市已经开通
	神州专车	神州租车 2015 年 1 月 28 日推出的为高端商务出行人群提供优质服务的产品，已覆盖全国 60 大城市
共享巴士	滴滴巴士	2015 年 7 月 16 日上线运营，现只开通了北京、深圳地区，主要针对上班族；9 月接管考拉班车
	嗒嗒巴士	主要是提供上下班、周边游定制巴士等服务，解决城市白领人群上下班出行难问题，目前在深圳已开通 200 条上下班线路，覆盖人群上万
	嘟嘟巴士	2015 年 3 月在深圳上线运营，已有 200 多条路线，相关统计其在线用户达到 4.5 万，满座率 83%以上
车联网	嘀嘀虎	深圳广联赛讯旗下车联网行业及汽车后市场行业的先导品牌，拥有 20 万活跃车联网用户，主要为满足车主在线上的碎片化需求
	四图维新	推出品牌“趣驾”，为客户量身定制平台搭建、内容管理、导航服务、车联网运维及一站式服务解决方案

续表

类　型	代表企业	代表企业简介
代驾服务	e 代驾	基于地理位置的代驾 O2O 公司，其使用人群主要是白领、金领，包括有一定经济实力偏重社交的用户群体
	爱代驾	创建于 2012 年 10 月，是国内首家专业从事汽车驾驶服务的企业，提供包括酒后代驾、商务代驾、婚庆代驾、旅游代驾以及其他个性化服务

2. O2O 出行数据简析

据艾媒咨询的一份调查，2014 年，中国 O2O 出行用户规模达到 2.11 亿，2015 年这一规模将达到 2.69 亿，同比增幅为 27.5%（见图 2-32）。

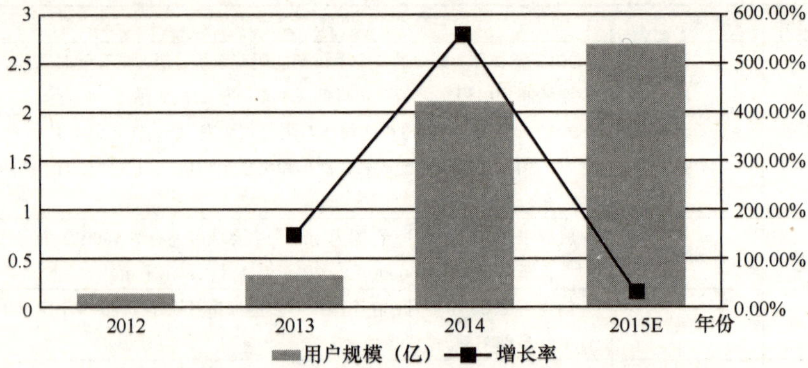

图 2-32　近年来 O2O 出行用户规模的增长情况

资料来源：艾媒咨询。

其中，打车软件的出现使得传统的出租车行业发生了翻天覆地的变化，出租车的运营效率得到了提升，同时也在一定程度上缓解了打车难的问题，用户只需输入路程信息便可以享受服务。另据易观智库数据，2014 年上半年打车 APP 市场份额基本被快的和滴滴瓜分：快的打车占 53.57%；滴滴打车占 45.56%；其他占 0.87%。而就在 2015 年的情人节，滴滴和快的这两个打车市场的对手宣布实现战略合并，让人直呼“又相信了爱情”。目前，移动打车市场教育工作基本完成，用户使用叫车软件叫车已经成为一种习惯，同时市场格局基本上是一家独大，其他竞争对手基本上出局，因此，滴滴与快的两者合并后在打车服务上的动作明显变轻，转而大力投入在了专车市场上。

专车兴起是分享经济的一种体现，目前专车尚属于新兴事物，无官方数据可以估算其市场容量，但我们可以从租车（租车属于自驾租车，而专车属于代驾租车，都属于以共享模式来弥补用车需求和购车需求之间的空白）的快速发展来窥见专车市场的巨大市场空间，其价格与出租车费用的对比情况如表 2-10 所示。从专车市场的参与者来看，目前除了知名的易到用车、一号专车外，还有滴滴专车、Uber、百度专车、神州和一嗨等。

表 2-10　各专车最低价与出租车费用比较（以上海为例）

车辆类型	起步价（元/公里）	里程（元/公里）	时长费（元/分钟）	最低消费（元）	远途费(元)
滴滴专车	15	2.9		15	
一号专车	15	2.9	0.5	15	
易到用车	15	3	0.5		
神州专车	15	2.8	0.6		1.4（15 公里以上）
Uber	15	2.17	0.3	15	
出租车	14	2.4（3 公里以上）	0.52	14	3.6（10 公里以上）

资料来源：各专车软件 APP、华泰证券研究所。

中国租车市场行业增速远高于欧美发达国家，主要是因为中国这几年的汽车保有量增长飞快，而租车市场又还处于发展的早期阶段；租车市场渗透率（租赁车辆数占车辆总数比例）还很低。罗兰贝格数据显示 2012 年只有 0.4%，而同期的日本 2.5%，美国 1.6%，韩国 1.4%，巴西 1.3%（见图 2-33）。罗兰贝格的数据还显示，中国租车市场规模从 2008 年的 90 亿元增长至 2013 年的 340 亿元，年复合增长率为 29%；车队数量则从 2008 年的 10 万辆增至 2013 年 36.9 万辆，复合增长率为 30%。预计 2018 年中国租车市场规模将增至 650 亿元，车队数量达到 77.9 万辆。

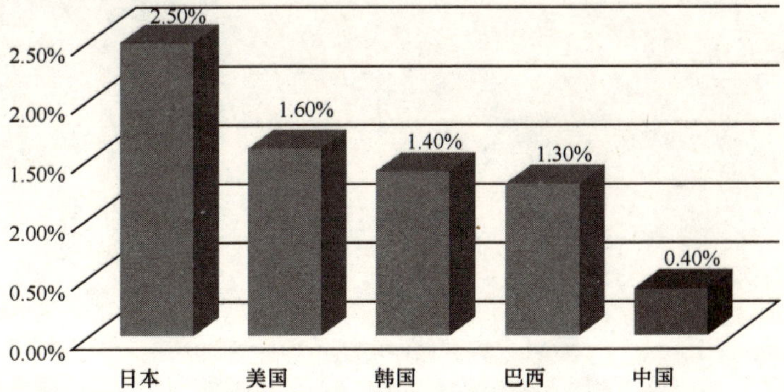

图 2-33　部分国家的租车的比例

资料来源：罗兰贝格。

另外，移动拼车和共享巴士也是 O2O 出行重要的分类之一。当前中国 O2O 拼车市场潜力尚未完全挖掘出来，嘀嗒拼车具有一定的先发优势，但是随着滴滴顺风车的上线以及各共享巴士的开通，拼车领域已经成为新的战场，并有可能掀起新一轮的补贴大战和洗牌。

而对于移动电视运营商来说，O2O 出行市场的增长一方面意味着移动电视可以覆盖的渠道在拓宽，除了公交、地铁、出租车等，各种专车、共享巴士等也是移动电视的潜在合作伙伴；另一方面，与那些 O2O 出行服务提供商相比，移动电视运营商在公共交通、媒体等领域的资源无疑更为丰富，如何将这种资源优势转化为运营优势，并努力去尝试，值得每位业者思考。

第三章　移动电视政策篇

2015 年是中国“互联网+”元年，也是中国“智慧广电”元年。

在这个具有里程碑式的年份，考察中国移动电视行业在政策层面与政策环境方面的发展，来自中央政府最高决策层的“互联网+”和行业最高监管机构的“智慧广电”等政策顶层设计，无疑是核心之“纲”——纲举目张之下，社会经济结构中的各行各业，都迎来了全新的发展契机。对广电行业以及移动电视产业来说，政策趋势影响巨大，改革与创新红利意义深远。

第一节　国家政策：关于“互联网+”的顶层设计

一、组织保障：中央网络安全和信息化领导小组的成立

2014 年 2 月 27 日，中央网络安全和信息化领导小组正式成立，中共中央总书记、国家主席、中央军委主席习近平亲自担任组长；李克强、刘云山任副组长。中央网络安全和信息化领导小组办事机构即中央网络安全和信息化领导小组办公室，由国家互联网信息办公室承担具体职责——这为中国在网络时代的战略式跨越发展，提供了顶层设计的组织保障。

根据领导小组的职责说明，其将着眼国家安全和长远发展，统筹协调涉及经济、政治、文化、社会及军事等各个领域的网络安全和信息化重大问题，研究制定网络安全和信息化发展战略、宏观规划和重大政策，推动国家网络

安全和信息化法治建设，不断增强安全保障能力。

领导小组的成立，在组织保障层面，一个最为深远的意义，是开始真正解决我国网络管理体制中长期存在的“九龙治水”局面，正如习近平总书记在在对中共十八届三中全会《决定》的说明中明确表示的，“面对互联网技术和应用飞速发展，现行管理体制存在明显弊端，多头管理、职能交叉、权责不一、效率不高。同时，随着互联网媒体属性越来越强，网上媒体管理和产业管理远远跟不上形势发展变化。”

领导小组的成立，标志着我国开始进入网络空间国家安全战略规划制定实施的自觉阶段。事实上，到 2014 年，全球已有 40 多个国家颁布了网络空间国家安全战略，如美国专门在白宫设立“网络办公室”，并任命首席网络官，直接对总统负责；2014 年 2 月，总统奥巴马又宣布启动美国《网络安全框架》。德国总理默克尔 2 月 19 日与法国总统奥朗德探讨建立欧洲独立互联网，拟从战略层面绕开美国以强化数据安全；欧盟三大领导机构明确，计划在 2014 年年底通过欧洲数据保护改革方案。日本 2013 年 6 月出台《网络安全战略》，明确提出“网络安全立国”。印度 2013 年 5 月出台《国家网络安全策略》，目标是“安全可信的计算机环境”。因此，接轨国际，建设坚固可靠的国家网络安全体系，是中国必须做出的战略选择。

2014 年 11 月 19 ~ 21 日，由国家互联网信息办公室和浙江省人民政府联合主办首届世界互联网大会在浙江乌镇举行，大会主题为“互联互通共享共治”，标志着我国主动博弈全球互联网治理话语权的发端。

二、媒体融合：中央全面深化改革领导小组提出《关于推动传统媒体和新兴媒体融合发展的指导意见》

2014 年 8 月 18 日，中央全面深化改革领导小组第四次会议审议通过了《关于推动传统媒体和新兴媒体融合发展的指导意见》（以下简称《意见》）等重要政策文件，为以视频化、移动化和社交化为主要特征的媒体融合之路，打开了加速发展的快车道。

《意见》的出台，是为深入贯彻落实党的十八届三中全会精神和中央关于推动传统媒体和新兴媒体融合发展的战略部署，充分运用新技术新应用创新媒体传播方式，占领信息传播制高点，巩固壮大宣传思想文化阵地，进一步提高主流媒体传播力、公信力、影响力和舆论引导能力。

政治局委员、中央宣传部部长刘奇葆同志，在《人民日报》撰文《加快推动传统媒体和新兴媒体融合发展》指出，“推动媒体融合发展是一项紧迫的战略任务”，因为“从意识形态领域看，互联网已经成为舆论斗争的主战场，直接关系我国意识形态安全和政权安全。可以说，传统媒体已经到了一个革新图存的重要关口。面对这种严峻形势，推动传统媒体和新兴媒体融合发展刻不容缓，必须跟上时代发展步伐，加快融合发展进程，这是我们应当肩负起的历史责任。”

移动电视作为基于地面数字电视技术创新衍生出的移动视频新媒体，与《意见》提出的“四个基本原则”契合度很高。

（1）坚持正确导向。始终坚持党管媒体，把正确导向贯穿于媒体融合发展各环节、全过程，从内容、流程、渠道、技术等各方面把好关，确保媒体融合发展始终沿着正确方向推进。确保文化安全与意识形态安全，有效抵御和防范敌对势力渗透，维护社会主义核心价值体系。

（2）坚持统筹发展。坚持整体推进和重点突破相结合，加大投入和支持力度，推动新闻媒体抓住媒体融合的重要环节和关键项目重点推进；鼓励辖市（区）主要媒体根据自身实际情况积极探索媒体融合特色之路。要树立一体化发展理念，促进报网融合、台网融合，实现各种媒介资源、生产要素的有效整合，实现信息内容、技术应用、平台终端、人才队伍的共享融通，形成一体化的组织结构、传播体系和管理体制，通过科学融合更好地发挥主流媒体作用。

（3）坚持创新融合。遵循新闻传播规律和新兴媒体发展规律，加强信息传播技术应用研发，将技术建设和内容建设相互融合，创新新闻传播业态和采编流程，以新技术新应用拓展主流舆论传播途径和范围，打造现代传播体系。

（4）坚持互联网思维。顺应互联网传播移动化、社交化、视频化、互动化趋势，努力把先进实用的技术纳入媒体融合的项目设计，共同构成媒体核心竞争力。树立用户理念，增强服务意识，准确掌握受众多样化、个性化需求，加强信息互动，切实提高新闻传播的实效性和用户满意度。

对于移动电视来说，如何在既有技术创新基础上，瞄准和利用最新技术推动融合发展，是借力《意见》政策东风的关键之处。这里的最新技术和应用，正如刘奇葆同志在《人民日报》署名文章中所明确指出：

一是利用大数据和云计算技术推进新闻生产。运用大数据和云计算技术，首先要掌握海量的数据资源。经过几十年的发展，新闻媒体积累了丰富的数据资源，这是我们的宝贵财富。要把这些优势资源整合起来，建设和完善专业化、规模化、现代化的内容数据库，同时加强对各方面数据的收集整理，不断夯实融合发展的信息资源基础。要加强数据新闻生产，充分挖掘大数据背后潜藏的新闻价值，拓宽新闻来源、丰富新闻内容，为用户提供高质量的新闻信息产品。

二是利用移动互联技术实现弯道超车。总体来说，在移动互联网领域，大家起步的时间、相互的差距并不大，很可能实现弯道超车。从目前来看，客户端是访问移动互联网主要入口，也是比较成熟的技术应用，很多媒体都开发了移动客户端，要办出特色、办出影响。要加强手机网站建设，丰富信息内容，完善服务功能，着力打造移动互联网上的新闻门户。同时，积极利用移动通信技术平台，办好手机报，促进其规范有序发展。商业网站在移动客户端、手机浏览器、应用商店等方面技术比较成熟，要积极关注、善加利用，借助他们的技术和平台，扩大在移动终端的覆盖面和影响力。

三是利用微博微信技术拓宽社会化传播渠道。互联网社交类应用日益普及，社交网站已成为互联网新业务的服务入口和用户来源。2014 年年底，月球车“玉兔”微博在网上亮相，用拟人化的口吻播报探月计划，并用网络语言与网友互动，吸引和感动了很多人。推动媒体融合发展，要密切关注并有选择地发展社交类应用和技术，促进社交平台与新闻传播平台有效对接，增强平台黏性，集聚更多的忠实用户。要借助商业网站的微博、微信等技术平台，建好法人账号，扩大用户规模，提升传播效果。

另外，刘奇葆同志署名文章中还提到，“信息网络技术发展日新月异，更新换代的周期越来越短，比如 4G 技术已开始应用和推广，可折叠电子纸、可穿戴设备、5G 技术等呼之欲出，将会带来信息传播新的变革。我们必须紧盯技术前沿，瞄准发展趋势，不断以新技术新应用引领和推动媒体融合发展。”

三、经济转型：国务院发布《积极推进“互联网＋”行动的指导意见》

2015 年 3 月 5 日，李克强总理在第十二届全国人大第二次会议上做《政府工作报告》，明确提出“互联网+”战略；7 月 4 日，国务院正式发布《积极推进“互联网＋”行动的指导意见》，标志着国民经济向互联网时代的融合经济转型的全面升级。

根据《政府工作报告》的表述，“制定‘互联网+’行动计划，推动移动互联网、云计算、大数据、物联网等与现代制造业结合，促进电子商务、工业互联网和互联网金融健康发展，引导互联网企业拓展国际市场。”同时，明确提出推动制定互联网+行动指导意见。

纲举目张，在 2015 年中出台的“意见”中，就“互联网+”的总体思路、基本原则、发展目标均予以规范，并在十一大领域提出了具体的行动计划（见表 3-1）。

表 3-1　《积极推进“互联网＋”行动的指导意见》重点提及的 11 大重点领域及行动重点

重点领域	行动重点	负责部门
“互联网+”创业创新	● 强化创业创新支撑：大型互联网企业与基础电信运营商通过开放平台向小微企业提供大数据与云计算能力 ● 积极发展众创空间：包括创新工场、创客空间、社会实验室、智慧小企业创业基地 ● 发展开放式创新：为创业团队和个人开发者提供绿色通道服务，加快发展创业服务业，积极推广众包、用户参与设计、云设计等新型研发组织模式	发展改革委、科技部、工业和信息化部、人力资源社会保障部、商务部

续表

重点领域	行动重点	负责部门
“互联网+”协同制造	● 智能制造：云计算、物联网、智能工业机器人、增材制造（3D 打印） ● 大规模个性化定制：网络化采集用户个性化需求，推进各环节柔性化改造 ● 网络化协同制造水平：生产、质量控制和运营管理系统全面互联，众包设计研发和网络化制造 ● 制造业服务化转型：整合产品全生命周期数据，从制造走向“制造＋服务”	工业和信息化部、发展改革委、科技部
“互联网+”现代农业	● 新型农业生产经营体系：网络农业服务平台，从生产导向走向消费导向 ● 精准化生产方式：天地一体农业物联网实现精准化作业 ● 提升网络化服务水平：通过移动互联网实现信息进村入户，基于大数据的农业信息监测体系 ● 农副产品质量安全追溯体系：物联网信息识别技术的全环节覆盖，保障舌尖上的安全	农业部、发展改革委、科技部、商务部、质检总局、食品药品监管总局、林业局
“互联网+”智慧能源	● 能源生产智能化：大数据促进协同发电 ● 建设分布式能源网络：分布式发电、储能、智能微网、主动配电网 ● 能源消费新模式：智能电网+电商交易+分布式共享能源网络	能源局、发展改革委、工业和信息化部
“互联网+”普惠金融	● 互联网金融云服务平台：通过金融服务云提供多样化、个性化、精准化的金融产品，支持银证保实施系统架构转型，信用、认证、接口等公共服务 ● 鼓励金融机构利用互联网拓宽服务覆盖面：便利的存贷款、支付结算、信用中介平台等金融服务，网络借贷、网络证券、网络保险、互联网基金销售，扩大专业互联网保险公司试点，推动金融集成电路卡（IC 卡）全面应用，移动金融创新应用与规模化应用 ● 积极拓展互联网金融服务创新的深度和广度	人民银行、银监会、证监会、保监会、发展改革委、工业和信息化部、网信办

续表

重点领域	行动重点	负责部门
“互联网+”益民服务	● 公共数据资源开放：公众一体化在线公共服务体系 ● 在线医疗卫生：医疗信息共享服务平台、跨医院共享数据标准，网络远程医疗，利用大数据提高重大疾病和突发公共卫生时间防控能力 ● 智慧健康养老产业：社区养老信息服务网络平台，大数据平台与长期跟踪、预测预警的个性化健康管理服务 ● 新型教育服务供给：网络化教育服务，基础教育/职业教育网络化，学历教育在线课程资源共享，网络公开课学习模式	发展改革委、教育部、工业和信息化部、民政部、人力资源社会保障部、商务部、卫生计生委、质检总局、食品药品监管总局、林业局、旅游局、网信办、信访局
“互联网+”高效物流	● 物流信息共享互通体系：构建互通省际、下达市县、兼顾乡村 ● 深度感知智能仓储系统：仓储设施与货物的实时跟踪、网络化管理以及库存信息高度共享 ● 智能物流配送调配体系：车联网与物流园区、仓储设施、配送网点等信息互联	发展改革委、商务部、交通运输部、网信办
“互联网+”电子商务	● 农村电子商务，农副产品、物流标准化、冷链仓库建设，农产品个性化定制服务，生鲜农产品和农业生产资料电商试点，农品大宗商品电商 ● 行业电子商务，能源、化工、钢铁、电子、轻纺、医药等 ● 电子商务应用创新，大数据、云平台、社交电商/粉丝经济	发展改革委、商务部、工业和信息化部、交通运输部、农业部、海关总署、税务总局、质检总局、网信办
“互联网+”便捷交通	● 提升交通运输服务品质 ● 推进交通运输资源在线集成 ● 增强交通运输科学治理能力	发展改革委、交通运输部
“互联网+”绿色生态	● 智慧环保：污染物监测及信息发布、资源环境动态监测 ● 数据共享：生态环境数据互联互通和开放共享 ● 互联网逆向物流回收体系	发展改革委、环境保护部、商务部、林业局
“互联网+”人工智能	● 智能家居、智能终端、智能汽车、机器人 ● 超大规模深度学习的新型计算集群 ● 高端移动智能终端产品（含可穿戴设备）和服务	发展改革委、科技部、工业和信息化部、网信办

第二节 广电行业：“智慧广电”背景下的产业政策与监管

一、智慧广电：行业发展时代主线

2015 年 3 月 25 日，CCBN2015 主题报告会在北京国际会议中心举行，聂辰席副局长代表总局做主题报告，对时代背景的清醒认知、对契合新时代需求的广电转型目标、对全行业战略转型的本质理解、对转型所需要的技术和基础设施资源支撑、对“互联网+”时代安全底线的坚守原，给出脉络分明的广电行业时代发展主线。

聂辰席在报告中明确提出，新一轮信息技术革命正在向智能化方向发展，大数据、云计算、物联网、移动互联和人工智能技术引发的“智慧浪潮”，深刻改变人们的生产生活方式，构建起数字生活的美好图景，这是广电全行业必须直面的时代潮流与发展背景。

所以，“在信息技术与社会生活的融合度越来越高、智慧化新浪潮扑面而来之际”，广播影视要把加快构建“智慧广电”作为转型升级的重要目标。

“智慧广电”的表述，富有创新和创意。因为其不仅仅将广播影视行业囿于传统的“内容被动消费”领域，而是充分把握“互联网+”带来的跨越式机会，“广播影视不但是信息的生产者、传播者，更应成为新的生活方式发起者、组织者、提供者，成为社会生活的中心枢纽之一”。

“智慧广电”不是空中楼阁，需要坚实的技术与基础网络设施做基础。可以说，智慧广电是广播影视数字化、网络化、智能化发展的水到渠成，标志着广播影视行业将在数字生活服务与民生信息服务两个领域的融合发展——为达到上述目标，“广播影视要从广电专网向互联互通的 IT 架构转变”，这既是基于 2003 年以来广电网络数字化、电视台/电台数字化改造的进一步升级，又是广电全行业第一次明确提出互联网化的基础架构迁移。

“智慧广电”再次重申了泛在网的覆盖目标，即“加强顶层设计，统筹有线、无线、卫星、互联网等网络传输资源……实现任何时间、任何地点、任何终端为受众提供便捷、高速、智能的接入广播电视服务，为广大人民群众泛在化的内容获取提供渠道支撑。”——在目前的广播电视网络覆盖媒介形态中，实现移动状态下无线传输的主要媒介方式，即地面数字电视广播（以及移动多媒体广播）。同样，肩负在移动状态下通过网络融合，走向智慧广电愿景的行业责任，移动电视亦责无旁贷。

聂辰席同志指出，“实现网络间的互联互通、无缝切换和可管可控”就成为重中之重，“坚持安全为基、创新驱动，以法制思维和法治方式，不断提升监管的智能化水平”就成为不可逾越的底线。

维护“安全”这一行业融合发展的绝对底线，明确的划分为三个层次。

首先是业务层。“加强融合业务管理……广播影视要明确融合业务的安全边界，健全完善安全保障体系，加强对融合业务的安全审核、智能终端的安全管理，切实增强广播影视服务的安全防护能力，保障群众安全可靠地享受多元化的数字生活服务。”

其次是网络层。“确保广电融合网络安全可靠，将安全作为智慧广电融合网络发展的前提和基础，加强网络监测监管、安全防护等方面关键技术和系统的研发应用，切实保障数据安全、技术安全、渠道安全、应用安全。”

再次是体制层。“完善现代监管体系，建立集制度规范、运行机制、技术标准、研判分析、及时处置于一体的智慧广电监测监管平台；加强监管部门之间的协同配合，建立完善智能化的监管网络和信息数据库，实现先进的监管技术、有效的监管信息和重要的技术成果共享应用，促进广播影视治理体系和治理能力现代化。”

二、国家新闻出版广电总局印发《关于规范发展移动数字电视的意见》的通知（2014 年 60 号文）

2014 年 3 月，国家新闻出版广电总局印发《关于规范发展移动数字电视的意见》的通知（2014 年 60 号文，以下简称“60 号文”），2006 年 11 号文《广电总局关于加强移动数字电视试验管理有关问题的通知》废止。

60 号文指出，2002 年起，原国家广电总局批准 14 家广播电视机构开展移动数字电视试验工作，2006 年又专门下发文件，对试验工作提出进一步的管理要求。2012 年，总局对试验工作进行了总结，从试验情况看，移动数字电视不但为乘坐公交车、地铁等公共交通工具的人群提供了获取新闻资讯的重要渠道，而且为广播电视开辟了新的宣传阵地、拓展了新的产业发展领域，但同时也存在开办主体不够规范、节目内容和播出质量有待提高等问题。

60 号文对规范移动数字电视提出 10 条意见，其中核心内容包括——其一是重申移动数字电视的应用场景和意义，其二是规范移动数字电视开办主体，其三是规范移动数字电视运营主体与社会资本的合作方式，其四是规范移动数字电视的播出技术体系。

1. 重申移动数字电视的应用场景和意义

60 号文指出，“开展移动数字电视业务，就是广播电视播出机构利用地面数字电视技术手段开办电视频道，在公交车、地铁、轻轨、出租车及国家广播影视行政部门认定的其他公共交通工具上向流动人群提供电视节目服务。”

基于上述应用场景，“移动数字电视频道是引导和加强舆论宣传的重要阵地，是党委、政府发布公共应急信息的重要渠道，也是广大人民群众获取生活资讯和文化娱乐服务的新平台。规范移动数字电视的发展，对加强广播电视公共服务体系建设，促进广播电视事业产业发展，具有重要意义。”

如上所述，60 号文明确指出了移动数字电视的政治性、平台性、公共服务性和事业性、产业性。

2. 规范移动数字电视的开办主体

60 号文指出，移动数字电视由地市级以上广播电视播出机构开办，并应具备以下条件：

符合国家新闻出版广电总局确定的移动数字电视总体规划和布局；

开办城市具有较高的经济社会发展水平，公交车总量不低于 2000 辆或已开通地铁、轻轨等城市轨道交通系统；

具备与业务规模相适应的自有资金、设备、场所和必要的专业人员；

具有健全的节目审查、播出和监控制度；

拥有与业务规模相适应并符合国家规定的广播电视节目资源；

技术系统应当符合国家规定的行业规范和技术标准；

进行传输的集成发射平台具有广播电视节目传送业务经营许可资源并能纳入国家新闻出版广电总局统一监管。

60 号文进一步明确要求，“申请开办移动数字电视频道，须按照《广播电台电视台审批管理办法》（广电总局令第 37 号）和本《意见》要求，向所在地同级广播影视行政部门提出申请，逐级审核同意后，报国家新闻出版广电总局审批。未经批准，任何组织或个人不得开办移动数字电视。”

3. 规范移动数字电视运营主体与社会资本的合作方式

60 号文提出，广播电视播出机构在严格掌控移动数字电视频道所有权和节目策划、编排、审查、播出权的前提下，可与符合要求的国有或民营机构组建由播出机构绝对控股的运营公司，负责移动数字电视频道的广告经营、设备安装、市场服务等经营性业务，也可以合同方式委托具有相关资质的专业机构进行广告经营、设备安装、市场服务等业务，外资不得参股运营公司。

广播电视播出机构在社会合作中，不得以移动电视频道资源作价入股，不得以收取节目审查费、播出费和频道占用费等名义，变相出租、转让频道。

如上所引，60 号文再次明确强调了广播电视播出机构对移动数字电视的控制权和绝对运营主体的责任。

4. 规范移动数字电视的播出技术体系

60 号文要求，移动数字电视的频率使用要符合《地面数字电视广播覆盖网发展规范》，严格按照批准的技术参数播出。一套移动数字电视节目只能占用所指配频道（8MHz 带宽）中的一个复用码流，不得擅自改变、不得加密播出。

移动数字电视集成发射平台须经国家新闻出版广电总局批准建立，应当符合《广播电视安全播出管理规定》（广电总局令第 62 号）的要求，其信道传输技术特性应符合《数字电视地面广播传输系统帧结构、信道编码和调制》

（GB 20600—2006，即地面数字电视国标）的要求，鼓励使用国家新闻出版广电总局推荐的 7 种工作模式，并承诺对各开办移动数字电视的播出机构开放。省、市开办移动数字电视的播出机构应当优先考虑在同一城市使用一个移动数字电视集成发射平台传输节目。

另外，移动数字电视如使用单频网扩大覆盖，应当按程序报国家新闻出版广电总局批准。

移动数字电视播出前端须与监管技术平台系统建立连接，真实地向监管部门传送移动数字电视的节目内容，确保安全播出。

5. 规范移动数字电视的内容和广告质量

60 号文要求，移动数字电视频道播出的节目应严格遵照国家新闻出版广电总局的节目管理规定，坚持正确导向，内容积极健康，传播核心价值。要根据移动数字电视播出的便捷性、及时性和受众的群体性、流动性特点，合理设置节目内容；遇有重大活动和重要新闻事件时，应当按要求及时转播；特殊情况下，须按省、自治区、直辖市以上广播影视行政部门的要求播出特定内容的节目。要完善审查把关制度，切实履行节目审查职责，确保节目质量。

移动电视频道要严格遵守《广告法》、《广播电视管理条例》（国务院令第 228 号）等法律法规和《广播电视广告播出管理办法》（广电总局令第 61 号）等相关规定要求，切实加强对广告内容的审查把关，并严格规范广告编排、时长、形式和次数等播出行为。

同时，60 号文还要求，广播电视播出机构应当确保开办的移动数字电视具备健全的服务质量管理制度，向社会公布客服电话，便于群众咨询和投诉，保证运营车辆上的移动数字电视终端正常运行，发现问题及时维修，播出广告时音量不得高于节目音量，以尊重和保障受众的合法权益。

鼓励移动数字电视行业组织制定行业规范，加强行业自律，不断提高移动数字电视的公信力和影响力。

6. 关于违规处罚

60 号文指出，广播影视行政部门要切实加强对移动数字电视工作的管理，强化各项管理制度，落实各项管理措施，不断提高科学管理、综合管理、依法管理水平；要切实履行管理职责，加强日常监管，发现问题及时纠正。对违规情节严重的播出机构，广播影视行政部门应当依据《广播电视管理条例》和《广播电视播出机构违规处理办法（试行）》（广发[2009]30 号）给予相应处罚、处理。

三、广电总局关于广告的相关政策要求

目前，广电总局出台的有关广告管理的相关政策主要为《广播电视广告播出管理办法》（广电总局令第 61 号）和其补充规定（广电总局令第 66 号）。

1. 广电总局出台《广播电视广告播出管理办法》（61 号令）

2006 年 9 月 1 日，广电总局出台《广播电视广告播出管理办法》（广电总局令第 61 号），俗称“限广令”，针对电视广告播出的时长和广告播出的类型做出了明确规定。

61 号令规定，电视播出机构每套节目每小时商业广告播出时长不得超过 12 分钟，19~21 点广告插播时间总长不超过 18 分钟；电视剧插播广告每次时长不得超过 1 分 30 秒，卫视在每天 18~24 点时段内，不得播出电视购物广告。2010 年 1 月 1 日起，61 号令正式实施。

2011 年 11 月 25 日，国家广电总局发布《广播电视广告播出管理办法补充规定》（广电总局令第 66 号）。

2. 广电总局出台《广播电视广告播出管理办法补充规定》（66 号令）

66 号令指出，播出电视剧时，不得在每集（以 45 分钟计）中间以任何形式插播广告。比较 61 号令，非黄金时间每集电视剧中可以插播 2 次商业广告，每次时长不得超过 1 分 30 秒，黄金时间（19 ~ 21 点）每集电视剧中可以插播 1 次商业广告，时长不得超过 1 分钟。

显然，在 61 号令和 66 号令出台以后，对卫视及地面频道的广告影响还是很大的，这也倒逼一部分电视广告份额从传统电视频道市场剥离出来，为包括移动电视在内的其他投放渠道提供了一定的机遇。

第三节　交通行业："互联网+便捷交通"相关政策

一、交通运输部四方面部署"互联网+"工作

2015年4月16日，交通运输部召开2015年度第二次例行新闻发布会，交通部发言人徐成光表示，最近"互联网+"成为社会各方面关注的热点话题，我们理解的"互联网+交通"就是指借助移动互联网、云计算、大数据、物联网等先进技术和理念，将互联网产业与传统交通运输业进行有效渗透与融合，形成具有"线上资源合理分配，线下高效优质运行"的新业态和新模式，满足公众更便捷出行、更人性服务和行业更科学决策的需求，加快推进交通运输由传统产业向现代服务业转型升级。目前，"互联网+交通"已经在交通运输领域产生了"化学效应"，比如，大家经常使用的打车软件、网上购买火车和飞机票、出行导航系统，等等。

目前，按照中央和国家的部署，交通运输部加入了"互联网+"行动计划编制工作组，积极参与了大数据、云计算等相关重要政策意见的制定工作。从交通运输部自身的工作安排部署情况来看，2015年要重点做好四个方面的工作。

（1）推进政企合作模式的综合交通出行信息服务科技示范工作。这项工作主要就是促进出行服务信息的相互开放与共享，借助互联网平台，为社会公众提供更丰富、更权威、更高品质的出行信息服务。目前，这项工作在国内已经有10余个省份和地区参与到了我们安排的科技示范工程项目当中，譬如江苏、重庆、四川等省市，这项工作已经取得了一定的成效。

（2）积极用好大数据技术来支撑交通运输行业科学决策。目前交通运输部正在推进开展行业信息资源整合，同时也与互联网企业开展合作，利用定位大数据和智能化分析技术，开展了春运"黄金周"期间的全国人口迁徙量、出行距离特征、热点出行路线等方面的分析工作，以便为科学决策提供技术支撑。下一步，在这个方面仍然要继续推进交通运输领域大数据应用，在更

好服务于社会公众的同时，提升行业管理的精细化程度和智能化水平，促进“智慧交通”的发展。

（3）在交通运输领域有序推进国家物联网的应用示范工作。在城市智能交通、内河航道网、集装箱铁水联运、远洋运输等领域，推进开展了国家物联网应用示范工作，目前这项工作已经在公交优先保障、船舶便捷过闸、跨运输方式和跨地域信息互通等方面取得了积极成效。

（4）倡导大众创业、万众创新的“互联网+交通”新模式发展。鼓励社会各类主体开展基于互联网的创新应用，促进各类技术与业态的突破发展。

二、“互联网+便捷交通”的重点方向与移动电视产业机遇

1. 提升交通运输服务品质

一是政企合作推动交通数据开放，创新综合交通出行信息服务。推动交通运输主管部门和企业将服务性数据资源向社会开放，促进出行服务信息的相互开放与共享，鼓励互联网平台为社会公众提供实时交通运行状态查询、出行路线规划、网上购票、智能停车等服务，推进基于互联网平台的多种出行方式信息服务对接和“一站式”服务。二是加快完善汽车健康档案、维修诊断和服务质量信息服务平台建设。汽车维修业关系到道路交通安全，关系到大气污染防治，关系到社会公众生活质量，关系到汽车产业健康、可持续发展。建立实施汽车维修技术信息公开制度，保障所有维修企业平等享有获取汽车生产企业汽车维修技术信息的权利，促进汽车维修市场公平竞争。

在提升交通运输服务品质方面，移动电视拥有的公共交通车载的唯一可实时播出多媒体内容并进行广告运营的屏幕，其重要性不言而喻，是具备完整多媒体能力的信息交互界面，也是确保面向出行用户的“百分百”信息覆盖率和到达率的近乎唯一保证。

2. 推进交通要素资源在线化

一是利用物联网、移动互联网等技术，进一步加大对交通网络关键设施运行状态与通行信息的采集。在城市智能交通、铁路运输网、民航网络、内

河航道网、集装箱铁水联运、远洋运输等领域，推进开展了国家物联网应用示范工作。目前这项工作已经在公交优先保障、船舶便捷过闸、跨运输方式和跨地域信息互通等方面取得了积极成效。二是推动跨地域、跨类型交通信息的互联互通，推广船联网、车联网等智能化技术应用。未来要大力推动公路、铁路、航运、水运等多种运输工具的互联互通，推动各地方跨区域交通信息的开放共享，形成更为完善的交通运输感知体系，提高基础设施、运载工具、运行信息等要素资源的在线化率，全面支撑故障预警、运行维护以及调度智能化。

3. 增强交通运输科学治理能力

一是积极发展交通大数据，为交通设施规划、建设、运维、管理等提供决策支撑。大力推动面向交通领域的大数据分析应用，鼓励交通管理部门、交通运输企业与互联网企业合作，构建交通大数据共享和挖掘平台，利用大数据平台挖掘分析人口迁徙规律、公众出行需求、枢纽客流规模、车辆船舶行驶特征等，为优化交通设施规划与建设、安全运行控制、运输管理决策提供支撑。二是充分利用互联网等信息技术手段，加强对交通运输违章违规行为的智能化监管，构建全天候智能化的交通监控网络，不断提升交通治理能力。

无论是推进交通要素资源的在线化，还是增强交通运输的科学治理能力，需要有一个对公众的良好可视化展示窗口，而移动电视恰恰是这个可视化展示窗口的良好载体。如果移动电视运营商能够抓住这一机遇，与交通运输部门及相关产业链广泛展开合作，可以预见一片新的蓝海。

（注：本小节相关内容引用了中国信息通信研究院政策与经济研究所李强治博士的论文《如何借力“互联网+”，实现“便捷交通”大提速》）

第四节　法律法规：《中华人民共和国网络安全法（草案）》

2015 年 6 月，第十二届全国人大常委会第十五次会议初次审议了《中华人民共和国网络安全法（草案）》，并于 7 月 8 日向社会公开发布征求意见，标志着网络安全正式纳入我国立法与法制建设的主流层面，并进入实质性立法程序。

整个《中华人民共和国网络安全法（草案）》（以下简称“草案”）共分为七章，包括“总则，网络安全战略、规划与促进，网络运行安全，网络信息安全，监测预警与应急处置，法律责任，附则”等部分。

纵览“草案”，既是过去多个部门、多个时期提出的网络安全与信息化发展政策、规章之集大成，又有诸多高屋建瓴的全新顶层设计表述。

一、明确提出“网络空间主权”的概念

在“草案”第一章总则的第一条，即明确提出了制定本法的核心宗旨——“为了保障网络安全，维护网络空间主权和国家安全、社会公共利益，保护公民、法人和其他组织的合法权益，促进经济社会信息化健康发展，制定本法。”

应该说，自 2003 年中办 23 号文《国家信息化领导小组关于加强信息安全保障工作的意见》提出“抓紧研究起草《信息安全法》以来，整个网络与信息安全环境发生了重大变化，原先分属于不同传输介质与标准的专有网络（如电信专网、广电专网、电力专网、采用 TCP/IP 互联协议的计算机网络即互联网、采用其他互联协议的计算机网络……），都从技术基础、标准统一和应用互通等不同层面上，向互联网靠拢、演进与迁移。

在这个基础上，原先顶层设计中的《信息安全法》变身《中华人民共和国网络安全法》，就必须符合这一重大趋势，即以互联网为主、涵盖其他类型网络的安全范畴。而互联网天然的国际通达性，使这样一个“虚拟-现实”空间中的主权定义和主权维护成为全球各国都关注的焦点，也是国家意志的强有力体现。

不过，由于是“草案”，对于“网络空间主权”并未进行详细的范式定义，这一点在意见征集过程中各界专家学者的反馈中成为一个焦点议题。因为有模糊地带的存在，草案变身正式法案的过程中，必有更多的全球化博弈空间。毕竟，互联网是全球互联互通的，单一国家的立法需要引领和顺应全球共识。

二、明确提出“关键信息基础设施保护”，并在立法层面予以高度关切

“草案”第三章“网络运行安全”的第二节，即为“关键信息基础设施的运行安全”。

所谓关键信息基础设施，“草案”在第二十五条进行如是表述——“国家对提供公共通信、广播电视传输等服务的基础信息网络，能源、交通、水利、金融等重要行业和供电、供水、供气、医疗卫生、社会保障等公共服务领域的重要信息系统，军事网络，设区的市级以上国家机关等政务网络，用户数量众多的网络服务提供者所有或者管理的网络和系统（以下简称为“关键信息基础设施”），实行重点保护。关键信息基础设施安全保护办法由国务院制定。”

从如上表述中可以明确看出，关键信息基础设施包括四个层面：其一是基础信息网络，包括公共通信和广播电视传输服务；其二是设计多个民生行业的重要信息网络；其三是性质特殊的军事网络；其四是公共政务和其他网络——对关键信息基础设施的保护，绝不仅仅限于物理网络和相关设备，更包括基于这些网络的应用所产生的大量信息与数据。

对于移动电视行业来说，显然属于基础信息网络的范畴，也是“草案”所涵盖的诸多信息网络媒介中，最基础也是最核心的部分。具体的管理办法，根据“草案”表述，将由国务院制定、相关部委监督实施。

三、高度重视“网络信息安全”和隐私信息保护

“草案”的第四章，即“网络信息安全”，该章涉及第三十四至第四十三条，主要针对用户个人信息、隐私和商业秘密的信息保护。

在今天这样一个“大数据”广泛应用的时代，与用户及其行为密切相关的各类数据，已经被充分收集和挖掘，并构成很多网络服务/平台运营者的核心价值。但是，各种用户信息尤其是隐私信息的泄露，使之成为愈演愈烈的网络公害。

此次“草案”明确规定——网络运营者不得收集与其提供的服务无关的公民个人信息，不得违反法律、行政法规的规定和双方的约定收集、使用公民个人信息，并应当依照法律、行政法规的规定或者与用户的约定，处理其保存的公民个人信息。网络运营者收集、使用公民个人信息，应当公开其收集、使用规则。

网络运营者对其收集的公民个人信息必须严格保密，不得泄露、篡改、毁损，不得出售或者非法向他人提供。

第四章　移动电视技术篇

早在 20 世纪 90 年代中后期，欧美等发达国家就已经开始了地面数字电视业务，在技术研究、覆盖网建设、业务推广和运营等方面积累了丰富的经验。各国普遍组建全国性的运营公司开展地面数字电视业务，并且首先都采用公共服务的方式免费收看，政府还给予了政策和经济支持。与此同时，少数国家在普遍开展免费业务的基础上，还探索性地开展地面数字电视收费电视业务。

随着地面数字电视技术的进步，移动电视开始朝着实时、高速、稳定的方向发展，技术体系也随着应用的推进逐步发展和完善，除了移动电视传输与安全播出这一核心技术外，车载终端与相关硬件技术、车联网复合传输与应用技术、硬件终端与软件客户端技术等也开始呈现蓬勃的发展势头。

第一节　移动电视传输技术

移动电视技术系统基本上可以细分为头端系统、发射系统、传输系统、CA 系统、终端系统以及节目采编系统，本节重点介绍地面数字电视的传输技术以及手持移动电视的技术标准。

一、地面数字电视广播技术

（一）DVB-T

1. 发展综述

1993 年，欧洲成立了国际数字视频广播组织（DVB 组织）。DVB 的宗旨是要设计一个通用的、建立在 MPEG-2 压缩算法上的数字电视系统，在此系统内的各种传输方式之间的转换有最简单的方式，尽可能地增加通用性，并以市场为导向。DVB 标准提供了一套完整的、适用于不同媒介的数字电视系统规范。DVB 数字广播传输系统利用了包括卫星、有线、地面、SMATV、MNDSD 在内的所有通用电视广播传输媒体。它们分别对应的 DVB 标准是 DVB-S、DVB-C、DVB-T、DVB-SMATV、DVB-MS 和 DVB-MC。

其中，用于卫星数字电视广播的 DVB-S 标准已为全球所认同；用于有线数字电视广播的 DVB-C 标准为欧洲、澳大利亚、北美、南美等一些国家接受；而数字电视地面广播 DVB-T 标准已在欧洲、澳大利亚、新加坡等国家和地区得到认可。目前，国内绝大部分部分城市的移动电视采用国标，极少数采用 DVB-T 或者 DVB-T2 的技术标准的城市正在向国标迁移。调查显示，目前超过 80%的移动电视运营商采用了国标，而采用欧标以及国标和欧标混用的比例不足 20%（见图 4-1）。

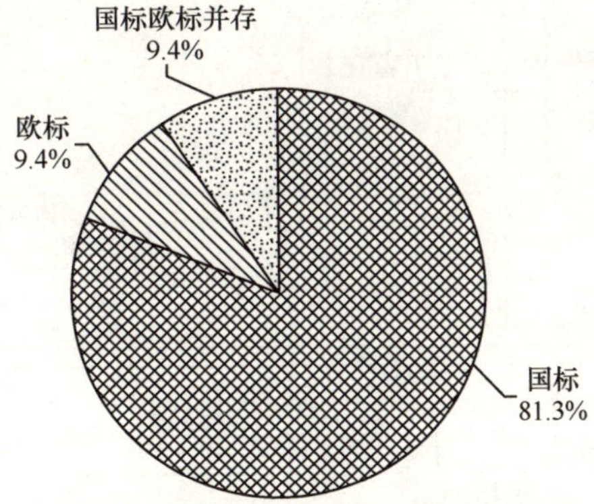

图 4-1　国内地面数字电视标准采用情况

资料来源：《2015 中国移动电视发展报告》企业调研。

DVB-T是Digital Video Broadcasting - Terrestrial的简写，是指利用开路地面传输媒介进行MPEG-2数字电视的传输的标准，是欧洲通用的地面数字电视标准。此系统的标准是1998年通过的，采用编码正交频分复用（COFDM）调制方式，8MHz带宽内能传送4套电视节目，而且传输质量高。其采用MPEG-2数字视频、音频压缩编码技术。地面数字发射的传输容量，在理论上大致与有线电视系统相当，本地区覆盖好。DVB-T标准中主要规范的是发送端的系统结构和信号处理方式，对接收端则是开放的，各厂商可以开发各自的DVB-T接收设备，只要该设备能够正确接收和处理发射信号，并满足DVB-T中所规定的性能指标。

2. 系统结构与运作方式

DVB-T目前主要用于地面数字广播电视的传输。考虑到地面广播传输的特点——地形复杂、存在时变衰落和存在多径干扰、信噪比较低，因此DVB-T标准采用前向纠错（FEC）（包括内码交织、内码Viterbi编码、外码交织、外码RS编码等，见图4-2）和能有效消除多径干扰的正交频分复用技术（COFDM）以及格雷码映射4/16/64QAM调制等进行信道处理，然后在原来用于模拟的6MHz、7MHz和8MHz的频带内发送数字电视节目。DVB-T发送的比特率是可变的。例如，在6MHz频带可在3.7～23.8Mbps比特率进行选择；在8MHz频带可在4.9～31.7Mbps比特率进行选择，以适应不同的接收环境，如移动接收应适当降低发送的码率。

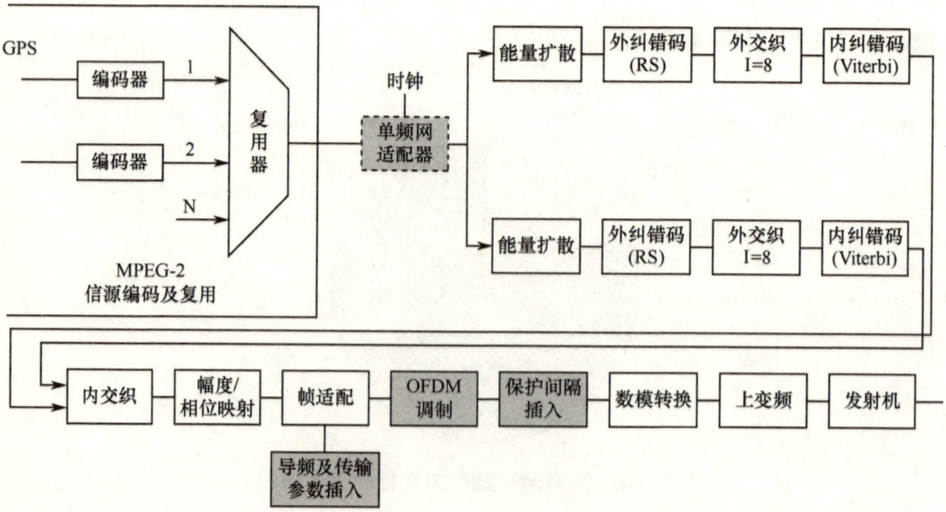

图4-2 DVB-T系统框图

3. 核心技术

与 DVB-S 系统的 QPSK 调制和 DVB-C 系统的 QAM 单载波调制不同，DVB-T 系统采用 COFDM 的多载波调制方式。从频率轴来看，DVB-T 的信号是由许多载波构成的多载波信号，载波数量分别分 2K 和 8K 两种模式；从时间轴来看，这些多载波构成的字符具有一定的传输时间，为了防止电波的多路反射，在每个字符的传输时间后面加入保护间隔。

由于地面电视传输的特殊环境，经过多年的研究论证，参与 DVB 组织的专家们选定 COFDM 码分正交频分复用的信道调制技术，同时伴随着强大的纠错码，达到频谱利用效率与传输可靠性的平衡。COFDM 信道调制编码技术提供 2 种子载波数量 2K 和 8K 模式，3 种调制方式，4 种保持间隔，支持小范围和大范围的单频网运行（SFN），具体对比如表 4-1~表 4-3 所示。同样一路数字电视节目，可以通过多个发射机的同一频率同时接收，以提高接收效果。系统可以支持目前部分地区仍然才使用的模拟电视系统的 8MHz 带宽，以及 7MHz 和 6MHz 带宽。为了防止反射干扰以及接收来自多个同频发射机的信号，引入了保护间隔的概念；为了适应不同环境的传输，系统支持等级调制。

表 4-1 不同调制方式下字符传输的比特数

	8K（6048 有效载波）	2K（1512 有效载波）
QPSK 调制	12096 比特/字符	3024 比特/字符
16QAM 调制	24192 比特/字符	6048 比特/字符
64QAM 调制	36288 比特/字符	9072 比特/字符

表 4-2 DVB-T 标准中的保护间隔

模 式	8K				2K			
保护间隔	1/4	1/8	1/16	1/32	1/4	1/8	1/16	1/32
字符长度（μs）	896				224			
间隔长度（μs）	224	112	56	28	56	28	24	7
总长度（μs）	1120	1008	952	924	280	252	238	231

表 4-3　DVB-T 系统信号帧结构的不同参数

参　　数	8K 模 式	2K 模 式
载波数量	6817	1705
最小载波序号	0	0
最大载波序号	6816	1704
有效字符长度 TU（μs）	896	224
载波间距 1/TU（Hz）	1116	4464
载波带宽（MHz）	7.61	7.61

在有效载波数的基础上，通常会加入一些虚拟载波使其载波总数达到 2 的 *n* 次方，例如，加入虚拟载波以后 8K 模式的总载波数量为 8192，是 2 的 13 次方，2K 模式的总载波数量为 2048，是 2 的 11 次方，以方便计算机采用反向快速傅里叶变换，这也是 2K 和 8K 模式名称的由来。在接收机端，通过采用快速傅里叶变换，机顶盒可以解调出 2K 或 8K 的 COFDM 信号。

由于 DVB-T 系统使用的是多载波的 COFDM 调制，每一个载波可以支持 QPSK、16QAM 和 64QAM 三种调制方式，因此每个载波的调制方式可以在上面三种调制中任选，其调制星座图如图 4-3 所示。

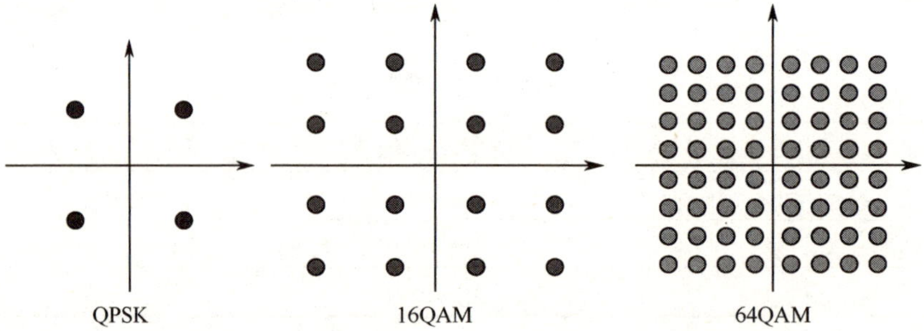

图 4-3　QPSK、16QAM、64QAM 调制星座图

4. 主要技术特点

对于基于大量小功率、工作在同一频道的众多发射机，每一个均覆盖一个较小的区域的这样一种单频网络来说，DVB 是一种最佳选择。这种概念类似于 GSM 蜂窝覆盖图，每个发射机通过卫星传送参考信号进行同步。在 COFDM 调制系统中，有 2000～8000 个带有保护间隔的载波信号以及误码校

正处理，用以提供多径选择性来选择可接收到的几个信号中最强的信号。同时，采用 COFDM 也提供了良好的移动接收性能。

当然，这种优良的抗多径能力会有一些代价：其载/噪比低于 8-VBS，并且限制了信号的有效传输距离；COFDM 对来自于电机，如真空吸尘器和电扇的脉冲干扰较敏感；另外，数量几千的载波导致较高的峰/均值比，并且需要较高功率的发射机；保护间隔降低了频谱效率并会明显减少带宽的比特/赫兹率。

（二）DVB–T2

1. 发展综述

DVB-T2 是由 DVB 组织在 DVB-T 之后制定的新一代数字地面传输系统标准，可以看成 DVB-T 的升级版。它通过采用最新的调制和编码技术，高效地利用了地面频谱，从而为固定、便携及移动接收设备提供视音频和数据服务。DVB-T2 在 8MHz 频谱带宽内所支持的最高 TS 流传输速率约 50.1 Mbps（如包括可能去除的空包，最高 TS 流传输速率可达 100 Mbps），这显然远远高于 DVB-T 的 31.67 Mbps 的最高传输速率，DTMB 的 32.4864Mbps，以及 ISDB-T 的 23.234Mbps（6M 带宽）。

DVB-T2 使用 OFDM 调制，通过大量的子载波传输具有强鲁棒性的信号。与 DVB-T 类似，DVB-T2 提供了不同的模式，从而使其具有很大的灵活性。对于误码保护，DVB-T2 采用了与 DVB-S2 相同的纠错编码。通过使用低密度奇偶校验编码（LDPC）和 BCH 编码，DVB-T2 可以在具有大噪声电平和干扰的环境中传输强鲁棒性的信号。

DVB-T2 为诸如载波数、保护间隔和导频信号等参数提供了多种选项，从而使得传输信道上的开销得以最小化。一种新的称为“旋转星座”的技术，为其在较差信道中提供了附加的鲁棒性。为满足所需的接收条件（如室内天线或楼顶天线接收），DVB-T2 还采用了对信道中的每个业务分别进行鲁棒性调整的机制，即传输系统可工作于适合接收机通过仅解码单个节目而不是整个复用的节目流来节省电力的模式。

2. 系统结构与运作方式

DVB-T2 传输系统顶层功能框图如图 4-4 所示，待传输业务先通过输入预处理器分解成一个或多个 MPEG 传输流（TS）和/或通用流（GS），然后通过 T2 系统进行传输。输入预处理器可以是业务分割器或传输流的解复用器，用于将待传输业务分解成多个逻辑数据流。整个系统的典型输出是在单个射频通路传输的单天线信号。T2 也支持 MISO（多入单出）传输模式，即系统将待传输信号进行空频编码后通过两个发射天线进行发射，接收端使用一个接收天线进行接收。在支持时频分片模式时，T2 系统输出是在多个射频通路传输的多路信号，相应地，接收端也需要支持多个射频通路的调谐器和射频前端。

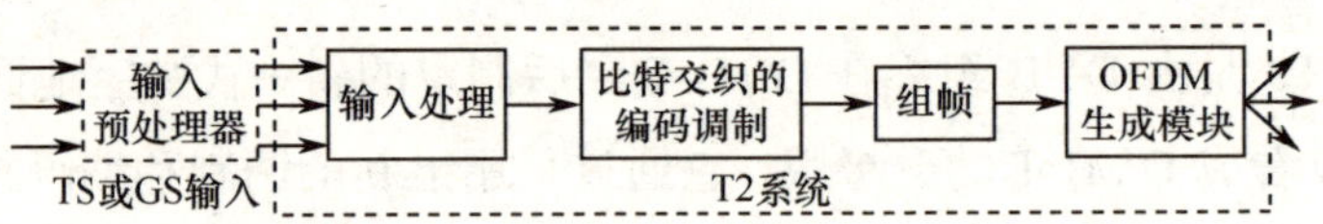

图 4-4　DVB-T2 传输系统顶层功能框图

3. DVB-T2 与 DVB-T 的比较

DVB-T2 与 DVB-T 共存但不完全兼容，两者基本技术路线的共同点是 CP-OFDM 技术、频域导频技术和 QAM 调制技术。相比 DVB-T，DVB-T2 在物理层（编码/调制）有如下几点改进之处：

- 支持更高阶调制，高达 256QAM；
- 采用更优的 LDPC+BCH 级联纠错编码；
- 支持更多的 FFT 点数，高达 32768，并增加了扩展子载波模式；
- 支持更多的保护间隔选项，最小保护间隔 1/128；
- 优化的连续和离散导频，降低了导频开销；
- 使用了星座图旋转，大大增强了 IQ 回路损伤的抵抗能力。

在支持不同用户数据的层面，DVB-T2 引入了 PLP 的概念，每个 PLP 可以单独进行编码和调制，以得到不同的信道（误码率）特性和时延特性。理论上可以支持多达 255 个不同的 PLP。

这一点 DVB-T 系统中的等级调制与它类似，但是它只支持在一个射频模拟频道中传送两个独立的数字电视传输流，而且高级码流（HP）只能选择 QPSK 调制。

ISDB-T 有点类似于 DVB-T 系统，但是它也只有 3 个可以单独进行编码和调制的层可用于不同的传输流。国标 DTMB 则没有这个设计。

综上所述，DVB-T2 在传输速率（频谱效率）、用户层面的灵活性等方面相对于其他数字地面电视传输系统有着显著的优势。

DVB-T 与 DVB-T2 的全面比较如表 4-4 所示。

表 4-4 DVB-T 与 DVB-T2 的全面比较

比较项目	DVB-T	DVB-T2
纠错编码以及内码码率	RS+卷积码：1/2,2/3,3/4,5/6,7/8	BCH+LDPC: 1/2,3/5,2/3,3/4,5/6/
星座点映射	QPSK,16QAM,64QAM	QPSK,16QAM,64QAM,256QAM
保护间隔	1/32,1/16,1/8,1/4	1/128,1/32,1/16,19/256,1/8,19/128,1/4
FFT 大小（K）	2,8	1,2,4,8,16,32
离散导频额外开销（%）	8	1,2,4,8
连续导频额外开销（%）	2.6	≥0.35
帧结构	一层	三层，包括 P1 符号
C-OFDM 参数	2 种 FFT 大小，4 种保护间隔，1 种离散导频图案（对应 1 种离散导频开销）	6 种 FFT 大小，7 种保护间隔，8 种离散导频图案（对应 4 种离散导频开销）
星座映射	3 种星座映射图，采用规则映射	4 种星座映射，采用规则映射或星座旋转和 Q 延时
多天线技术	SISO	SISO 与 MISO
信令传输	TPS	P1 信令和 L1 信令
交织技术	卷积交织和自然或深度交织	比特交织、符号交织、时间交织和频域交织
PLP	等效为一个 PLP	多个 PLP，包括公共和数据 PLP
分片技术	无	时间分片、时频分片
峰均比降低技术	无	ACE 技术和预留子载波技术（可选）
FEF	无	有

4. 核心技术与优势

作为第二代欧洲数字地面电视广播传输标准，DVB-T2 在地面数字电视标准的舞台上具备很强的竞争力，主要体现在以下几个方面：

- 比 DVB-T 提高了至少 30%的信道容量,同时也提高了单频网的性能;
- 面向业务的传输鲁棒性;
- 适用于移动和固定接收机的节目传输;
- 对原有 DVB-T 设施的扩展性再利用;
- 减少了峰-均功率比，从而减少了发射端的运营成本。

从表 4-4 中可以发现，DVB-T2 的增强性能也有不少，主要包括以下几点:

- 增加了 IFFT 模式的 OFDM 调制;
- 通过 LDPC 编码进行有效纠错;
- 整合了 DVB-S2 基带帧的概念;
- Q 信号延迟的旋转星座;
- MISO 传输;
- 减少了肩部系数。

（三）ATSC

1. 发展综述

ATSC 是美国的数字电视国家标准。ATSC 的英文全称是 Advanced Television Systems Committee（美国高级电视业务顾问委员会）。该委员会于 1995 年 9 月 15 日正式通过 ATSC 数字电视国家标准。ATSC 数字电视标准包括高清晰数字电视、标准数字电视、数据广播、多声道环绕音频以及卫星数字广播标准。目前采用 ATSC 的国家有美国、加拿大和韩国。ATSC 制信源编码采用 MPEG-2 视频压缩和 AC-3 音频压缩；信道编码采用 VSB 调制，提供了两种模式：地面广播模式（8VSB）和高数据率模式（16VSB）。

2. 系统结构与运作方式

ATSC 信道编码与调制系统如图 4-5 所示。

从图 4-5 中可以看出，ATSC 的信道编码器输入的是 TS 流，从左到右分别为应用层、压缩层、传送层和传输层，传送层的输出即为 TS 流。

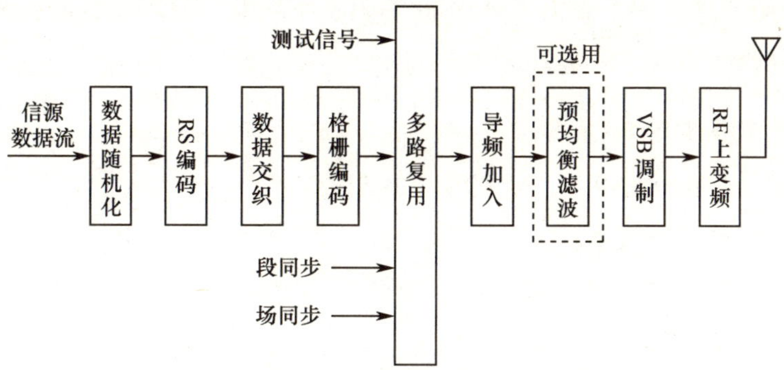

图 4-5 ATSC 信道编码与调制系统

3. 核心技术

（1）数据随机化。从图 4-5 中可以看出，数据流进入信道之后第一个进程就是数据随机化，也称为能量扩散或者数据加扰。数据随机化的目的是打碎 TS 流中可能出现的长“1”、长“0”，避免信号在低频段频谱上有大的能量，不适应信道的传输特性。数据随机化是使频谱主要能量段向上端移动，其实现方法是用一个 PRBS（伪随机二进制序列）发生器产生一个 PRBS 流，与输入数据流的逐个比特做异或（XOR）运算。

（2）RS 编码。RS 编码是以字节为单位进行前向误码校正的纠错编码方法，具有强的随机误码和突发误码校正能力。RS 编码中，输入数据分成段，每段内 k 为符号数，每符号 m 比特，每段可纠错 t 个误码符号，一般 RS 码（n,k,t）可取值为（207,187,10）。

（3）数据交织。数据交织是在不附加纠错码字的前提下，用改变数据码字（以比特或者字节为单元）传输顺序的方法来提高接收端的抗突发误码能力。传输过程中引入连续的若干比特或者若干字节的误码，经去交织解码而恢复成原顺序时将分散开，使后面的 RS 解码有能力予以纠正。

（4）格栅编码。信道编码中，为了提高抗误码的纠错能力，通常采用两次附加纠错码的 FEC 编码。第一个 FEC 编码是 RS 编码，构成（207,187）RS 码，即外编码；第二个 FEC 一般采用卷积编码，即内编码；二者总称为级联编码。ATSC 内编码不是卷积编码，而是格栅编码（Trellis Coded Modulation，TCM），将卷积编码与调制技术结合在一起，在不增加信道带宽与不降低信息速率下获得3~4dB的编码功率增益，有利于提高系统抗随机噪声干扰的能力。

4. 主要技术特点

- RS（204,188,10），交织深度I=52；
- 更好的带宽效率；
- 低的C/N比门限，系统抗脉冲噪声干扰能力；
- 更好的相位噪声性能；
- 低的峰值/平均功率比；
- 较低的接受门限使较小的功率提供较好的覆盖。

从总体来看，ATSC和DVB都很成功，DVB较好地综合了卫星、地面广播和有线电视，如在纠错编码的方法和系数方面保持了很好的协调性，这样卫星和地面广播节目可以方便地转入有线网络。也正是采用了统一的纠错格式，没有很好地考虑不同传输途径的特点，使得DVB-T和DVB-C在抗噪声能力方面较ATSC和SCTE差，COFDM调制较好地解决了多径接收和移动接收的问题。

（四）ISDB-T

1. 发展综述

从20世纪80年代中期，日本便开始了模拟高清晰度电视的研究，它试图制订出一个国际性的模拟高清晰度标准。面对欧美推出的DVB-T和ATSC标准，日本于1996年成立了DiBEG（Digital Broadcasting Expert Group，数字广播专家组），并于1998年推出了自己的标准——ISDB-T（Integrated Services Digital Broadcasting，综合业务数字广播）。

ISDB-T采用BST-OFDM（Bandwidth Segmented Transmission OFDM，频带分割传输正交频分复用）调制技术，期望在一个信道中实现音频、视频、文字等多同种业务的混合播报。这一标准于2001年被ITU（国际电联）接收为世界上第三个数字电视传输国际标准。2006年6月，巴西决定采用ISDB-T作为本国的数字广播标准，并在日本的ISDB-T基础上进行了若干修改，使之具有本地化的特点，形成了SBDTV-T。ISDB-T可以在6M带宽内传输包括视频（连续图像和伴音）、音频、一般数据等业务的一套或多套节目。ISDB-T 视频编码有两种：MPEG-2 和 H.264。前者用于播放日本的 SDTV 和 HDTV，后者用于日本的 One-Seg 和巴西视频编码。音频编码采用 MPEG-4 AAC。

2. 系统结构与总体情况

ISDB-T 地面传输标准不限于单独传输数字电视（图像和伴音），也包括了独立的声音和数据广播，这几者可以单独存在或任意组合，构成在带宽 6MHz 内的一路节目或多路节目，这是其优势所在。ISDB-T 系统包括发送部分和接收部分，发送部分的输入是信源编码部分的输出，发送部分的输出是加给发射机输入端的中频已调制信号，在发射机内上变频成射频信号去往馈线和天线。ISDB-T 在信源编码中，图像信号压缩标准一般是 MPEG-2。根据其标准，对于标清数字电视，图像源格式应是 720（704）×480 像素数，取样频率为 4:2:0 模式。至于声音信号的信源编码，日本既未采用 MPEG-2 的压缩标准，也未采用 ATSC 中的 Dolby AC-3 标准，而是采用基于 MPEG-4 的 AAC（高级 AC）压缩方式。ISDB-T 系统中的接收部分，输入信号是 COFDM 调制的射频信号，输出信号是加给信源解码部分输入端的信道解码信号。

ISDB-T 的系统框图如图 4-6 所示，ISDB-T 系统接收端框图如图 4-7 所示。

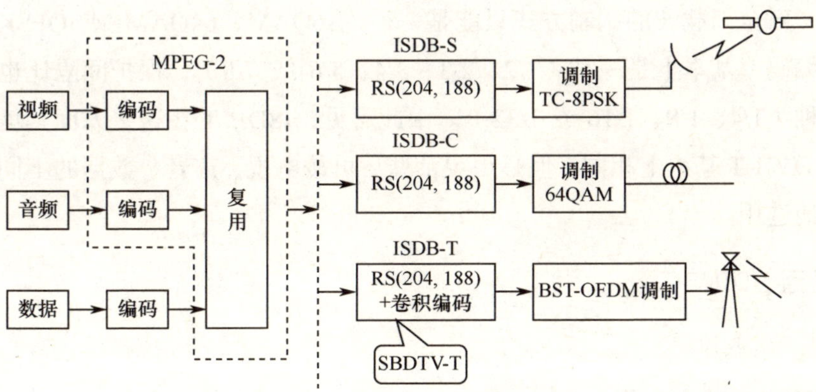

图 4-6 ISDB-T 的系统框图

资料来源：互联网。

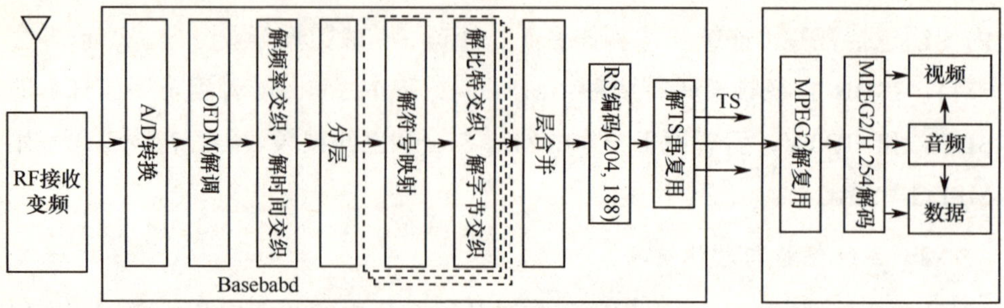

图 4-7 ISDB-T 系统接收端框图

资料来源：互联网。

3. 主要技术特点

为了与地面电视广播的原频道规划（每频道 6MHz）相适配，ISDB-T 中每个频道的传送带宽为（432kHz×13+4kHz）=5.62MHz 或（432kHz×13+1kHz）=5.617MHz。这是以每 432kHz 作为一个独立的 OFDM（正交频分复用），6MHz 内可包含 13 段 OFDM。而每个 OFDM 段由数据段和导频信号组成，或者说 OFDM 段是指在数据段中加入各种导频信号后于 432kHz 带宽内传送的信息数据流。每个数据段可以独立地指定其载波调制方式（16QAM、64QAM、QPSK 或 DQPSK）、内码编码率（1/2、2/3、3/4、5/6 或 7/8）、保护间隔比和时间交织深度等。

作为对比，欧洲 DVB-T 8MHz 或 7MHz 的每路频道是作为一个总体来处理的，对全部载波的调制方式只能是一种（16QAM、64QAM 或 QPSK），内码编码率基本上是一种（1/2、2/3、3/4、5/6 或 7/8），保护间隔比也只能是一种（1/4、1/8、1/16 或 1/32）。由此可见，ISDB-T 在这些方面其信号处理与 DVB-T 基本上相同，但是更灵活些，可按电视、声音、数据的不同需求优化地选用。

（五）DTMB

1. 发展综述

DTMB，英文全称为 Digital Television Terrestrial Multimedia Broadcasting，中文全称为“数字电视地面广播传输系统帧结构、信道编码和调制”，是中国的地面数字电视广播标准。

在地面数字电视标准体系中，截至 2014 年已有美国 ATSC、欧洲 DVB-T 和日本地面综合业务数字广播 ISDB-T 3 个国际电联批准的地面数字电视广播传输国际标准。1999 年我国设立数字电视研发及产业化并成立国家数字电视领导小组，明确将自主制定技术标准。针对我国数字电视应用的具体情况和应用环境，2006 年推出了我国数字电视地面标准 DTMB。

在国家新闻出版广电总局的支持下，我国于 2006 年 8 月 18 日正式颁布了《数字电视地面广播传输系统帧结构、信道编码和调制》（GB20600—2006）地面数字电视广播传输标准，实现了固定电视和公共交通移动电视的数字电视信号传送。DTMB 于 2007 年 8 月 1 日成为中国广播业地面电视信号的强制标准，为中国广电行业提供视频传送设备的所有数字电视系统供应商将采用该标准中的数字视频调制知识产权（IP）。DTMB 标准同时使用了时域同步正交频分复用和残留边带复用技术。

2. 系统结构与运作方式

DTMB 原理框图如图 4-8 所示。

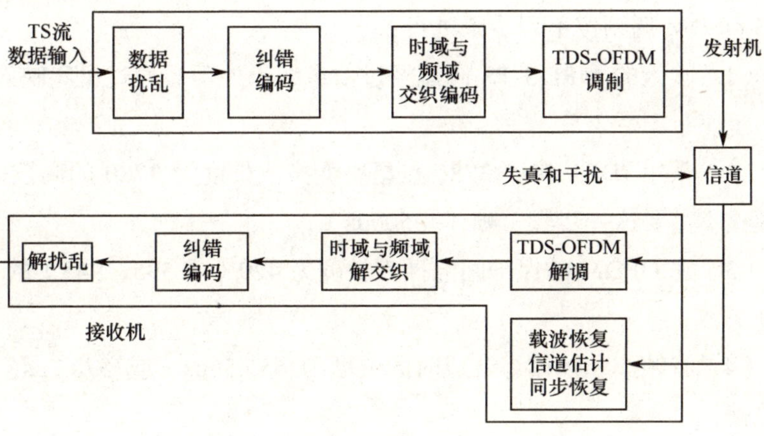

图 4-8　DTMB 原理框图

输入数据流经过数据扰乱（随机化）、前向纠错编码（FEC），然后进行比特流到符号流的星座映射，再进行交织后形成基本数据块。基本数据块与系统信息组合（复用）后，经过帧体数据处理形成帧体。而帧体与相应的帧头（PN 序列）复接为信号帧（组帧），经过基带后处理转换为基带输出信号（8MHz 带宽内）。该信号经正交上变频转换为射频信号（UHF 与 VHF 频段范围内，110～862MHz）。这样，电视节目或数据、文本、图片、语音等多媒体信息经过源编码、信道编码后，通过一个或一个以上的发射机发射出去，覆盖一定区域。

3. 核心技术

根据地面数字多媒体电视广播的服务需求、传输条件和信道特征，国标 DTMB 传输系统采用了创新的时域同步正交频分复用（TDS-OFDM）单多载波调制方式。这种调制方式主要针对地面数字多媒体电视广播传输信道线性时变的宽带传输信道特性（频域选择性与时域选择性同时存在的传输信道）所设计。由于 TDS-OFDM 适用于具有多径干扰和多普勒频移的传输信道，因此其同样适用于地面数字多媒体电视广播以外的其他宽带传输系统。

1）TDS-OFDM

国标 DTMB 系统采用了 TDS-OFDM，其特点是同步头采用了伪随机序列，在每个 OFDM 保护间隔周期性地插入时域正交编码的帧同步序列，TDS-OFDM 调制按下列步骤进行：

（1）输入的 MPEG-TS 码流经过信道编码处理后通过星座映射形成 3780 点的星座；

（2）采用 IDFT 将该 3780 点星座变换成长度为 3780 的离散样值（单载波模式不需要这一步骤）帧体（500μs）；

（3）在 OFDM 的保护间隔插入长度为 420（或 595，945）的 PN 序列作为帧头；

（4）将帧头和帧体组合成时间长度为 555.56μs（或 578.7μs，625μs）的信号帧；

（5）采用具有线性相位延迟特性的 FIR 低通滤波器对信号进行频域整形；

（6）将基带信号进行上变频调制到 RF 载波上。

2）分级帧

为了实现快速、稳定的同步，国标 DTMB 采用了分级帧结构，它具有周期性，并且可以和绝对时间同步。帧结构的基本单元称为信号帧，225 个信号帧定义为一个帧群，480 个帧群定义为一个超帧。帧结构的顶层称为日帧，由超帧组成。信号帧的帧体采用多载波调制方式或单载波调制方式，帧体的子载波数为 3780 或者为 1。子载波数为 3780 时，相邻子载波的间隔为 2 kHz，每个子载波符号采用 MQAM 调制。信号帧的帧体除了正常的数据流外，还包含传输参数信令（TPS），用以传送系统配置信息。它由 36 比特组成，并用 QPSK 映射为 18 个子载波或者星座。

DTMB 分级帧结构如图 4-9 所示。

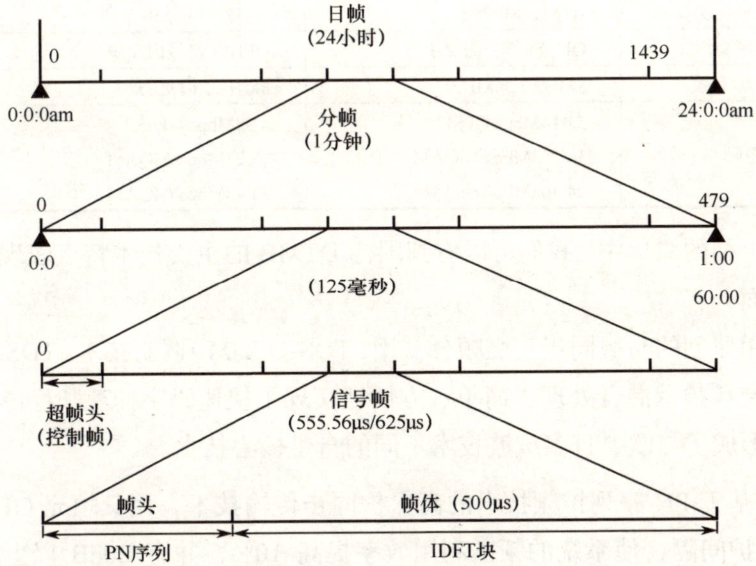

图 4-9　DTMB 分级帧结构

3）原创的广播同步传输技术

PN 序列除了作为 OFDM 块的保护间隔以外，在接收端还可以被用做信号帧的帧同步、载波恢复与自动频率跟踪、符号时钟恢复、信道估计等用途。由于 PN 序列帧头与数据帧体正交时分复用，且 PN 序列对于接收端来说是已知序列，因此，PN 序列和帧头与数据帧体在接收端是可以被分开的。接收端的信号帧去掉 PN 序列后可以看成具有零填充保护间隔的 OFDM。

4. 主要技术特点与比较

DTMB 与 DVB-T 主要参数对比如表 4-5 所示。

表 4-5　DTMB 与 DVB-T 主要参数对比

比较项目	DTMB	DVB-T
帧结构	和绝对时间同步的复帧结构	以 68 个 OFDM 为重复帧 DBPSK
调制	TDS-OFDM	C-OFDM
载波数	1K,4K（3780）	2K（1705），8K（6817）
系统参数	每个信号帧 36bit，QPSK	每个 OFDM 符号 1bit
保护间隔	55.56μs，125μs	7μs × 2expN，N=1,2,3,4,5
子载波调制	QPSK,16QAM,64QAM	QPSK,16QAM,64QAM
前向纠错编码	LDPC+BCH 码	RS+系统卷积码
时域交织	B=52，M=720	B=52，M=12
频域交织	OFDM 符号内交织	OFDM 符号内交织
带宽/有效	8MHz/7.56MHz	8MHz/7.61MHz
净码率	5.414Mbps/QPSK 16.243Mbps/16QAM 24.368Mbps/64QAM	4.98Mbps/QPSK 13.27Mbps/16QAM 23.42Mbps/64QAM

从上面的对比中，我们可以看到国标 DTMB 的主要技术特点表现在以下几个方面：

采用原创的时域同步正交频分复用（TDS-OFDM）调制技术。TDS-OFDM 通过时域和频域混合处理，简单、方便地实现了快速码字捕获和稳健的同步跟踪，形成了与欧、日多载波技术不同的自主核心技术。

- 基于 PN 序列扩频技术的高保护同步传输技术，用其填充 OFDM 保护间隔，使系统的频谱利用效率提高 10%，并有 20dB 以上同步保护增益。同时便于可靠同步和信道估计，并可扩展用于基站识别、终端定位。
- 快速信道估计技术。新的 TDS-OFDM 信道估计技术，通过正交相关和傅立叶变换实现快速信道估计，提高了系统移动接收性能。
- 前向纠错编码与相位映射相结合的纠错技术。一种新的系统级联纠错内码和最小欧氏距离最大化映射技术，使采用多载波技术的系统信噪比门限获得 10%以上的改善。
- 与绝对时间同步的帧结构。传输协议设计了与绝对时间同步的复帧结构，方便自动唤醒功能设置，达到省电目的，支持便携接收；与绝对时间同步机制有利于单频网同步发送信号的功能控制，使单频网同步设备更容易实现。

（六）DTMB 的最新进展

DTMB-A 是由清华大学数字电视技术研究团队和北京数字电视国家工程实验室联合研发的 DTMB 国家标准的演进系统。2009 年，在国家标准委的支持下，清华大学电子工程系杨知行、宋健、王昭诚、王军、王劲涛、张超和信息技术研究院潘长勇、彭克武、杨昉、阳辉等教师和学生组成的数字电视标准研发团队坚持完整的自主知识产权，发明类高斯 256APSK 调制方式，突破了传统的 256QAM 调制理论极限。2011 年 DTMB-A 系统通过教育部组织的鉴定，包括 3 名院士在内的专家组评价为“国际领先”。2012 年 DTMB-A 应用示范系统展出，其性能主要指标超越欧洲二代数字电视标准 DVB-T2，这意味着中国数字电视标准重新登上同类国际标准的技术制高点。

2013 年，在国家发改委的支持下，北京数字电视国家工程实验室、上海数字电视国家工程研究中心和深圳数字电视国家工程实验室，共同推进 DTMB-A 芯片的产业化工作，中关村数字电视产业联盟完成了 DTMB-A 产业链建设。

2015 年 7 月 8 日，国际电信联盟（ITU）在其官方主页上公布：由中国政府提交的中国地面数字电视传输标准的演进版本（DTMB-A）被正式列入国际电联 ITU-R BT.1306 建议书“数字地面电视广播的纠错、数据成帧、调制和发射方法”，成为其中的系统 E。这标志着 DTMB-A 已经成为数字电视国际标准。值得关注的是，在商务部支持下，巴基斯坦将首先采用 DTMB-A 标准。

1. DTMB-A 的主要技术特点

DTMB-A 系统框图如图 4-10 所示。

从已经公开的数据看，DTMB-A 具有如下技术特点和优势：

- 自主知识产权，兼容 DTMB，包括国际化等产业化专项正在进行中；
- 8MHz 带宽传输速率范围：5.00 ~ 49.31Mbps；
- AWGN 信道下 C/N 门限范围：0.6 ~ 21.2dB；
- DTMB-A 整体性能达到或者超越 DVB-T2。

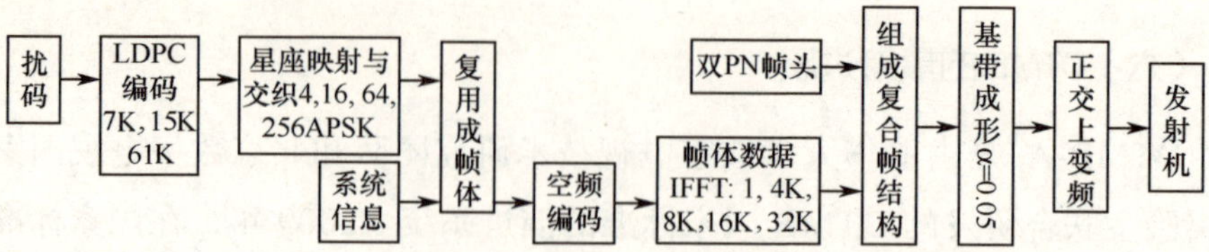

图 4-10 DTMB-A 系统框图

随着 DTMB-A 被接收为国际标准，其应用前景开始逐渐明晰，目前最重要、最迫切的是提高 DTMB 标准的国际市场竞争力，拓展电视产业和文化出口的可持续发展；而且 DTMB-A 在一个 8MHz 带宽的模拟频道上最多可以传输 5 套顶级高清节目，实现地面多路高清、3D 电视广播业务，有利于促进农村和城乡结合部的地面、有线数字电视统一标准，助推数字电视一体机市场；尤其值得关注是，DTMB-A 支持超高清电视广播传输，视频图像最高可以支持 4000 线，音频从 5.1 声道发展为 22.2 声道的立体空间音频，在未来可以广泛应用在广播电视、电影、教育等领域。

2. 数字电视国际标准的比较

从前面的介绍可以看出，第一代地面数字电视国际标准包括美国 ATSC 标准、欧洲 DVB-T 标准、日本的 ISDB-T 标准以及中国的 DTMB 标准（见表 4-6 和表 4-7）。

表 4-6 第一代地面数字电视国际标准比较

	ATSC 标准	DVB-T 标准	ISDB-T 标准	DTMB 标准
制式	VSB 制式	C-OFDM 制式	C-OFDM 制式	TDS-OFDM 制式
处理技术	全时域	全频域	全频域	时、频域联合处理
带宽	6/7/8MHz 可选	6/7/8MHz 可选	6/7/8MHz 可选	6/7/（增补）8MHz 可选

表 4-7 不同要求下地面数字电视标准匹配图

条　件	要求与否	ATSC	DVB-T	ISDB-T	DTMB
给定 C/N 门限下高斯频道的最高数据速率	要求	√	×	×	√
	不要求	√	√	√	√
最高的抗多径干扰性能	要求	×	√	√	√
	不要求	√	√	√	√
单频网络	要求	×	√	√	√
	不要求	√	√	√	√
移动接收	要求	×	√	√	√

续表

条　　件	要求与否	ATSC	DVB-T	ISDB-T	DTMB
	不要求	√	√	√	√
分级传输	极重要	×	×	√	×
	要求	×	√	√	×
子数据块独立解码	要求	×	×	√	×
	不要求	√	√	√	√
给定功率下最大覆盖	要求	√	×	×	√
	不要求	√	√	√	√
最高的抗脉冲干扰	要求	√	×	×	√
	不要求	√	√	√	√

第一代与第二代标准的技术特点比较如表 4-8 所示。

表 4-8　第一代与第二代标准的技术特点比较

	第一代地面数字电视标准		第二代地面数字电视标准	
标准名称	DTMB	DVB-T	DTMB-A	DVB-T2
频道带宽（MHz）	8	6,7,8	1.7,6,7,8,10	1.7,5,6,7,8,10
纠错编码及码率	BCH+LDPC(7K) 0.4,0.6,0.8	RS+卷积码 1/2,2/3,3/4,5/6,7/8	BCH+LDPC（15K,61K） 1/2,2/3,9/10	BCH+LDPC（15K,61K） 1/2,3/5,2/3,3/4,4/5,5/6
星座点映射	QSPK,16QAM,64QAM	QSPK,16QAM,64QAM	4APSK,16APSK,64APSK,256APSK	QSPK,16QAM,64QAM,256QAM
保护间隔	1/9,595/3780,1/4	1/32,1/16,1/8,1/4	1/64,1/32,1/16,1/8,1/4,1/2	1/128,1/32,1/16,19/256,1/8,19/128,1/4
FFT 大小	1K,4K	2K,8K	1K,2K,4K,8K,16K,32K	1K,2K,4K,8K,16K,32K
离散导频	0	8%	0	1%,2%,4%,8%
连续导频	0	2.6%	0	0.35%
帧结构	多层帧	OFDM 符号	多层帧	信号帧、超帧
交织	时域,频域	时域,频域	时域,频域,比特	时域,频域,比特
数据分割	时域,频域	时域	时域,频域	时域,频域
扩展能力	定位	无	定位,多天线	定位,多天线

二、手持数字电视标准

前面介绍了地面数字电视广播传输的几种主要国际标准，不过随着智能手机以及随身便携式影视设备的发展，手持式设备的数字电视标准也开始随之出现，部分从原地面数字电视标准演变而来，部分为新的移动数字电视标准，下面就简要加以介绍。

（一）DVB–H

1. 发展综述

DVB-H（早期为 DVB-X）标准全称为 Digital Video Broadcasting Handheld，它是 DVB 组织为通过地面数字广播网络向便携/手持终端提供多媒体业务所制定的传输标准。该标准被认为是 DVB-T 标准的扩展应用，但是和 DVB-T 相比，DVB-H 终端具有更低的功耗，移动接收和抗干扰性能更为优越，因此该标准适用于移动电话、手持计算机等小型便携设备通过地面数字电视广播网络接收信号。简而言之，DVB-H 标准就是依托 DVB-T 传输系统，通过增加一定的附加功能和改进技术使手机等便携设备能够稳定地接收广播电视信号。

为了满足 DVB-H 低功耗等方面的需求，DVB 组织的 DVB-H 成员考查了多种视频压缩格式，其中最为看重的是 H.264；另一个压缩格式是微软的 Win Media，它的性能正在逐步提高。目前，在手机等移动便携设备上收看数字电视的实现方案有两种：一种是基于移动通信系统的流媒体方式；另一种是基于数字地面电视的广播方式。中国联通和中国移动目前推出的手机电视业务属于前者，实际上是一种移动网络上的流媒体业务。比较而言，后者的优势在于频谱资源丰富，对用户数量敏感度低，视频流传输速度及质量与带宽无关，而前者在这些方面明显处于弱势；后者对突发及应急事件承受能力强，而前者则会争夺资源，一旦用户饱和就不能传送。

DVB-H 可以保证移动终端在移动环境和微功耗条件下接收数字电视节目，可以很好地和 3G/4G 网络配合使用。3G/4G 网络除完成它自身的功能外，还充当 DVB-H 网络的反向控制信道，传输诸如视频点播、电视投票、电视浏览、交互式游戏等业务信令，提供多种个性化的多媒体业务，从而实现两种网络的融合。

2. 系统结构与运作方式

DVB-H 系统框图如图 4-11 所示。

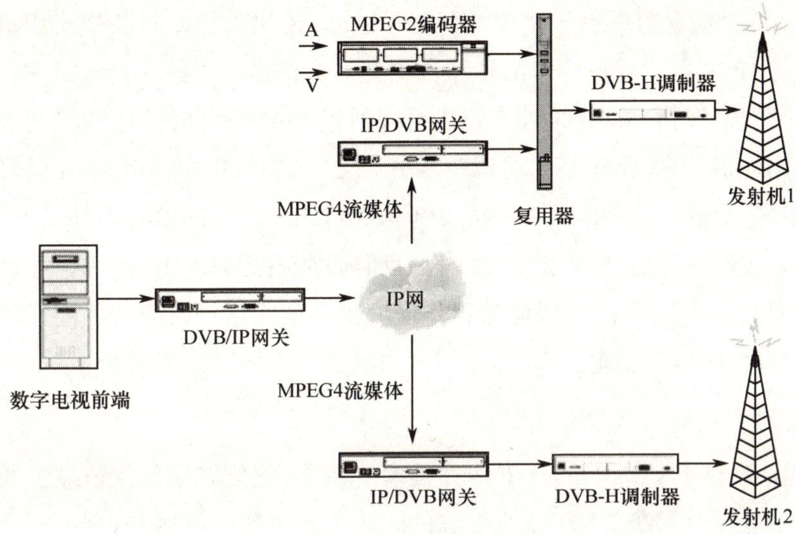

图 4-11　DVB-H 系统框图

DVB-H 系统前端由 DVB-H 封装机和 DVB-H 调制器构成，DVB-H 封装机负责将 IP 数据封装成 MPEG-2 系统传输流，DVB-H 调制器负责信道编码和调制；系统终端由 DVB-H 解调器和 DVB-H 终端构成，DVB-H 解调器负责信道解调、解码，DVB-H 终端负责相关业务显示、处理。

该标准可以最大限度地与 DVB-T 标准兼容，使用现有的 DVB-T 的设施；为了达到采用低增益全向单天线的手持接收机的室内与室外接收的目标，DVB-H 标准主要增加了以下内容：

延长接收机的电池使用时间，采用时间切片技术（Time Slicing），数据以脉冲方式传送，而不是以连续方式传送，脉冲之间关闭电源，可以大大降低功耗。

快速服务网络搜索和锁定。在现有的传输参数信令中（TPS）加入有关 DVB-H 的信息。

蜂窝间握手准备。时间切片技术有利于不同蜂窝间转换时的握手准备，通过对相邻蜂窝监控，将传输流的切换时间放在接收机的关闭时间，蜂窝转换时的握手可以保证服务的不中断。

DVB-H 同样采用单频网（SFN），对频率资源再用，每个单频网的半径大约为 40 公里，内部由多个发射机和功率增强器覆盖，发射机之间采用 IP

网连接，每个发射机配有一个IP/DVB打包机，采用多协议封装格式（MPE），它可以将IP内容、时间切片信息和数据节内的纠错码，打入传输流中，为了节省单频网适配器，GPS时钟信息也可以通过IP/DVB打包机插入TS流中。

通用地讲，DVB-H网络可以将MPEG-2与基于IP的MPEG-4同时复用传输，但是无论哪一种情况，连接IP环境和DVB环境的核心器件是IP/DVB打包机。在传输流媒体的IP环境内，我们通常还要加入IP流媒体管理器，它的作用是实现多个IP流媒体节目供应商到多个网络运营商的不同覆盖区域的路由管理和播控管理。

3. 核心技术

DVB-H是DVB和DVB-T两种技术的融合，但是如果仅仅依靠上述两种技术是不能完全解决DVB-H所面临的问题的。例如，虽然DVB-T已经被证明在固定、移动、便携接收等方面具有非常出众的性能，但是对于手持设备而言还需要进行进一步改进，如功耗、蜂窝移动下的性能、网络设计等方面。

为此DVB-H增加了新的技术模块，它们主要包括如下几个方面。

1）时间分片

时间分片技术采用突发方式传送数据，每个突发时间片传送一个业务，在业务传送时间片内该业务将单独占有全部数据带宽，并指出下一个相同业务时间片产生的时刻。这样手持终端能够在指定的时刻接收选定的业务，在业务空闲时间做节能处理，从而降低总的平均功耗。当然，这期间前端发射机是一直工作的，在相同业务的两个时间片之间将会传送其他业务数据，DVB-H信号就是由许多这样的时间片组成的。

从接收机的角度而言，接收到的业务数据并非是如传统恒定速率的连续方式，数据以离散的方式间隔到达，因此称之为突发传送。如果解码终端要求数据速率较低但必须是恒定码率，接收机可以对接收到的突发数据首先进行缓冲，然后生成速率不变的数据流。突发带宽一般为固定带宽的10倍左右。突发带宽在固定带宽两倍的情况下功耗就可以节省50%，因此如果带宽为10倍，可以节省90%。

2）多协议封装-前向纠错

DVB-H标准在数据链路层为IP数据报增加了RS纠错编码，作为MPE

的前向纠错编码，校验信息将在指定的前向纠错（FEC）段中传送，我们称为多协议封装-前向纠错（MPE-FEC）。MPE-FEC 的目标是提高移动信道中的 C/N、多普勒性能以及抗脉冲干扰能力。

实验证明，即使在非常糟糕的接收环境中，适当地使用 MPE-FEC 仍可以准确无误地恢复出 IP 数据。MPE-FEC 的数据开销分配非常灵活，在其他传输参数不变的情况下，如果校验开销提高到 25%，则 MPE-FEC 能够使手持终端达到和使用天线分集接收时相同的 C/N。DVB-H 采用基于 IP 的数据广播方式。

3）4K 模式和深度符号交织

DVB-H 标准在 DVB-T 原有的 2K 和 8K 模式下增加了 4K 模式，通过协调移动接收性能和单频网规模进一步提高网络设计的灵活性。同时，为进一步提高移动时 2K 和 4K 模式的抗脉冲干扰性能，DVB-H 标准特为两者引入了深度符号交织技术。在 DVB-T 系统中，2K 模式可比 8K 模式提供更好的移动接收性能，但是 2K 模式的符号周期和保护间隔非常短，使得 2K 模式仅仅适用于小型单频网。新增加的 4K 模式符号具有较长的周期和保护间隔，能够建造中型单频网，网络设计者能够更好地进行网络优化，提高频谱效率。虽然这种优化不如 8K 模式的效率高，但是 4K 模式比 8K 模式的符号周期短，能够更频繁地进行信道估计，提供一个比 8K 更好的移动性能。总之，4K 模式的性能介于 2K 和 8K 模式之间，为覆盖范围、频谱效率和移动接收性能的权衡提供一个额外的选项。

4）传输参数信令

DVB-H 的传输参数信令（TPS）能够为系统供一个鲁棒性好、容易访问的信令机制，能使接收机更快地发现 DVB-H 业务信号。TPS 是一个具有良好鲁棒性的信号，即使在低 C/N 的条件下，解调器仍能快速将其锁定。DVB-H 系统使用两个新的 TPS 比特来标识时间片和判断可选的 MPE-FEC 是否存在，另外用DVB-T中已存在的一些共享比特表示4K模式、符号交织深度和蜂窝标识。

（二）T-DMB

1. 发展综述

韩国地面数字电视使用了美国数字电视标准 ATSC，但是该标准无法支持移动电视业务。在人们对移动电视业务需求日趋增长的情况之下，韩国选择了 DAB Eureka-147 欧洲标准作为韩国开展地面手机电视业务的传输标准，并由此确立了韩国的地面手机电视国家标准 T-DMB。

T-DMB 作为对 DAB 标准的继承与发展，除了采用 DAB 标准原先所使用的相关技术外，为了进行视频广播，还使用了一系列新技术，如采用适合低比特速率视频业务的视频编码标准 MPEG-4 AVC/H.264，节目伴音压缩则采用 BSAC，数据交互使用 BIFS。

从目前的 DAB 系统过渡到 DMB，无须对现存的 DAB 广播前端进行任何改动，只要在前端设备上引入一个 DMB 视频编码器，就可以实现从 DAB 到 DMB 的过渡。T-DMB 结构层次图如图 4-12 所示。从图中可以看出，DMB 系统中仍沿用了 DAB 的整个系统，只是在 DAB 的 MSC（主业务信道）中划分出一个独立的子信道用于视频业务。而像原先 DAB 中所固有的声音业务、数据业务都保持不变，这也使得 DMB 的部署相对较为容易。而新增的视频业务则主要通过前端的 DMB 视频编码器来实现，视频编码器编码产生的数据流，以 ETI（复合群传输接口）信号形式通过 DAB 的复用器以流模式方式复用到子信道中去，与来自其他路的音频或数据复用成高达 2.048Mbps 的 ETI 传输数据流，然后将 ETI 数据流分配给 DAB 同步网中的各个发射台进行发射。

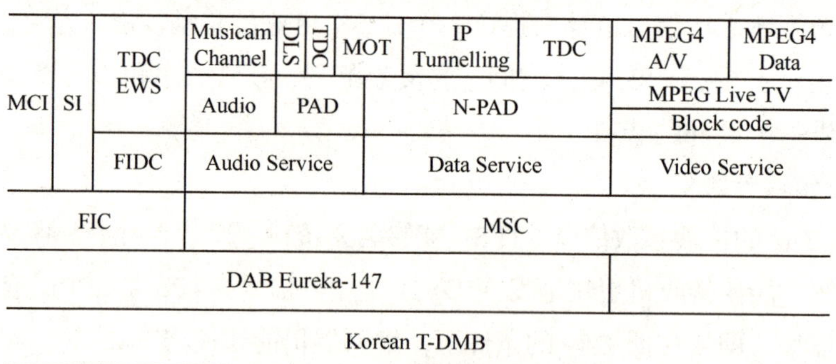

图 4-12 T-DMB 结构层次图

2. 核心技术

T-DMB 系统包括 1 个 DMB 监视系统、2 个视频编码器、视频网关和多路复用器，可以提供灵活的服务，包括视频广播、音频广播、单独的交通/新闻/天气频道。T-DMB 利用 ITU-T H.264 对视频进行编码，利用 MPEG-4 BSAC 对音频进行编码。然后利用 MPEG-4 同步层和 MPEG-2 传输流对视频、音频及额外的数据进行处理，有些基本模块与 DVB-H 相似。

（三）MediaFLO

1. 发展综述

MediaFLO 是由高通提出的移动电视标准，适于对移动电话、PDA 等可携式装备传送广播资料。广播资料包含多样性的即时影音串流、独立或是非即时的影音“短片”，如股市的走势、体育赛事的分数，以及气象报道等 IP 数据广播应用服务。

MediaFLO 这种“仅限于下行传输（FLO）”的新型多播技术，采用综合优化，实现了以很小的功耗提供优良的移动性和频谱利用率，能够大大降低同时向大批量用户发送相同多媒体内容的成本，并确保良好的用户体验。手机用户不仅能够享受传统的语音和数据业务，而且能够通过同一手机在许多节目频道内容间“冲浪”。

MediaFLO 相对于韩国的 T-DMB、欧洲的 DVB-H 而言，是同类型的竞争标准。MediaFLO 的设备初次在 2006 年国际消费电子展（CES）由乐金、三星等厂商引进。在 2005 年 12 月 1 日，Verizon Wireless 与高通宣布成为 MediaFLO 网络的合作伙伴，并且 Verizon 在 2007 年 3 月 1 日开始其“VCAST TV”之商业化经营。另外，2007 年 2 月 Cingular Wirless（AT&T Mobility LLC 的前身）也宣布商业化营运，并在 2008 年 5 月开始服务。高通试图将 MediaFLO 的技术国际化，并且意图与其他既有的营运商建立伙伴关系。目前，美国有多家采用 MediaFLO 格式的移动电视广播运营商，我国台湾也有几家运营商采用该标准。

2. 技术特点与运作方式

FLO 系统由四个子系统组成，即网络运营中心、FLO 发射机、3G/4G 网络和支持 MediaFLO 终端组成。

其中，网络运营中心有一系列 FLO 网络设备组成，包括国家运营中心（NOC）和一个或者多个本地运营中心（LOC）。NOC 一般包括网络计费、分发以及内容管理基础设备，不仅负责管理各类网络元素，还是全国以及本地内容提供商向移动终端发送 EPG 等信息的接入点。LOC 主要是作为本地内容提供商向相关市场区域中的移动终端设备发送地方性内容的接入点。

FLO 发射机：每个发射机通过发射 FLO 波向移动终端发送内容。

3G/4G 网络：这些通信网络一般属于一个或者多个无线运营商，支持互动业务，允许移动终端与 NOC 通信，以进行业务订购和接入密钥分发等。

支持 FLO 的终端：这些终端是指可以接收包含所订购的内容业务和 EPG 的 FLO 波形的设备，以手机为主。

整个 FLO 系统对应两个层次——数据链路层和物理层，其上再增加了上层数据层，在这层中各类数据业务进行 IP 封装，再通过 IP 网络接入数据链路层，在数据链路层，将 IP 信号转换成数据流，同时按逻辑信道分别进行前向纠错及交织。纠错方式同样采用 RS 码，交织却没有使用卷积码而采用先进的 turbo 码，提供了更好的纠错效率；另外，MediaFLO 技术在数据链路层还增加了 QoS 服务。将各逻辑信道数据经复用后接入物理层，FLO 技术同样采用 OFDM 技术保证移动状态接收，模式采用和 DVB-H 相同的 4K 模式，但是增加了分层调制，这样不同接收要求的信号可以使用不同的调制方法，提高了带宽利用率，使业务开展更加灵活。

3. 部分手持电视标准的比较

DVB-H、T-DMB 及 MediaFLO 三种技术，相比传统的地面数字电视标准，首先，在信道调制、差错保护、省电技术、视音频编码技术上都进行了不同程度的改进。从表 4-9 中可以看出，T-DMB 较常用的 VHF 频段，一般选用 2K 模式，信号调制采用 DQPSK，交织码采用 1/2 卷积码，则总的可用码率可达约 1.1Mbps，而对于移动电视的一个视频节目而言，如前端采用 H.264 编码方式，并达到 QVGA（320×240）画质，一个质量稳定的节目大约需要 500Kbps 码流，因此 DMB 在一个频点大约只能传 2~3 套视频节目；同理，我们可以推算出，在我国 8MHz 带宽下采用 2K 模式的 OFDM，DVB-H 在一个频点能传送约 6~7 套视频节目；而在 8MHz 带宽下采用 4K 模式，MediaFLO 在一个频点上可以传送 20 个左右 QVGA 品质的视频节目，具有一定的优势。

其次，在差错保护方面，由于 T-DMB 带宽较窄，在相同参数条件下相对纠错能力更强；而 DVB-H 和 MediaFLO 较接近，而高码率条件下，DVB-H 的 C/N 门限值更低。

表 4-9 部分手持电视国际标准的比较

项　目	T-DMB	DVB-H	MediaFLO
信号调制方式	COFDM	COFDM	OFDM
子载波调制方式	DQPSK	DQPSK,16QAM	DQPSK,16QAM,分层调制
信道编码方式（内码/外码）	卷积码/RS	卷积码/RS	Turbo 码/RS
OFDM 模式	2K,1K,0.5K,0.25K	2K，4K，8K	4K
带宽（MHz）	1.536	5/6/7/8	5/6/7/8
理论码率范围（Mbps）	1.06～2.3（1.536MHz）	2.49～31.67（8MHz）	3.76～14.96（8MHz）

最后，在针对手持设备必须考虑的功耗问题上，三种标准也是各有所长。在传输功率上，T-DMB 的终端理论能耗应较低，但是由于 DVB-H 采用了时间切片（Time-Slicing）技术，使 DVB-H 终端的功耗大幅降低，理论上可节省 90%的功耗，具体要视传输速率而定。而 MediaFLO 使用分层调制，可使接收终端只接收全部发射信号中的一部分，同时不减弱频率分集和时间分集的效果，从而有效降低功耗。

（四）CMMB

1. 发展综述

曾出现在中国移动数字多媒体国家标准的候选名单中的有众多标准，不同的标准组织也都竞相游说希望成为中国的移动数字多媒体国家标准。DVB-H、T-DMB、S-TiMi（后成为 CMMB）、DMB-TH、T-MMB、CDMB 等都曾经被认为有望成为移动数字多媒体的国家标准，但是由于工信部与广电部门的意见分歧，其中绝大部分标准最后淡出了标准的争夺范围。在这场争夺战中，由于广电部门最终判断在移动数字多媒体国家标准的评审过程中广电部门提出的标准不能公平地参与竞争，于是主动退出了移动数字多媒体国家标准的评审。之后，广电部门决定将 S-TiMi 改名为 CMMB，并确定为广电的行业标准，由广电自行推广，成为在中国大陆地区实际被广泛使用的移动数字多媒体的事实标准。

CMMB 是英文 China Mobile Multimedia Broadcasting 的缩略语简称，意为中国移动多媒体广播电视。CMMB 主要面向手机、PDA 等小屏幕便携手持终端以及车载电视等终端提供广播电视服务。CMMB 是国内自主研发的第一套面向手机、笔记本电脑等多种移动终端的系统，利用 S 波段信号实现“天地”一体覆盖、全国漫游，支持 25 套电视和 30 套广播节目。2006 年 10 月 24 日，国家广电总局正式颁布中国移动多媒体广播（俗称手机电视）行业标准，确定采用我国自主研发的移动多媒体广播行业标准 CMMB。

2. 系统结构与运作方式

CMMB 采用“天地一体”的技术体系，即利用大功率 S 波段卫星覆盖全国 100%国土，利用地面覆盖网络进行城市人口密集区域有效覆盖，利用双向回传通道实现交互，形成单向广播和双向互动相结合、中央和地方相结合的无缝覆盖的系统。

在 CMMB 的系统构成中，CMMB 信号主要由 S 波段卫星覆盖网络和 U 波段地面覆盖网络实现信号覆盖。S 波段卫星网络广播信道用于直接接收，Ku 波段上行，S 波段下行；分发信道用于地面增补转发接收，Ku 波段上行，Ku 波段下行，由地面增补网络转发器转为 S 波段发送到移动终端。为实现城市人口密集区域移动多媒体广播电视信号的有效覆盖，采用 U 波段地面无线发射构建城市 U 波段地面覆盖网络。

CMMB 系统示意图如图 4-13 所示。

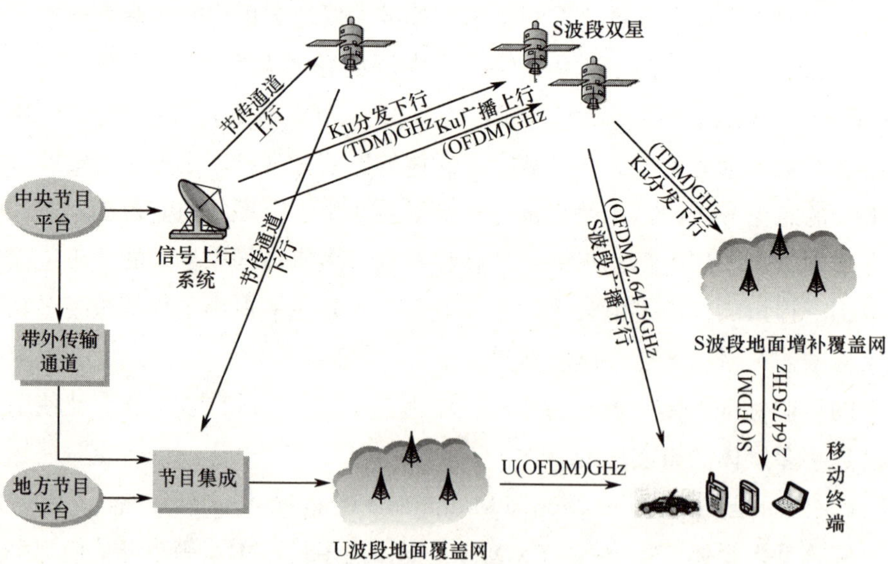

图 4-13　CMMB 系统示意图

3. 技术路线

根据移动多媒体广播电视电视系统的技术体制、总体架构及体系结构，移动多媒体广播电视的技术路线为：

- 采用卫星和地面网络相结合的方式实现“天地一体”协同覆盖，信道传输采用S-TiMi技术。
- 全国节目通过S波段卫星对全国实现覆盖，卫星遮挡地区可采取地面同频增补方式，在城市人口密集区域采用U波段增补。
- 地方节目采用U波段地面网络实现覆盖。
- 电视业务视频压缩编码采用 AVS、H.264/AVC，伴音压缩编码采用MPEG-4和AAC；广播业务音频压缩编码采用DRA。
- 数据广播采用可扩展的多协议封装复用传输，支持流模式、文件模式传输。
- 加密授权系统对音视频流和数据广播流采用ISMACryp进行加扰，系统前端支持同密，终端采用多密，系统支持单向、双向和基于电子钱包的授权管理方式。
- 运营支撑系统原则上采用两级架构体系，对内容统一加密，统一管理，支持公共服务、基本服务和扩展服务，实现各类终端用户的合法注册。

4. 主要技术参数与指标

CMMB的音视频主要参数指标如表4-10所示，CMMB的信道传输主要参数指标如表4-11所示。

表4-10 CMMB的音视频主要参数指标

业务名称	主要指标参数
视频广播业务	视频压缩标准：AVS，H.264 音频压缩标准：MPEG-4 AAC 帧率：25帧/秒 图像分辨率：QVGA（320×240）、QCIF(176×144) 采样格式：4:2:0
音频广播业务	音频压缩标准：DRA 音频声道：单声道、立体声 采样率：48kHz、44.1kHz、32kHz

表 4-11　CMMB 的信道传输主要参数指标

项　　目	主要参数/指标
带宽	卫星：3×8MHz 地面：8MHz
调制方式	OFDM
映射方式	卫星：BPSK、QPSK 地面：BPSK、QPSK、16QAM
编码方式	外编码：RS 内编码：LDPC
保护间隔	51.2μs
码率范围	2.046～16.243Mbps

三、下一代无线广播电视网络

下一代无线广播电视网络（NGB-W）是一个承载三网融合业务的无线高速双向网络。NGB-W 网络由前端系统、传输系统以及终端系统组成，其总体架构如图 4-14 所示。

NGB-W 前端系统是以智能引擎为核心驱动的业务和管理体系，通过信息汇聚与大数据处理，提供多种基于用户的全媒体应用服务。同时，前端还能对网络中内容安全和内容运营进行监测和管理，确保网络可管理、可控制、可信任。

NGB-W 传输系统是完成单向广播业务和双向交互业务高效率新一代无线广播电视传输系统。在 NGB-W 前端的智能调度下，NGB-W 传输系统通过广播大塔、交互小塔与网络节点等各子系统之间的协同工作，一方面通过广播传送共性内容；另一方面通过双向传送个性内容，承载多种交互智能双向业务，实现地面广播电视技术从单向向双向转变的重大突破。

NGB-W 终端系统由包括车载终端、电视机、笔记本电脑、平板电脑、智能手机等在内的多种形式终端组成。终端可直接接收网络单向广播信号，也可通过无线局域网（Wireless Local Area Networks，WLAN）方式接入网络。终端采用智能操作系统，可支持下一代无线广播电视网络应用的下载安装和使用。

NGB-W 不但继承了地面数字电视广播单向技术原有覆盖面广、频率资源丰富、频率利用率高的传统优势，还能承载多种交互智能双向业务，为用户提供灵活、个性、精细化的服务，从而将广电带到信息网络科技的前沿。

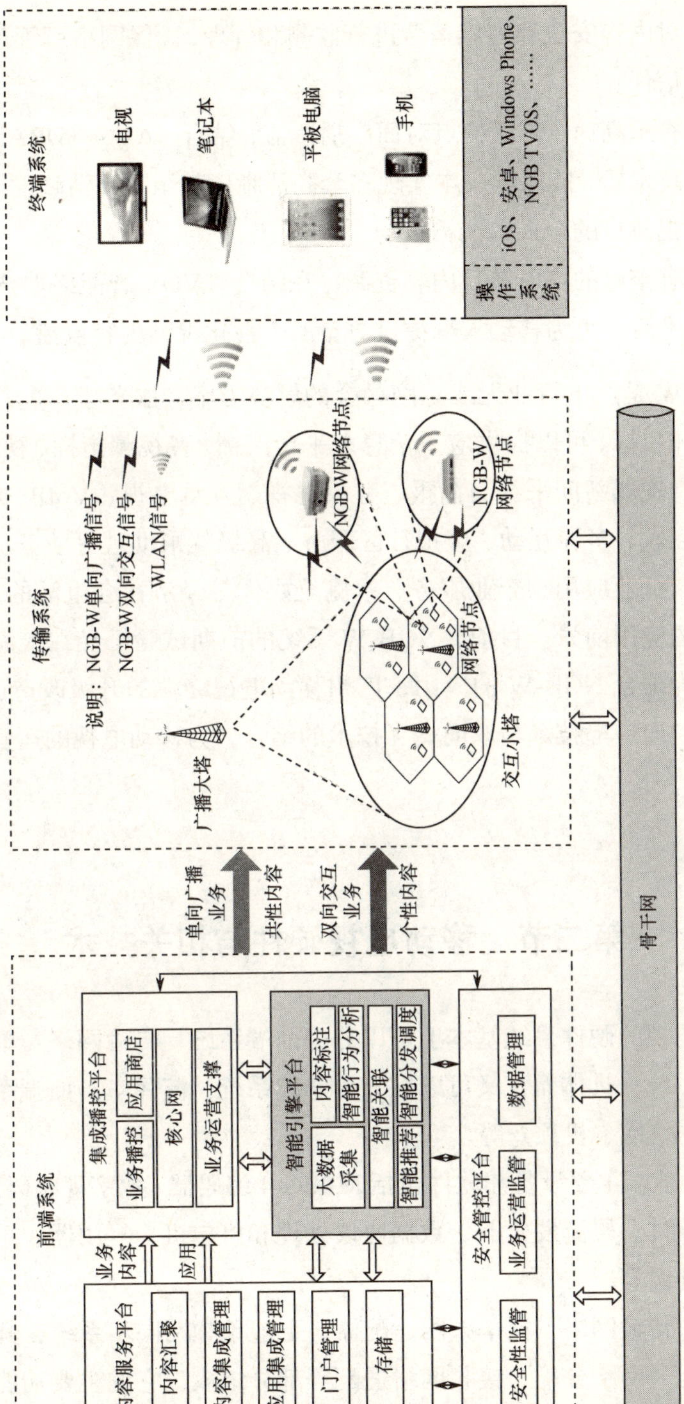

图 4-14　NGB-W 网络总体架构

- 可对内容安全和内容运营进行监测和管理，确保网络可管理、可控制、可信任；
- 具有超高速、广泛的点对面广播覆盖，结合“AVS++DRA”音视频编码技术后，能以低成本实现多套高清晰度甚至超高清晰度（4K）广播电视节目的全人口覆盖；
- 拥有丰富的广电节目内容资源，在结合 TVOS 智能终端技术和 OTT 技术后，可为移动人群提供海量的个性化视频内容点播。

NGB-W 是广电行业无线三网融合的解决方案，服务于广电打造无线新媒体的总体目标，可以提供应急信息多平台广播、音视频指挥、视频云服务、内容推送、现场新闻采编与播报、移动电视、互动电视、VoIP、在线游戏、家庭宽带互联、多屏互动、虚拟社区服务、高级驾乘助理等业务应用，覆盖城市管理、行业应用、企业服务、家庭全媒体等经济社会生活的方方面面，具有广阔的应用前景。目前，NGB-W 系统的前期试验已经在上海和广州展开，其中为配合 NGB-W 的应用，广州移动电视终端的升级改造已经开展，务求通过单向广播技术与双向交互技术的结合，为移动电视的运营带来革命性改变。

第二节　移动电视硬件与相关技术

移动电视的硬件系统基本上可以分为前端系统、传输网络、单频发射网以及接收系统，具体而言又可以细分为非编系统、演播室、前端系统、发射机、天线、终端、机顶盒等。

其中，前端主要设备和软件包括 MPEG-4 编码器、数字视频码流服务器、播出控制软件、码流发生器、数据协议处理和打包机、复用器、单频网适配器、同步钟源等。

系统中传输网络上接单频网适配器，下连单频网同步系统，其主要由发送网络适配、网络分配、接收网络适配等部分组成。它的主要功能是选择合适的传播媒体及其对应的收发适配器，如光缆、微波等，进行点对点或一点对多点分配，以及提供各类接口，如 ATM 接口、SDH 接口、PDH 接口等。

发射系统主要设备和软件包括单频网规划和设计、单频网调试、城市覆盖测量、数字发射机、调制器、单频网适配器、数字邻频双工器、GPS 同步钟源、隙缝发射天线等。相应地，接收系统主要设备和软件包括移动接收天线、移动接收机、移动接收控制软件、移动存储软件、显示屏等。

一、单频发射网

通常的地面电视网络可以由多个发射机传送不同的电视节目，各个发射机采用不同的发射频率，这种网络称为多频网（MFN）。由于每一台发射机的发射功率有限，为了进行大面积覆盖，我们必须采用多台发射机，为了防止同频干扰，每台发射机必须使用不同的频率。同时，由于数字电视系统信号质量变化的“悬崖”效应，直接采用模拟电视网的规划方法是不行的，通常在此基础上要多加 10 ~ 20dB 的余量，这样数字电视多频网和模拟电视网络所占用的频率资源基本相近，为了根本提高频谱的利用率，唯一方法是采用单频网（SFN）。

（一）概念综述

SFN（Single Frequency Network，单频网）是由多个不同地点的处于同步状态的无线电发射台，在同一时间、以同一频率发射同一信号，以实现对一定服务区的可靠覆盖。它显然不同于模拟电视时代采用不同频率转播同一节目的多频网方案。由单频网的定义可以看出，在一个单频网当中，所有发射机都在同一时间，采用同一频率同时传送同一数字电视信号的同一个比特，这里可以总结为三同步，即同一时间、同一频率和同一比特。通常多个发射机的多路径信号以及同一发射机的直射与反射信号会在接收机端形成信号的叠加，可以提高接收信号的质量；但是，多路径信号也会带来负面的自我干扰的问题，例如，当来自二个发射机的信号或同一发射机的入射和反射信号产生相位差，后一个信号就成为前一信号的干扰源，使合成信号会衰减甚至抵消。为了解决这一问题，DVB-T 系统中引入保护间隔（Guard Interval）的概念，前面已有介绍。

单频发射网框图如图 4-15 所示。由图 4-15 可以看出，发射网络由传输网络与发射台组成，各发射台中有调制器（包含单频网适配器）和发射机，还需要一个同步钟源（一般采用 GPS），其中核心的硬件设备无疑是发射机和天线。单频网适配器的主要功能是在数字码流中插入了一个 MIP 包，以传输同步信号，各点调制器将码流进行抗干扰处理并调制成 IF 信号，发射机将 IF 信号上变频为 RF 信号，并且尽量不失真地进行功率放大，然后通过天线向空中发射。由于 RF 信号是宽带数字功率谱，因此天线的带宽十分重要。如果要在同一塔上模拟频道的邻频播出，无须再架设天线和馈线，只要添置一台数字邻频双工器就可实现数字信号在模拟频道的邻频发射。

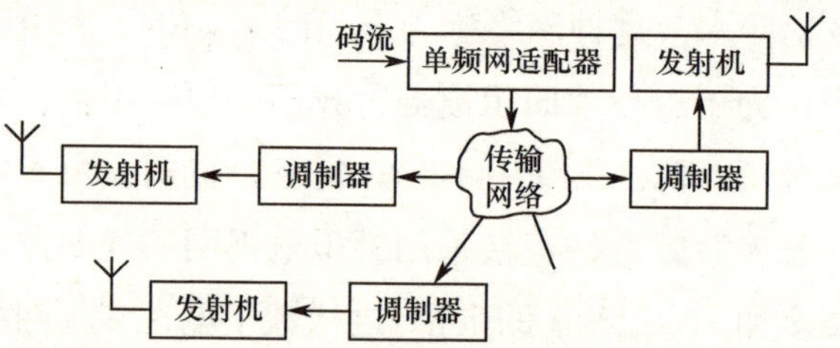

图 4-15　单频发射网框图

（二）系统构成

1. MPEG2 再复用器

MPEG2 再复用器的作用是过滤并复用来自不同信号源的节目，如卫星网、编码器、视频复用器等，加入数字电视服务信息（SI），出于商业运营原因对某些或全部频道进行加扰，然后将传输流送入单频网适配器，进入 DVB-T 调制器。

2. 单频网适配器

单频网适配器的作用是将 GPS 的标准时间和标准频率插入 TS 流中。它向 8K 模式的 8 个帧或 2K 模式中的 32 个帖的整数倍构成的巨级帧（Mega Frame）里面插入一个巨型帧初始包（Mega Frame Initialization Packet，MIP），DVB 标准中为它分配一个标准 PID=0X15，MIP 可以插入一个巨型帧的任何位置，插入到第 n 个巨型帧的 MIPn 通过指针可以帮助确定第 $n+1$ 个巨型帧的起始位置。

3. 传输和接收网络适配器

传输和接收网络适配器必须提供从主前端、主发射站到分发射机的透明传输，传输和接收适配器必须实现相反的转换功能分配，网络所产生的最大延迟必须小于 1s，这样后面的同步系统才能实现同步。最常用的网络适配器为 ASI-ATM、ASI-RF 转换器。

4. 同步系统

通过将插入的 MIP 包中的 STS 同步的时间标识与局端的时间进行比较，同步系统计算出单频网同步所需的额外时间，对网络传输时间进行补偿。该部分通常内置到 DVB-T 调制器中。

5. 调制器

调制器必须提供从网络适配器到天线的固定时延，在 MIP 包内插入的信息可以用于控制本地和远端调制器的传输模式，位于不同发射塔的不同发射机中的调制器的时钟必须同步，根据单频网的要求，所有发射机的信号都必须相同，每个调制输入的码流必须比特同步。

6. 全球定位系统（GPS）

GPS 是多种可以用于 DVB-T 系统的时钟之一，但是它却是最经济的，在全球任何地点可以找到的方便使用的时钟。GPS 接收机可以提供 10MHz 标准频率和每秒一个脉冲的 1pps 标准时间，在单频同步网中，1pps 时间被分成 100ns 的步进，标准频率 10MHz 及标准时间 1pps 应该在 DVB-T 网络中任何一点都可以获取。

当然，作为发射系统的核心，发射机无疑是最重要的。其中，发射机按用途区分可分为单频发射机，也称固态发射机和宽带发射机。模拟发射机一般都是固态发射机，要同时发送几个频点需要用合成器合并功率后一个天线发射，也可使用几个天线发射。数字发射机一般都可作为宽带发射机使用。

（三）发射机

地面数字电视广播发射机属于其发射部分。发射部分主要由传输网络适配器、发射机和天馈线系统等组成，在单频网中还应该有 GPS 接收机。为了保证发射系统的正常运行需要有一些必需的测试设备，主要有场强仪、功率计、频谱仪、网络分析仪、标准接收天线、50 欧假负载等。

地面数字电视发射系统的发射功率决定了地面字电视信号的电场强度，直接关系到地面数字电视广播发射系统的有效覆盖范围、覆盖区域服务质量和信号传输可靠性。

数字电视发射机的发射功率为平均功率，与以前模拟发射机的标称功率概念不同，不同的调制标准，其峰均比也不同。通常 1kW（rms）的数字发射机相当于 3kW 模拟电视发射机的功率容量，功放模块配置、电源配置等基本相同。

发射机构成原理框图如图 4-16 所示。

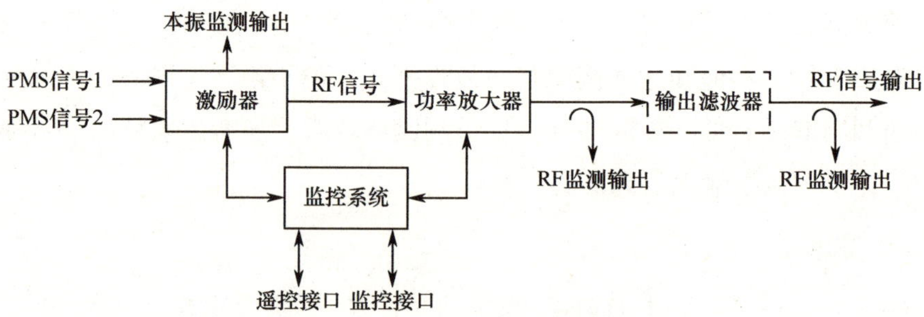

图 4-16　发射机构成原理框图

移动电视发射机主要包括激励器、功率放大器、监控系统以及冷却系统。

1. 激励器

激励器主要是将 PMS 信号按照规定进行编码调制，并进行线性和非线性预校正，然后输出射频信号。它是发射机的核心部分，发射机的绝大部分指标都是由激励器决定的。对于移动电视发射机来说，具有性能优良的线性与非线性预校正功能，将极大地改善发射机性能，提高发射机效率。

2. 功率放大器

功放模块包括输入电平监测、前置级、推动级和放大输出级。末级放大器主要采用感应输出管 IOT、四极管，包括双向四极管的单电子管以及全固态功率放大器。

3．监控系统

监控系统主要提供功率控制、实时监控和报警、管理配置、自动保护以及监测输出等功能。

4．冷却系统

冷却系统主要有风冷与液冷两种系统。其中，液冷系统比风冷系统，可以更有效降低发射机的运行噪声，改善发射机房的环境；冷却液无论是乙二醇加水还是防冻液，其传导效率都远大于风，冷却系统的进水温度与出水温度仅相差几度，发射机产生的热量被及时吸收释放，降低了日常维护量。

在国内移动电视系统中，来自欧洲的罗德与施瓦茨公司（R&S）的发射机无疑具有较高的占有率，在接受调查的移动电视公司中采用比例高达 50%；同时，东芝的使用率也达到了 20%左右；在国产发射机品牌中，同方吉兆、北广科技等厂商的产品占据了一定的市场份额（见图 4-17）。

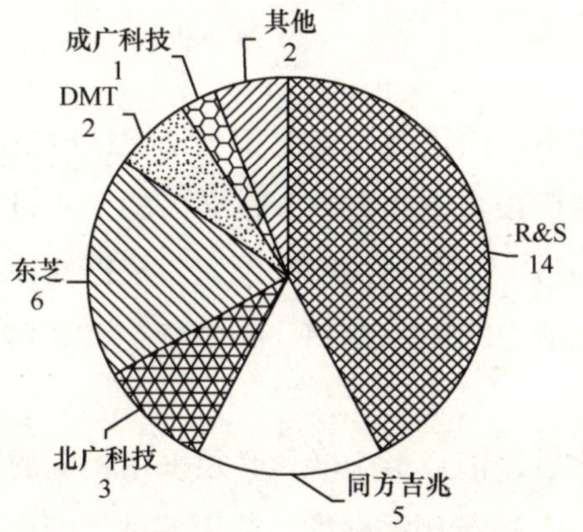

图 4-17　发射机品牌应用情况

资料来源：《2015 中国移动电视发展报告》企业调研。

二、地面数字电视接收系统

地面数字电视接收系统主要设备和软件包括移动接收天线、移动接收机、移动接收控制软件、移动存储软件、显示屏等。

其中，高频头是负责将射频信号转换成解调器可以接受的中频或基带调制信号。解调器负责信道特性补偿、信道解调、信道解码等，其输出为包含广播数据的码流。解复用器将所需的广播数据从其他码流信号中分离出来。根据控制信息，从分离出来的信号中选择对应于本机的视音数据进行下载或实时播放。高频头对所得到的其他多媒体数据进行相应的处理，并最终根据用户的要求在显示器件上显示。

（一）机顶盒

在接收系统中的移动接收机也就是所谓的地面数字电视机顶盒。

地面数字电视机顶盒在功能上其实与普通的有线数字电视机顶盒差别不大，其基本功能是接收地面数字电视节目。其主要技术涉及信道解码、信源解码、上行数据的调制编码、嵌入式 CPU、MPEG-2 解压缩、机顶盒软件、显示控制和加解扰技术等。

1. 主要技术

1）信道解码

数字电视机顶盒中的信道解码电路相当于模拟电视机中的高频头和中频放大器。在数字电视机顶盒中，高频头是必需的，不过调谐范围包含卫星频道、地面电视接收频道、有线电视增补频道。根据地面数字电视已有的调制方式，信道解码应包括 QPSK、QAM、OFDM、VSB 解调功能。

2）信源解码

模拟信号数字化后，信息量激增，必须采用相应的数据压缩标准。数字电视广播采用 MPEG-2 视频压缩标准，适用多种清晰度图像质量。音频则有 AC-3 和 MPEG-2 两种标准。信源解码器必须适应不同编码策略，正确还原原始音、视频数据。

3）CPU

嵌入式 CPU 是地面数字电视机顶盒的心脏，当数据完成信道解码以后，首先要解复用，把传输流分成视频、音频，使视频、音频和数据分离开，在数字电视机顶盒专用的 CPU 中集成了 32 个以上可编程 PID 滤波器，其中两个用于视频和音频滤波，其余的用于 PSI、SI 和 Private 数据滤波。CPU 是嵌入式操作系统的运行平台，它要和操作系统一起完成网络管理、显示管理、有条件接收管理（CA 卡）、图文电视解码、数据解码、OSD、视频信号的上下变换等功能。

4）MPEG-2 解码

MPEG-2 是数字电视中的关键技术之一，实用的视频数字处理技术基本建立在 MPEG-2 技术基础上。MPEG-2 是包括从网络传输到高清晰度电视的全部规范。MPEG-2 图像信号处理方法分运动预测、DCT、量化、可变长编码 4 步完成，电路是由以 RISC 处理器为核心的 ASIC 电路组成。

MPEG-2 解压缩电路包含视频、音频解压缩和其他功能。在视频处理上要完成主画面、子画面解码，最好具有分层解码功能。图文电视可用 APHA 迭显功能选加在主画面上，这就要求解码器能同时解调主画面图像和图文电视数据，要有很高的速度和处理能力。OSD 是一层单色或伪彩色字幕，主要用于用户操作提示。

在音频方面，由于欧洲 DVB 采用 MPEG-2 伴音，美国的 ATSC 采用杜比 AC-3，因而音频解码要具有以上两种功能。国内音频标准倡导使用 AVS，并逐渐加以强制推广，以后中国地面数字电视必须符合该标准进行接收传输。

5）“AVS + +DRA”视音频编解码技术

“AVS ++DRA”是我国完全拥有自主知识产权的视音频编解码技术。其中，AVS+视频编码标准在编码效率和编码质量上均取得重大的突破，达到世界先进水平；而 DRA 数字音频编解码技术是具有国际领先水平的多声道音频信源编解码技术，具有解码复杂度低、压缩效率高、音质好等优点，可广泛应用于数字音频广播、数字电视、移动多媒体、激光视盘机、网络多媒体以及在线游戏、数字电影院等领域。2012 年 7 月 10 日，AVS+标准被国家广电总局颁布为行业标准，为我国高清晰度电视的健康发展奠定了坚实的基础。

2013 年，在广州市搭建国内首个基于数字电视地面广播的“AVS + +DRA”音视频试验平台，在采用 DTMB 标准的地面数字电视覆盖网络上开展“AVS++DRA”双标准试验。试验不但实现了 AVS+视频标准和 DRA 音频标准在技术上的集成，充分验证了“AVS++DRA”集成编码技术在地面数字电视广播网络中应用的可行性，并在国内首次提出了“AVS++DRA”适用码率的参考取值，推动了自主创新战略新兴产业的发展。

试验后，在工业和信息化部与国家新闻出版广电总局联合发布的《广播电视先进视频编解码（AVS+）技术应用实施指南》中，明确了自 2014 年 7 月 1 日起，除已批准的 7 个 AVS 地面数字电视试点城市地区外，地面数字电视高清视频应采用 AVS+标准，新部署的地面数字电视机顶盒应支持 AVS+标准解码。

2. 机顶盒软件组成

数字化后，数字电视技术中软件技术占有更为重要的位置。除了音视频的解码由硬件实现外，包括电视内容的重现、操作界面的实现、数据广播业务的实现等都需要由软件来实现，具体如下。

硬件驱动层软件：驱动程序驱动硬件功能，如射频解调器、传输解复用器、A/V 解码器、OSD、视频编码器等。

嵌入式实时多任务操作系统：嵌入式实时操作系统是相对于桌面计算机操作系统而言的，它不装在硬盘中，系统结构紧凑，功能相对简单，资源开销较小，便于固化在存储器中。嵌入式操作系统的作用与 PC 上的 DOS 和 Windows 相似，用户通过它进行人机对话，完成用户下达的指令。指定接收采用多种方式，如键盘、鼠标、语音、触摸屏、红外遥控器等。

中间件：开放的业务平台的特点在于产品的开发和生产以一个业务平台为基础，开放的业务平台为每个环节提供独立的运行模式，每个环节拥有自身的利润，能产生多个供应商。只有采用开放式业务平台才能保证机顶盒的扩展性，保证投资的有效回收。

上层应用软件：上层应用软件是指执行服务商提供的各种服务功能，如 EPG、NVOD、VOD、数据广播、IP 电话和可视电话等。上层应用软件独立于机顶盒的硬件，它可以用于各种 STB 硬件平台，消除应用软件对硬件的依赖。

在地面数字电视机顶盒方面，基本上是国内品牌一统天下，调查的结果基本上也证实了这一点。厦华电子、大连华录、北广科技、上海国茂、数码视讯等国产品牌占据了绝大部分市场（见图 4-18）。

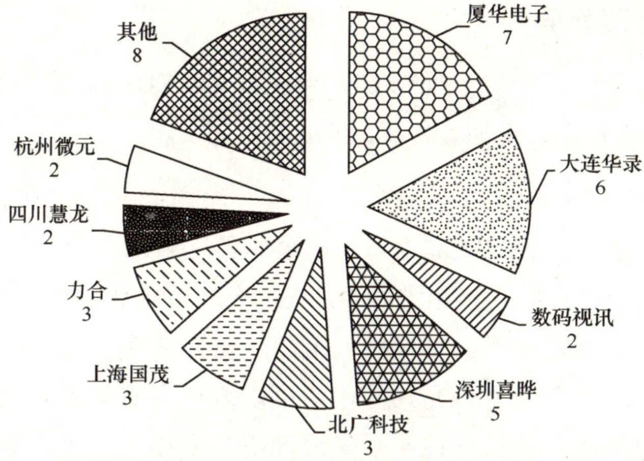

图 4-18　地面数字电视机顶盒品牌应用情况

资料来源：《2015 中国移动电视发展报告》企业调研。

（二）接收天线

移动电视接收端的移动天线是接收端的主要设备之一，当淘汰了地面数字电视机顶盒，把电视机作为一种计算机后，只要把全向天线插入数字电视机就可以收看电视节目。在移动状态下接收数字电视，由于信号随着不同地理位置变化，而信道特性亦呈现动态变化，这就要求天线对不同信道的动态特征变化的稳定可靠性做出实时反映，因此移动电视的天线必须在全方位范围内能保证一定的带宽和增益。

在这些接收范围内，多径衰落、多普勒频移等小范围衰落是不可避免的问题，解决这些衰落和干扰成为备受关注的问题。为了解决衰落，改善数字电视广播移动接收的信号质量，在接收设备上使用了多种措施，如信道解码纠错技术、抗衰落接收技术等，但双/多天线分集接收技术是最明显有效的解决方案。

接收天线的原理图如图 4-19 所示。

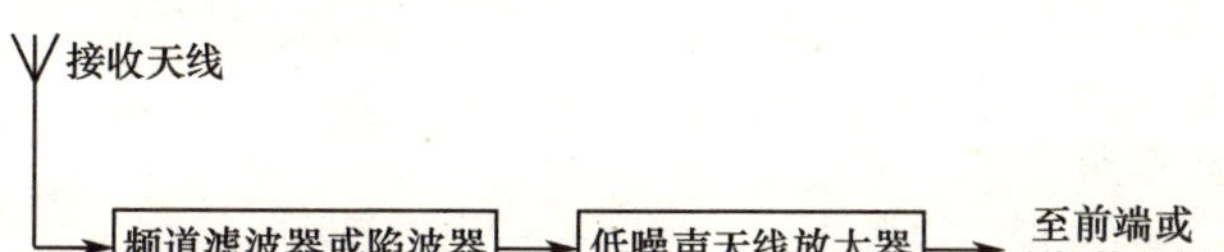

图 4-19　接收天线的原理图

（三）终端显示屏

移动电视的显示器从最早的LCD，到后来的LED，以及目前正在进行产业化推进中的OLED，正朝着高清、节能的方向发展。

1. 液晶显示器

液晶显示器是一种以液晶为材料的显示器。液晶是介于固态和液态间的有机化合物，将其加热会变成透明液态，冷却后会变成结晶的混浊固态。在电场作用下，液晶分子会发生排列上的变化，从而影响通过其的光线变化，这种光线的变化通过偏光片的作用可以表现为明暗的变化。就这样，人们通过对电场的控制最终控制了光线的明暗变化，从而达到显示图像的目的。

从液晶面板的驱动方式来分，目前最常见的是TFT（Thin Film Transistor）型驱动。它通过有源开关的方式来实现对各个像素的独立精确控制，因此相比之前的无源驱动（俗称伪彩）可以实现更精细的显示效果。因此，大多数的液晶显示器、液晶电视及部分手机均采用TFT驱动。液晶显示器多用窄视角的TN模式，液晶电视多用宽视角的IPS等模式，它们统称为TFT-LCD。

需要注意的是，液晶显示器本身是一种非自发光显示器技术，必须借助于背光源显示影像，因而背光的发展对液晶显示的性能非常重要，但随着液晶显示尺寸大型化的需求不断增长，传统背光源的成本比重也在不断增加。背光源正在轻、薄、低功耗、高亮度、低成本上努力改善。背光源目前主要有EL、CCFL及LED三种类型，依光源分布位置不同则分为侧光式和直下式（底背光式）。

随着LED技术的不断发展，LED背光源的市场占有率迅速扩大。原来以荧光灯管作为光源的液晶显示器正逐步被LED液晶显示器所取代。其实，不只是液晶显示器，其他各种应用的液晶显示产品中使用LED背光源的比例也都逐年递增。甚至有预测指出，今后以荧光灯管为光源的液晶显示器或可退出市场。

2. LED显示屏

LED显示屏也是平板显示器的一种，它是由一个个小的LED模块面板组成，用来显示文字、图形、图像、动画、行情、视频、录像信号等各种信息的显示屏幕。LED 显示屏分为图文显示屏和视频显示屏，均由 LED 矩阵块组成。图文显示屏可与计算机同步显示汉字、英文文本和图形；视频显示屏采用微型计算机进行控制，图文、图像并茂，以实时、同步、清晰的信息传播方式播放各种信息，还可显示二维及三维动画、录像、电视、VCD 节目以及现场实况。需要注意的是，LED 显示屏与 LED 背光的液晶显示器不是一个概念。

LED 显示屏之所以受到广泛重视而得到迅速发展，是与它本身所具有的优点分不开的。这些优点概括起来是亮度高、工作电压低、功耗小、大型化、寿命长、耐冲击和性能稳定。目前，LED 显示屏广泛应用于金融、税务、工商、邮电、体育、广告、厂矿企业、交通运输、教育系统、车站、码头、机场、商场、医院、宾馆、银行、证券市场、建筑市场、拍卖行、工业企业管理和其他公共场所，尤其是用于户外场所的广告宣传。

目前，LED 显示屏的造价还比较贵，因此主要应用在城市的繁华场所，作为多媒体广告的一部分。单双色 LED 显示屏主要应用于交通、高速公路、银行、证券交易等金融场所。随着人们生活水平的提高，我们相信户外 LED 显示屏将逐渐应用于各个行业。

3. OLED 显示器

OLED 有机电激发光二极管由于同时具备自发光，不需要背光源、对比度高、厚度薄、视角广、反应速度快、可用于挠曲性面板、使用温度范围广、构造及制程较简单等优异特性，被认为是下一代的平面显示器新兴应用技术。OLED 近期的技术发展方向是解决器件的成品率、寿命和彩色化问题。从长远来看，OLED 未来的发展必将沿着小尺寸 – 中尺寸 – 大尺寸 – 超大尺寸、单色 – 多色 – 彩色、无源 – 有源、硬屏 – 软屏的脉络发展。

在量产技术逐渐成熟的情况下，OLED 产业目前正在持续成长，世界各大光电厂商纷纷加入竞争行列。国际上从事有机发光显示研究开发及产业化的公司超过 100 家，其中一部分公司已开始进行批量生产。欧美地区也有众多公司投入研发，如 CDT、柯达、杜邦、UDC、eMagin、飞利浦等；在日本的主要公司包括三洋、东芝、东北先锋、索尼、精工爱普生等；韩国已有三星、LG 等 10 余家企业宣布涉足 OLED 产业；我国台湾省也有铼宝、东元激光、友达、悠景等多家厂商投入 OLED 产业。中国大陆有 30 多家科研机构和企业从事 OLED 的研发和产业化工作，主要包括清华大学、华南理工大学、吉林大学、上海大学、北京维信诺公司、上海广电电子集团、TCL 集团等。

目前困扰 OLED 普及的主要因素是良品率，从而导致价格居高不下。2013 年，当达到了主流电视机尺寸的 OLED 电视终于出现在零售卖场时，很多消费者却都被它们的价格惊呆了：当时一台 55 英寸 1080P OLED 电视价格基本在 5 万元左右，几乎是同尺寸 LED 液晶电视价格的 10 倍。进入 2015 年后，随着上游 OLED 面板企业生产工艺的持续提升，良品率终于达到了较高的水准——超过 50%，预计 2015 年能达到接近传统液晶生产线良品率的水准。当然，一项新的技术替代另一项技术，不可能一蹴而就，需要一个发展、培育和引爆的阶段。例如，液晶电视取代 CRT 就花费了 7～8 年的时间。预计 OLED 替代液晶电视也将会经历一个周期，但步伐也会加快。

除了上述几种显示终端外，CRT 显示和 PDP 等离子显示也是常见的显示方式，但是由于移动电视安装空间和使用环境的限制，这类产品的使用情况并不常见，在此不再赘述。

三、其他相关设备与技术发展

在地面数字电视系统中，除了发射系统、接收系统之外，还涉及非线性编辑系统、演播室等，在此进行简要介绍。

（一）非线性编辑系统

非线性编辑是相对于传统上以时间顺序进行线性编辑而言。非线性编辑借助计算机来进行数字化制作，几乎所有的工作都在计算机里完成，不再需要那么多的外部设备，对素材的调用也是瞬间实现，不用反反复复在磁带上寻找，突破了单一的时间顺序编辑限制，可以按各种顺序排列，具有快捷简便、随机的特性。非线性编辑只要上传一次就可以进行多次编辑，信号质量始终不会变低，所以节省了设备、人力成本，提高了效率。

非线性编辑需要专用的编辑软件、硬件，现在绝大多数的电视电影制作机构都采用了非线性编辑系统。一个非线性编辑系统从硬件上看，可由计算机、视频卡或 IEEE1394 卡、声卡、高速硬盘、专用板卡（如特技加卡）以及外围设备构成。为了直接处理从高档数字录像机来的信号，有的非线性编辑系统还带有 SDI 标准的数字接口，以充分保证数字视频的输入、输出质量。其中视频卡用来采集和输出模拟视频，也就是进行 A/D 和 D/A 的实时转换。从软件上看，非线性编辑系统主要由非线性编辑软件以及二维动画软件、三维动画软件、图像处理软件和音频处理软件等外围软件构成。

1. 文件

在非线性编辑系统中，所有素材都以文件的形式存储在记录媒体（硬盘、光盘和软盘）中，并以树状目录的结构进行管理。每个文件被分成标准大小的数据块，通过链表进行快速访问。在这一基础上，非线性编辑系统的快速定位编辑点的功能才能充分发挥。编辑工作中主要用到两种文件——素材文件和工作文件。工作文件包括用来记录编辑状态的项目（工程）文件和管理素材的库文件等；素材文件可粗略分为静态图像、音频、视频、字幕和图形文件等几大类。素材文件中除了可记录画面和声音数据以外，还能够保存素材的名称、类别、大小、长度及存储位置等信息，极大地方便了节目的制作和素材的管理。

2. 图像

通常，可以用多种格式保存数字化的彩色静态图像文件，而且不同格式的图像可互相转换。图像文件资源极其丰富，兼容性也比较好，一般可在不同的非线性编辑系统之间交换。编辑中较常用的是录制三维动画的 TARGA 格式、平面图像处理用的 TIFF 格式和彩色位图图像 BMP 格式的文件。

3. 图形

字幕文件是计算机内部生成的矢量图形文件，它与图像文件的主要区别在于，任何时候都可以对文字和图形对象进行修改，调整其大小、位置、色彩和层间覆盖关系。图形文件不像图像文件一样，记录屏幕上每个像素点的色彩信息，而是记录关键点的坐标、颜色和填充属性等参数，因此在磁盘上占用的空间比较小。

4. 音频

录入非线性编辑系统中的声音多数以不压缩的采样波形文件的形式保存。在音频数字化时，模数转换的采样频率和采样深度影响系统中存储的声音信号的质量和音频素材所占用的磁盘空间。采样频率越高，采样深度越大，录制的声音质量就越好，相应占用的存储空间也越大。多数电视台播出时采用单声道的电视伴音信号，一般采样频率在 22kHz 以上，采样深度 16 比特即可满足要求。随着对伴音质量要求的提高，部分电视台已过渡到使用立体声音频信号进行部分节目的播出，相应地需要选择 CD 质量的声音处理方式，即以 44.1kHz 的频率采样，记录成 16 比特的立体声信号。

5. 视频

一般用分辨率、帧速率和色彩数等参数作为描述数字视频信号的指标。电视节目后期制作中，要求图像分辨率为 720×576 或 768×576（PAL 制）。PAL 制电视节目的帧速率为 25fps（帧每秒）；制作多媒体光盘出版物时一般选 15fps 的帧速率。电影和 NTSC 制式电视的帧速率分别为 24fps 和 30/29.97fps。描述每一像素的字节数决定了最多可同屏显示多少种颜色，一般为 256 色、65536 色和 16777216 色（真彩色）。色彩数越多，能表现的彩色层次越丰富。

非线性编辑已经成为电视节目编辑的主要方式，由于其数字化的记录方式、强大的兼容性、相对较少的投资等特点，已被广泛应用。非线性编辑系统多用于大型文艺晚会、电视节目以及电视、电视剧片头、宣传片的制作。目前国内的非线性编辑系统已经基本国产化，以中科大洋、上海索贝、索尼、苹果、新奥特、SDI 等为代表的高清非线性编辑系统的厂家占据了国内 90%以上的市场份额。从接受调查的运营商来看，中科大洋、上海索贝、新奥特、苹果等品牌的非线性编辑系统在移动电视运营商中占有率较高（见图 4-20）。

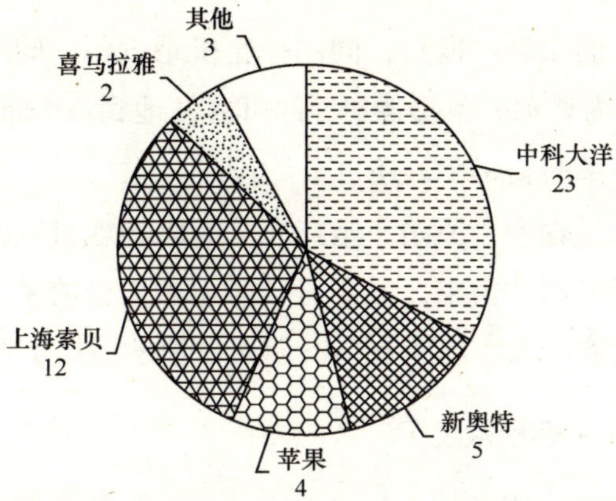

图 4-20　非线性编辑系统不同品牌的应用情况

资料来源:《2015 中国移动电视发展报告》企业调研。

(二)演播室

演播室是利用光和声进行空间艺术创作的场所,是电视节目制作的基地,也是新闻宣传单位的必备场地。演播室除录制声音外,还要摄录图像,演员会在里面进行表演。因此,它必须具有足够的声、光设备和便于创作的条件。演播室系统包括视频系统、音频系统、灯光系统、通话系统和空调、消防、地线、供电系统等。

电视演播室根据用途不同一般从面积上分为大型($400m^2$ 以上),中型($150m^2$ 左右)和小型($50m^2$ 以下)。对于地面数字电视制作机构来说,除个别情况外,中小型演播室基本上就可以满足日常节目制作的需要。

大型演播室多用于场面较大的歌舞、戏曲、综艺活动等节目,也可拍电视剧,在一个大型演播室内可以分割成若干个小景区,一个接一个顺序地拍下去,拍过的景区随即更换布景再拍另外场景的节目,以提高演播室利用率。中型演播室以小型戏曲、歌舞、智力竞赛或者座谈会等节目为主。制作形象化教学节目或编排一些带情节的教育片时最适用。小型演播室以新闻、节目预告、板式教学等动作不大的节目为主,更多的是用于插播、配解说和拍摄小型实物。

一般的中型演播室可设置多个景区,以达到综合利用演播室的目的。可制作专题节目,如知识问答、人物访谈、新闻等各种栏目的节目都置于一个演播室，各有自己的布景、道具，同用一套摄录设备，同用一个控制室，只要把时间排开，只需移动一下摄像机，即可方便地到每个景区前去拍摄节目。这样可以提高演播室的利用率，还可节约设备。

在演播室建设过程中，要始终坚持充分考虑场地自身的实际，既要有自己的功能特色，以实用性为主，又要符合科学和先进的系统设计思想，建立一套技术先进、性能稳定、功能齐全、使用方便的演播室系统。

（三）CAS（条件接收系统）

CAS 是开展付费电视的核心技术，了解它的运行机制，掌握好它的使用和维护对付费电视业务的成功开展非常关键。CAS 一般包括用户管理系统 SMS、业务信息生成系统 SIG、节目管理 PMS/SI 编辑系统、节目调度处理 EIS、用户授权管理系统 SAS、条件接收 CA 等。

概括来说，CAS 主要有两大块：一块是管理用户的 SMS，另一块是管理节目的 CA。CA 主要分为两大部分：一是信号加扰部分，它是通过一个随机码发生器所产生的随机码（称为控制字 CW）来控制加扰器对信号的加扰；二是加密部分，要使加扰的信号在接收端成功地解扰，接收端也必须要有和加扰端一模一样的控制字来控制解扰器，所以要将前端的 CW 传送到接收端，如果直接传送会很容易被黑客截获而使 CAS 失去作用，为此要对 CW 进行加密传送。这种加密是一种多层加密机制，从而增加 CW 传送的安全性，直接对 CW 加密的第一层所产生的密文称为授权控制信息 ECM，通过复用器与加扰的码流一起传送，ECM 还含有时间、节目价格、节目授权控制等信息，因此 ECM 是面向节目的管理信息。对 CW 加密的密钥称为工作密钥 SK，SK 通常又叫月密钥，每月换一次，每换一次 SK，系统都要重新对所有用户进行授权。第二层加密是用被称为节目密钥的 PDK 对 SK 进行加密，所产生的密文和从 SMS 获取的授权指令通过 SAS 生成的授权信息组成授权管理信息 EMM，EMM 还含有智能卡号、授权时间、授权等级等用户授权信息。这些信息主要是完成对用户的授权，因此 EMM 是面向用户的管理信息，EMM 对用户在什么时间看、看什么频道进行授权，它也通过复用器与加扰码流一起传送。以上这些组成了 CA 最基本的加密系统。

四、地面数字电视的安全播出

安全播出系统是广播电视系统中的关键环节，各级电视台都把安全播出放在各项工作的首位。然而由于影响安全播出的因素很多，播出工作人员必须要时刻保持警惕，随时做好应对各种突发故障的准备。概括来讲，地面数字电视的安全播出首先要确保播出系统安全可靠，其次要有及时响应的高素质技术保障团队，还有非常重要的一点是要制定详细的安全播出制度，并要全面贯彻落实。

1. 保障播出系统安全

播出系统主要是指广播电视节目的播控、传输、发射等环节，包括播出及测量设备、机房播出环境、监听监看设施、配电设施、天馈线系统等。

保持良好的机房环境，应保持清洁、通风、滤尘，播出设备摆放合理，照明设备、防火、防雷电设施要齐全、有效。

播控系统安全稳定。播出部门要按“日检、周检、月检、季检、年检”的要求，对相关设备、系统进行全面维护和检修，排除各类故障和隐患，并做好维护检修记录。

测量仪器配备齐全，以便对设备进行精确测量和调整。

完善监听监看系统，随时监听监看广播电视节目的图像、声音、信号质量，及时发现信号传输过程中出现的问题。

发射设备保持良好的运行状态。发射设备因长时间处于高频大功率工作状态，其可靠性相对于整个广播电视系统而言是较低的，应定期进行保养维护，提高播出设备运行可靠性，才能保证发射系统高质量、高稳定地工作。

2. 完善安全播出规章制度与管理体系

安全播出涉及环节众多，从制作、播控到发射环节都有可能出现问题，故障的解决，可能需要多个部门协作处置，因此要制定安全播出管理制度与管理体系。

加强机房值班安全管理，建立健全各项安全播出管理制度，确保不发生人为事故。例如，24小时值班、非机房工作人员未经批准不得进入机房、设立安全防范报警装置等。

规范播出设备检修工作，对电视播出设备定期进行维护和保养，建立设备档案，制定一套科学化、规范化、制度化的维修管理制度，并落实到人。

建章立制是前提，重要的是加强监督和检查力度，重点把握关键环节，及时解决排查发现的各种问题，消除事故隐患。

落实岗位责任制，建立安全播出奖惩机制。

3. 建设好技术保障团队

设备的管理使用需要人、设备的维护保养需要人、规章制度的落实需要人，因此安全播出工作中，最关键的因素就是人，而且是有较高的思想素质和过硬的业务能力的人。

加强思想素质和职业道德教育，提高工作人员的政治意识、大局意识和责任意识，提倡爱岗敬业、无私奉献精神，为完成安全播出任务打下坚实的基础。

加强业务技能与知识学习。眼下，地面数字电视的播出设备不断更新，网络化水平不断提高，而广播电视安全播出技术性很强，因此必须加强新技术、新知识的学习，用新技术、新知识来解决可能出现的新难题，使设备最大限度地发挥应有的功能、延长使用寿命。

定期组织学习安全播出应急处置预案，使大家熟练掌握各种应急方案，遇到突发状况能立即进行处置。

第三节　智能交通与车联网技术初探

一、智能交通系统的兴起

随着社会经济和科技的快速发展，城市化水平越来越高，机动车保有量迅速增加，交通拥挤、交通事故救援、交通管理、环境污染、能源短缺等问题已经成为世界各国面临的共同难题，无论是发达国家，还是发展中国家，都毫无例外地承受着这些问题的困扰。在此大背景下，把交通基础设施、交通运载工具和交通参与者综合起来系统考虑，充分利用信息技术、数据通信传输技术、电子传感技术、卫星导航与定位技术、控制技术、计算机技术及交通工程等多项高新技术的集成及应用，使人、车、路之间的相互作用关系以新的方式呈现出来，这种解决交通问题的方式就是智能交通系统。

智能交通系统，也称智能运输系统（Intelligent Transportation System，ITS），是交通运输科技的前沿技术。它将先进的信息技术、传感器技术、自动控制理论、运筹学、人工智能等有效地综合运用于交通运输、服务控制和车辆制造等方面，加强车辆、道路、管理者三者之间的联系，从而形成一种实时、准确、高效的综合运输系统，最终使交通运输服务和管理智能化，使路网上的交通流运行处于最佳状态。因此，智能交通也被认为是信息时代交通运输业的一场变革，是 21 世纪经济与技术的制高点。

解决前述交通问题的方法可概括为两种——建、疏。“建”是指对高速公路、城市轨道交通、城际交通设施建设等道路硬件的投资，同时也包括以建设智慧交通等为代表的智能化解决方案的管理设施建设，以缓解交通压力。“疏”就是指充分发挥智能交通的技术优势和协同效应，结合各种高科技技术、产品，提高交通运输系统的效率。过去传统的解决方法即采用加大基础设施建设投资，大力发展道路建设。由于政府财政支出的有限性和城市空间的局限性，该法的发展空间逐步缩小，导致近年来北京、广州等城市相继实行了汽车“限购”、“限牌”政策，寄希望于“禁”的手段来减缓城市交通压力。但这种抑制人们刚性需求的做法饱受诟病。

专家也呼吁“堵”不如“疏”，发展智慧交通是提高交通运输效率，解决交通拥挤、交通事故等问题的最好办法。从各国实际应用效果来看，发展智能交通系统确实可以提高交通效率，有效减缓交通压力，降低交通事故率，进而保护环境、节约能源。

（一）国际智能交通系统发展状况

部分智能交通参与企业定位与市场规模如表 4-12 所示。

表 4-12　部分智能交通参与企业定位与市场规模

企　业	业务领域	业务模式	市值（亿美元）
谷歌	无人驾驶，成立开放汽车联盟	后装	4300
苹果	推出汽车版 iOS，与宝马、奔驰、丰田等汽车企业合作	后装	6800
NviDIA	智能汽车芯片	后装	120
三星	GALAXY Gear 通过独享 APP 获取汽车信息	后装	1800
宝马	使用 GALAXY Gear 的 i3 电动车	前装	840
奥迪	LaerLight&车内 4G	前装	270
通用	OnStar 汽车应用与车内 4G	前装	500
福特	与智能手机联动	前装	580
丰田	G-Book、雷克萨斯汽车实现无人驾驶	前装	1900
特斯拉	Model S，实现地图更新、远程诊断、人车交互	前装	330

1. 美国

美国的 ITS 研发始于 1991 年的《综合地面交通效率法案》（ISTEA）。ISTEA 在 1992—1997 年间为 ITS 累计拨款达 12 亿美元。1998 年通过的《21 世纪交通效率法案》（TEA-21）提出 2003 年前拨款 13 亿美元用于 ITS。2005 年，美国国会又通过了一个新的交通公平法案（SAFETEA-LU），每年拨款 1.1 亿美元支持 ITS 研究直至 2009 年。

2010 年 1 月 10 日，美国交通部研究和创新技术管理局（RITA）发布了《ITS 战略研究计划：2010—2014》。这个五年计划致力于建立一个全国性的多模式地面交通系统，该系统的特征是以车辆、道路设施和手持设备之间互相连接的交通环境为特征，发挥无线通信技术的杠杆作用，使系统在交通安全、交通移动性和环境三方面的性能最大化。

正是由于政策的支持与引导，美国也是目前世界上在智能交通方面领先的国家，出现了通用 OnStar、福特 SYNC 和 C.H.Robinson 等车载信息服务。1995 年诞生的 OnStar 是通用汽车专属配置，其支持的开放服务包括碰撞自动求助、安全气囊爆开自动求助、紧急救援协助、爱心援助路人、车门远程应急开启、车停位置提示、路边救援协助、被盗车辆定位、全程音控领航、目的地设置协助、兴趣点导航、车况监测报告、实时按需监测、全音控免提电话等。OnStar 客户中心全年全天候实时的客服顾问已为全球 600 多万名用户提供了约 2.3 亿次客户交互服务。

福特 SYNC 是专为手机和数字媒体播放器配备的福特车载多媒体通信娱乐系统，由福特与微软和 Continental 合作研发，微软提供了软件 / 操作系统，Continental 提供了硬件与系统集成。早期的 SYNC 系统主要致力于通过蓝牙、USB 等方式将用户的手机、播放器等设备集成到车载信息终端上，此后，SYNC 增加了车辆健康状态检测和自动接通紧急救援电话的功能。最新的 SYNC 则集成了交通监测、导航与讯息功能。而 C.H.Robinson 是美国最大的第三方物流服务提供商之一，其运用先进的信息技术，将 4.9 万个货运运输公司及其车队组建成一个覆盖全美的运输网络，高效地为客户安排装运工作，是货主和运输公司之间可靠、高效的物流服务商。

尤其值得关注的是，在 2014 年上半年，苹果和谷歌都接连推出了各自为汽车准备的设备整合解决方案——苹果 CarPlay 与谷歌 Android Auto 平台。随着谷歌和苹果的入局，我们相信汽车上的移动互联和娱乐体验将取得质的飞跃。

2. 日本

日本 ITS 的研发工作始于 1996 年启动的车辆信息通信系统（VICS）。VICS 是一个精确至分钟的车载数字信息通信系统，通过车载车辆导航系统向司机提供交通信息，向司机建议最优的路线，以避开事故、拥堵、天气和道路危险点。该系统从 1996 年 4 月开始运行，2003 年起推广至全国。

日本第二代 ITS 系统 Smartway 概念始于 2004 年，经过 2007 年的有限推广，2010 年发展至初步全国性推广。Smartway 主要提供信息和辅助驾驶、互联网连接以及免现金支付等服务，包括收费站、停车场、加油站、便利店等。

目前，在日本大约有 4500 万辆车装有 ETC 车载设备。ETC 除用于停车场和高速公路自动通行收费外，还用于可变通行定价作为治理市区交通拥堵的手段。同时，日本积极在公交系统中应用 ITS，已经开始实行一个全国性的公交车位置系统，许多城市已经实现了通过互联网和移动平台发布实时公交车状态的更新信息。

由于日本是全球最重要的汽车研发与生产基地之一，因此自 1997 年开始，就有许多由 OEM 厂商以赞助者身份成立了 Telematics 服务中心，如本田的 Inter Navi、丰田的 Monet/G-BOOK、日产的 CARWINGS 与马自达的 Mazda Telematics Center 等，其中最具代表性的是丰田的 G-BOOK。

G-BOOK 服务涵盖安全、保安、导航、信息、娱乐、通信及电子商务。当汽车出现问题时，G -BOOK 系统可以通过中心平台来查询车辆的位置，派发拖车和提供适当的保养服务。娱乐服务将包括传送卡拉 OK 或其他音乐，或者下载各种电脑游戏。G-BOOK 也将提供群体服务，例如在导航系统的地图中显示车队各个车辆的位置。

2011 年，丰田推出 Entune 多媒体系统，可看成 G-BOOK 的升级版。Entune 系统通过用户手机建立多种车载服务，集可升级式娱乐应用、导航应用以及信息服务于一体，改善用户体验。由于使用了语音识别和车载控制，驾车人无须触摸手机就能实现服务需求，体现了安全连接的理念。

3. 欧洲

欧洲的 ITS 研究主要由欧盟委员会协调。欧洲的 ITS 研究可分为四大类：协同机动性、信息机动性、经济机动性和安全机动性。协同机动性致力于全连接的车辆和道路设施，信息机动性致力于知晓全部交通，经济机动性致力于减少对环境的影响，安全机动性致力于零事故。

目前，欧洲各国的 Telematics 服务内容有一定的差异化。目前，欧盟主要国家如法国、德国、英国、意大利、爱尔兰、荷兰、瑞典等，都有属于本国的 Telematics 服务。WirelessCar 是欧洲领先的 Telematics 服务提供商。WirelessCar 于 2000 年开始为 Volvo 提供 Telematics 服务，2004 年开始为宝马提供服务。WirelessCar 的 Telematics 服务分为轿车 Telematics 服务和商用车 Telematics 服务两大类。轿车 Telematics 服务主要包括紧急呼叫（e-call）、故障呼叫、远程诊断、被盗车辆追踪、远程开门 / 关门、门户服务（交通、气候、路况、旅游、POI 信息等）、基于 WAP 的在线服务等。商用车 Telematics 及衍生服务主要包括车辆管理、驾驶管理、运输管理、资产管理、财务管理等。未来，WirelessCar 将进一步以提供面向多语系的交通信息为服务重点，同时在安全、娱乐方面增加功能。

（二）起步中的国内智能交通

我国在智能交通相关技术研究方面，较国外起步相对较晚。2002 年 4 月，科技部正式批复“智能交通系统关键技术开发和示范工程”项目，针对中国实际，开展智能交通系统的关键技术研究、关键产品开发和应用示范。目前，我国正在进行的智能交通系统研究主要包括交通信号控制、交通监视与控制系统、交通诱导系统、电子收费系统、交通安全警报系统等。

作为世界第一大汽车消费国，庞大的汽车市场必然带来包括车联网在内的智能交通产业的巨大需求。智能交通的产业需求应该覆盖其产业链的所有相关领域，但目前我国智能交通产业已有的细分市场覆盖面相对较小，主要集中在车载 GPS、ETC 等几个方面。

1. 车载导航

2002 年，我国车载 GPS 的销售量仅为 15 万台。从装车率看，截至 2011 年 6 月底，中国汽车保有量达到 9846 万辆，但车载导航仪的加载率仅为 2%左右（日本的汽车车载导航系统安装率为 59 %，欧美为 25 %），未来汽车市场对导航产品的需求势必增加，尤其是随着中国北斗卫星导航系统的完善，中国汽车导航市场规模将呈现快速增长的态势。

2. 不停车收费

高速公路联网不停车收费系统（ETC）是“十一五”国家科技支撑计划重大项目“国家综合智能交通技术集成应用示范”的研究成果，在示范工程的推动下，京津冀和长三角跨 8 个省市实现了跨省市联网不停车收费，并带动了国内 ETC 系统建设。截至 2014 年年底，中国 ETC 用户数量已经突破了 1400 万，北京、天津、河北、辽宁、上海等中东部 14 个省份已经成功实现了联网，覆盖范围达到 5.2 万公里高速公路，接近全国高速公路总里程的一半。2015 年中国将实现 29 个省份 ETC 的基本联网，主线收费站 ETC 覆盖率达到 100%。此外，我国还将建立完善、周到的客户服务体系，适时推出微信、微博和手机客户端应用，为广大 ETC 用户提供多元化服务。

3. 车载信息服务

车载信息服务又称定位互动服务，是基于车载 GPS 并使用车载电话与远程呼叫中心连通提供实时交流互动服务。目前国内仅有不足 10%的车主采用车载信息服务系统，与发达国家超过 50% 的使用比例相比，市场潜力非常巨大。国外车厂自有的车载信息服务系统，如 G-Book 与 OnStar 纷纷通过中国的合资品牌采取先期免费的方式来抢占中国市场。

4. 车载 GPS 监控

车载 GPS 监控是利用数据采集、移动通信与互联网技术，把车辆的位置、状态等数据反馈给车辆管理机构，可对车辆进行定位、追踪、轨迹查看、监听、监视等操作，并可以把数据等相关信息导出并保存，帮助车辆调度管理人员掌控车辆信息，提升车辆管理效率。截至 2011 年 6 月底，中国拥有 GPS 车载终端生产厂家（监控类）不超过 50 家，拥有监控营运企业约 1600 家。北斗卫星导航系统是我国具有自主知识产权的导航系统，据专家预计，该系统 2015 年将形成价值 1500 亿元到 2000 亿元的产业，2020 年有望达到 4000 亿元。

5. 车用传感器

车联网传感技术在汽车领域的应用首先将带动传感器市场的全面爆发。有关统计显示，自 2009 年开始，国内传感器市场需求规模快速增长的主要动力即来自工业电子设备和汽车电子。目前一辆普通家用轿车上大约会安装几十到近百只传感器，豪华轿车传感器数量可多达 200 余只，种类达几十种，两者所用传感器约占整个汽车传感器市场的 1/3。

二、车联网助力智能交通系统

车联网是物联网在智能交通领域的运用，车联网项目是智能交通系统的重要组成部分。踏入新世纪，物联网、智慧地球、智慧城市等概念兴起，具体到交通领域的应用便产生了智慧交通、车联网的概念。物联网的概念，在中国早在 1999 年就提出来了，当时不叫“物联网”而叫传感网，物联网概念的产生与物联网行业的快速发展，与智能交通交汇融合，产生了智能交通行业的新动向——车联网（中国车联网发展的重要政策如表 4-13 所示）。

表 4-13　中国车联网发展的重要政策

时　间	重要政策内容
2010 年	7 月，交通运输部提出推动车联网建设
2010 年	汽车移动物联网（车联网）被列入国家重大专项第三项中的重要项目
2010 年	10 月，国务院在“863”提出两项设计车联网关键技术的项目——智能车路协调关键技术研究以及大城市区域交通协调联动控制关键技术研究
2011 年	交通部发布《道路运输车辆卫星定位协调车载终端技术要求》，并于 2011 年 5 月 8 日正式实施，要求“两客一危”车辆必须安装车载终端产品
2011 年	《物联网“十二五”发展规划》出台，明确物联网要在智能交通与智能物流领域率先部署
2012 年	国务院《关于加强道路交通安全工作的意见》指出，重型货车和半挂牵引车在出厂前需安装卫星定位装置，并接入道路货运车辆公共监管服务平台
2013 年	交通部颁发《关于加快推进“重点运输过程监控管理服务示范系统工程”实施工作的通知》，试点推进“两客一危”车辆按照北斗兼容车载终端，并接入全国道路货车公共监管服务平台
2013 年	《国家卫星导航产业中长期发展规划》扩大大众应用规模中：适应车辆、个人应用领域的卫星导航大众市场需求，以位置服务为主线，创新商业和服务模式，构建位置信息综合服务体系
2014 年	交通部、公安部、安监局联合制定的《道路运输车辆动态监督管理办法》将施行

根据中国物联网校企联盟的定义，车联网（Internet of Vehicles）是由车辆位置、速度和路线等信息构成的巨大交互网络。其实，车联网就是汽车移动物联网，是利用车载电子传感装路，通过移动通信技术、汽车导航系统、智能终端设备与信息网络平台，使车与路、车与车、车与人、车与城市之间实时联网，实现信息互联互通，从而对车、人、物、路、位路等进行有效的智能监控、调度、管理的网络系统。只与“人-车”相关的部分在国外叫车载信息服务系统（Telematics），也就是“狭义”的汽车物联网。Telematics 是以无线语音、数字通信和卫星导航定位系统为平台，通过定位系统和无线通信网，向驾驶员和乘客提供交通信息、紧急情况应付对策、远距离车辆诊断和互联网（金融交易、新闻、电子邮件等）服务的综合信息服务系统。

车联网概念引申自物联网（Internet of Things），根据行业背景不同，对车联网的定义也不尽相同。传统的车联网定义是指装载在车辆上的电子标签通过无线射频等识别技术，实现在信息网络平台上对所有车辆的属性信息和静、动态信息进行提取和有效利用，并根据不同的功能需求对所有车辆的运行状态进行有效的监管和提供综合服务的系统。随着车联网技术与产业的发展，上述定义已经不能涵盖车联网的全部内容。根据车联网产业技术创新战略联盟的定义，车联网是以车内网、车际网和车载移动互联网为基础，按照约定的通信协议和数据交互标准，在车-X（X：车、路、行人及互联网等）之间，进行无线通信和信息交换的大系统网络，是能够实现智能化交通管理、智能动态信息服务和车辆智能化控制的一体化网络，是物联网技术在交通系统领域的典型应用。

2013 年 8 月 27 日，由中国汽车工程学会发起成立的“车联网产业技术创新战略联盟”在北京正式成立。该联盟由包括 15 家整车厂在内的共 30 家单位组成，成员涵盖了汽车制造商、移动通信运营商、硬件设备制造商、软件服务提供商及有关科研院所。联盟旨在通过联合各相关行业的力量，协同攻关、协调发展，在推进 Telematics 车载应用服务之外，重点推动车联网技术对于汽车安全性与经济性等性能提升的应用。

（一）车联网系统

车联网本质上是一个巨大的无线传感器网络。每一辆汽车都可以被视为一个超级传感器节点，通常一辆汽车装备有内部和外部温度计、亮度传感器、一个或多个摄像头、麦克风超声波雷达，以及许多其他装备。目前，一辆普通轿车安装 100 多只传感器，豪华轿车传感器甚至多达 200 余只。此外，未来的汽车将配备有车载计算机、GPS 定位仪和无线收发装置等。这使得汽车之间，以及汽车和路边基站之间能够无线通信。这种前所未有的无线传感器网络扩展了计算机系统对整个世界的感知与控制能力。

1. 车联网核心技术

从车联网系统可以看出，其主要涉及以下主要技术。

智能交通系统（ITS）。ITS 将先进的信息技术、数据通信传输技术、电子传感技术、电子控制技术以及计算机处理技术等有效地集成运用于整个交通运输管理体系，建立起一种在大范围内、全方位发挥作用的，实时、准确、高效的综合运输和管理系统。

射频识别（RFID）技术。RFID 是通过射频信号自动识别目标对象并获取相关数据，识别工作无须人工干预，可工作于各种恶劣环境。RFID 技术可识别高速运动物体并可同时识别多个标签，操作快捷方便。基本的 RFID 系统由标签（Tag）、阅读器（Reader）、天线（Antenna）组成。

新一代移动通信技术（3G/4G）。最早 3G 服务就能够较快地同时传送声音及数据信息，随着时间的推移，目前移动通信已经进入 4G 时代，可以更加快速、便捷地传递声音和数据，甚至连视频的传送都不出问题。

全球定位系统（GPS）。GPS 起始于 1958 年美国军方的一个项目，1964 年投入使用。20 世纪 70 年代，美国陆海空三军联合研制了新一代卫星定位系统 GPS，主要目的是为陆海空三大领域提供实时、全天候和全球性的导航服务，并用于情报收集、核爆监测和应急通信等一些军事目的。目前，中国自行研制的北斗卫星导航系统基本建设完成，是继美国全球定位系统（GPS）、俄罗斯格洛纳斯卫星导航系统（GLONASS）之后第三个成熟的卫星导航系统。

Telematics 是远距离通信的电信（Telecommunications）与信息科学（Informatics）的合成词，按字面可定义为通过内置在汽车、航空、船舶、火车等运输工具上的计算机系统、无线通信技术、卫星导航装置、交换文字、语音等信息的互联网技术而提供信息的服务系统。也就是说通过无线网络，随时给行车中的人们提供驾驶、生活所必需的各种信息。

云计算（Cloud Computing）技术。云计算是基于互联网的相关服务的增加、使用和交付模式，通常涉及通过互联网来提供动态易扩展且经常是虚拟化的资源。云是网络、互联网的一种比喻说法。过去在图中往往用云来表示电信网，后来也用来表示互联网和底层基础设施的抽象。狭义云计算指 IT 基础设施的交付和使用模式，指通过网络以按需、易扩展的方式获得所需资源；广义云计算指服务的交付和使用模式，指通过网络以按需、易扩展的方式获得所需服务。这种服务可以是 IT 和软件、互联网相关，也可以是其他服务。它意味着计算能力也可作为一种商品通过互联网进行流通。

微型智能和传感器技术。车联网所需的智能化、微型化、网络化传感器，需要与 IC 工艺、MEMS 工艺紧密结合，充分利用 IC 的低功耗芯片设计、各种形式的封装、软硬件协同设计以及大片集成工艺等技术的有机结合及应用。

需要传感器制造企业和集成电路制造厂商通力合作，从芯片设计到制备工艺，从产品开发到工业应用，探索出新的组织结构与模式。

无线传感器网络（WSN）。WSN 是大量静止或移动的传感器以自组织和多跳的方式构成的无线网络，其目的是协作地感知、采集、处理和传输网络覆盖地理区域内感知对象的监测信息，并报告给用户。

数据挖掘（Data Mining）。数据挖掘是通过分析每个数据，从大量数据中寻找其规律的技术，主要有数据准备、规律寻找和规律表示 3 个步骤。数据准备是从相关的数据源中选取所需的数据并整合成用于数据挖掘的数据集；规律寻找是用某种方法将数据集所含的规律找出来；规律表示是尽可能以用户可理解的方式（如可视化）将找出的规律表示出来。

智能图像视频分析系统。智能图像视频分析系统是一种涉及图像处理、模式识别、人工智能等多个领域的智能视频分析产品。它能够对视频区域内出现的警戒区警戒线闯入、物品遗留或丢失、逆行、人群密度异常等异常情况进行分析，及时发出告警信息。该系统能自动识别出视频区域内出现的运动目标类型并进行跟踪，对目标进行标记并画出目标运动轨迹，并能够同时监测同一场景里多个目标，可以根据防范目标的特点进行灵活设置；它能够适应不同的环境变化，包括光照、四季、昼夜、晴雨等，并能够很好地抗摄像头抖动。

车联网安全技术。车联网安全技术体系包括在车联网物体信息化之后的安全度、传输器安全度、传输技术安全以及服务端安全。安全是保障车辆网系统能够快速推广的前提。

2. 车联网系统架构

从网络架构上看，车联网系统包括 3 个平台：一是车载终端平台，主要是汽车的智能传感器，负责采集与获取车辆的智能信息，感知行车状态与环境；是具有车内通信、车间通信、车网通信的泛在通信终端，因此也可以称为终端系统；同时还是让汽车具备车联网寻址和网络可信标识等能力的设备。二是数据分析与管理平台，解决车与车（V2V）、车与路（V2R）、车与网（V2I）、车与人（V2H）等的互联互通，实现车辆自组网及多种异构网络之间的通信与漫游，在功能和性能上保障实时性、可服务性与网络泛在性，同时它是公网与专网的统一体。还有一个是云平台，车联网是一个云架构的车辆运行信息平台，它的生态链包含了 ITS、物流、客货运、危特车辆、汽修汽配、汽车租赁、企事业车辆管理、汽车制造商、4S 店、车管、保险、紧急救援、移动互联网等，是多源海量信息的汇聚，因此需要虚拟化、安全认证、实时交互、海量存储等云计算功能，其应用系统也是围绕车辆的数据汇聚、计算、调度、监控、管理与应用的复合体系。

因此，按照上面三个平台的不同性质，可以将车联网系统架构分为感知层、网络层和应用层三个层次。

感知层负责信息采集与发布，信息的采集是指主要利用汽车配备的车载信息系统通过 CAN 总线网络技术采集车内各电控单元与车内各传感器的实时数据，这些信息能够实时反映车辆行驶状态、车辆位置、车辆安全与车辆识别；信息的发布是指来自路侧设备或数据中心的交通信息在车载信息系统上的发布，包括路况、事故、天气等信息。这部分功能主要通过车载终端平台来完成。

网络层通过 DSRC（专用短程通信）、3G/4G、WiFi、GPS、WiMax、以太网等现代网络通信的技术与手段，实现车联网信息的可靠传输。

应用层可分为两个子层，下子层是应用程序层，主要功能是进行数据处理，车辆网的各种具体的服务也在这一子层进行定义与实现，现在一般认为采用中间件技术实现车辆网的各种服务是较好的选择；上子层是人机交互界面，定义与用户交互的方式和内容。应用层使用的设备主要是一些提供网络服务的服务器和用户使用的车载信息系统等。

从上面的介绍可以看出，车联网产业覆盖领域宽泛，产业链涉及企业类型众多，产业链布局较为复杂，比如汽车生产商、芯片制造商、车载终端制造商、网络运营商、定位服务提供商、软件及数据供应商、内容提供商、服务提供商、应用平台运营商、车联网平台运营商、用户……地面数字电视运营商要在车联网的大餐中分得一杯羹，就要找好自己的定位，目前至少可以从内容提供商的角度切入，同时可以借助现有的广播网络以及正在构建中的公交互联网升级到服务提供商的角色。

以车联网潜在的 SoLoMo 服务模式为例，该模式可以大力拓展车联网服务运营商的服务渠道。对于个人用户，结合用户的空间、时间信息和行为习惯分析，向用户精准推送各种服务信息，如餐饮、购物、停车、加油和4S店等，满足用户的个性化需求，在这方面，移动电视运营商无疑具有一定的优势。而对于政府管理部门，其可以利用各种交通热点位置和社交互动平台，进行公共信息定制及推送，向公众用户提供更加丰富的政策、资讯、公益活动等相关信息，提高行政办事效率，提高政府部门公信力及影响力。这些公共信息服务，也是移动电视运营商所擅长的，尤其可以通过广播、移动互联网等渠道传递多媒体的信息，充分发挥自己的通道优势。

（二）公交WiFi的入口争夺

1. 入口之争

伴随着移动互联网的大潮，WiFi几乎成为公共场所服务范围内的标准配置。WiFi联盟数据显示，中国目前公共场所WiFi热点覆盖至少超过千万个。在2014年人流量近900亿人次/年的公共交通WiFi市场，多个省份均有公交WiFi项目上马，除了一些具有本土化优势、联合传统运营商及交通业主共同发起项目的中小企业外，七彩集团、巴士在线和华视传媒三大巨头成为抢滩这一市场的主要力量。其中，七彩集团和华视传媒在2015年还获得了百度领衔的风险投资。

随着移动互联网、车联网的发展以及O2O的兴起，对于移动电视运营商来说，公交WiFi已经成为兵家必争之地。第一，公交WiFi不仅可以建立起传统广播式移动电视节目的互动通道，如通过微信公众号、官微等收集观众对于播出内容的意见和反馈，而且还通过APP等多种形式将节目下发到用户的手机上，抢夺用户的碎片时间；第二，通过公交WiFi可以与移动电视商务、O2O电子商务等新型业务紧密结合，扫码购物等成为可能；第三，公交WiFi可以成为公交电视广告的新载体，给现有的广告以更多的展示机会，同样也可以获取更多的广告机会；第四，公交WiFi平台的搭建，可以充分发挥出移动电视在公共信息服务方面的优势，交通信息、应急信息等可以及时推送到用户手中。当然，公交WiFi的用途应该绝对不止于此，需要参与各方在接下来的实际运营中予以挖掘和实践。

2. 公交WiFi系统简介

公交WiFi系统实质上是一个无线WiFi热点覆盖和管理系统，通过一台或者多台 WiFi 路由器，为用户带来安全上网、用户资源收集、精准广告推送、客户营销、多媒体应用等一系列的服务；是面向公交、地铁等公共交通工具推出的 WiFi 上网设备，WiFi 终端通过将 3G/4G 信号转换成 WiFi 信号供乘客接入互联网获取信息、娱乐或移动办公的业务模式。它可以看成移动版的商用 WiFi，其与咖啡厅、餐厅、银行等传统商用 WiFi 不同的一是移动性，二是接入方式由传统的有线宽带接入变成了 3G/4G 通信数据网络接入。

公交 WiFi 的整体方案一般依托于现有 3G/4G 网络，在公交车上安装一台 3G/4G+WiFi 路由器（3G/4G 网关），以及搭建一套 Portal、数据服务器，就可实现每辆公交车灵活的 WiFi 覆盖、广告更新、远程管理网关等智能化的公交 WiFi 覆盖需求（见图 4-21）。其中，3G/4G 网关实现 3G/4G 无线网络数据通道建立、WiFi 用户接入地址动态分配、广告推送等功能，同时还提供多个以太网口，可供公交车上其他设备通过有线方式接入互联网（包括车联网的相关应用）；Portal 服务器提供广告页面服务，配合网关完成广告页面的推送，广告页面可根据行进位置、时间等需要进行实时更改，以便推动 O2O 等电子商务的落地；网管服务器用于远程监控及管理网关设备，包括流量监控、连接用户查询、网关工作参数配置等。AC 作为扩展设备，可根据具体实施需要加入。

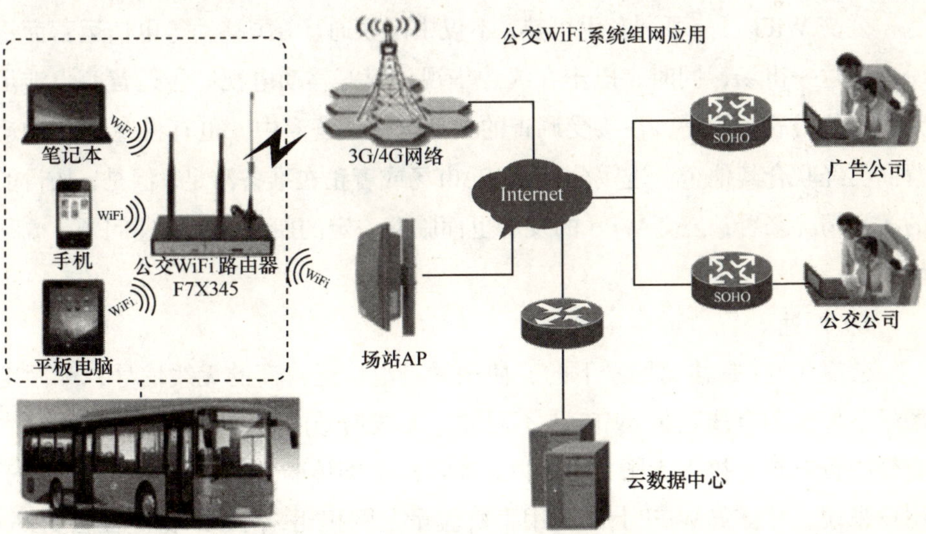

图 4-21　公交 WiFi 系统组网示意图

从上面的框图可以看出，整个公交 WiFi 的管理系统虽然比较简单，但是也可以分为 4 个方面。

后台网管：后台网管是一个远程的 WiFi 设备集中管理系统，可实现设备的远程查询、远程配置、远程升级等功能。

广告推送：广告推送系统可用于发布公共信息，推送商业广告，广告页面可根据不同需求进行定制修改，这方面已经有一些相对成熟的案例，比如迈外迪等就是依靠商用 WiFi 的广告模式进行运营。

用户认证系统：用户认证系统是一个用户注册、用户认证及用户计费/计时系统，该系统对用户接入 Internet 访问进行控制，用户只需打开 Web 浏览器即可进行认证，提供注册账号、手机认证等多种接入认证方式。

上网行为管理系统：上网行为管理系统可对用户访问互联网的内容进行管理/限制，保障不同用户的接入速度，主要体现在流量控制及内容限制方面；另外，需要注意的是，公安部 82 号令对此也有要求，要有记录并留存用户登录和退出时间、主叫号码、账号、互联网地址或域名、系统维护日志的技术措施，等等。

上述各子系统的功能相对独立，可根据不同运营要求自由组合。

3. 公交 WiFi 难点

公交 WiFi 目前可谓炙手可热，不仅中国联通、中国移动等电信运营商纷纷进军这一市场，同时，巴士在线、华视传媒等移动电视广告运营商也涉足其中，值得欣慰的是，在接受调查的移动电视运营商中，也有将近 20%的运营商已经联合其他企业进军公交 WiFi 市场或者正在准备涉足。但是，从目前的实际情况来看，公交 WiFi 的发展也面临着一定的瓶颈，如网速问题、盈利模式等。

1）网速

公交 WiFi 是移动场景下的，使用的是电信运营商的无线信号，和固定场景下使用的有线宽带 WiFi 是不同的。无线信号的资源是有限的，而有线宽带的资源却是接近无限的。所以，前者的上网体验肯定比不上后者。对于用户来说，用公交 WiFi 上网同用手机流量上网相比，信号的稳定性会更好。随着运营商的努力，随着 4G 时代的到来，公交 WiFi 的用户体验也会越来越好。

2）公交 WiFi 盈利模式

目前，各家的公交 WiFi 尚处在烧钱阶段。公交免费 WiFi 前期投入不容忽视，包括系统搭建、车载路由器等硬件，以及日常维护和向运营商购买流量的成本。据不完全统计，一辆公交车开通公交 WiFi 的硬件成本在 4000 多元，还不包括每月向运营商购买的流量费。

而目前公交 WiFi 现有的盈利模式主要有几下几种。

第一种最简单的模式是卖广告，这也是比较成熟的盈利模式之一。这种模式虽然是盈利最直接的一种模式，但无疑也最影响用户体验的。公交 WiFi 模式下，系统所提供的所有视频、音乐、读书等内容不够实时，用户自由选择性也不强，只能通过广告弹窗的方式让用户获得信息。

第二种是应用分发，把流量变现，如在 WiFi 开放平台上承载各种应用，然后把流量导到微信公众号、支付宝钱包等，在用户登录 WiFi 的时候推荐能用于下次自动登录的应用程序，这个 APP 能作为应用市场，给用户分发有刚性需求的应用和游戏。

第三种是以网换网，可采用"以网换网"O2O 模式，通过社交游戏实现变现，比如，在公交车上，乘客可以在享受热门游戏或者使用一些热门移动应用上网服务的同时，换取免费使用公交 WiFi 的流量。

因此，如果公交 WiFi 提供商仅提供流量批发，在整个价值链中产生的附加价值不高，一旦这个价值不为广告主所认可，营收就没有可能。因此，WiFi 提供商一定要用互联网思维运营免费公交 WiFi，比如，免费公交 WiFi+浏览器、免费公交 WiFi+移动视频、免费公交 WiFi+移动电商；同时，要充分利用好公交 WiFi 这一"入口"，将其定位为"黏性"业务，就如同 IPTV 之于电信运营商、宽带接入之于有线电视运营商，这样才能从战略层面把握好公交 WiFi 带来的机遇以及车联网等未来衍生业务所带来的发展空间。

第五章　移动电视内容篇

内容为王，是传媒产业的经典语境；“内容+渠道”为王，是传媒产业在多媒介通路和立体传播时代的要求。

当传播移动化、碎片化和随身化的趋势，在以移动互联网、移动电视为代表的泛在化传播载体带动下展露无遗，“内容+渠道+场景”为王，则成为“定义内容”与“内容定义”的新标尺。

国家新闻出版广电总局在《关于规范发展移动数字电视的意见》（2014 年 60 号令）中明确指出，“从试验情况看，移动数字电视不但为乘坐公交车、地铁等公共交通工具的人群提供了获取新闻资讯的重要渠道，而且为广播电视开辟了新的宣传阵地、拓展了新的产业发展领域”。这里提到的新的宣传阵地、新的产业发展领域，正是依托新的媒介、新的场景展开的内容创新机遇。

从移动电视的主要应用场景看，其主要通过安装在公交、地铁、出租车等公共交通工具上的移动车载屏幕终端，以安装在广场、商务楼宇的固定屏幕终端，播出视音频内容及与受众互动。这些应用场景，决定了人们是通过碎片化的时间进行信息消费，其收视环境、受众构成和运营方式都与传统电视截然不同，但与基于移动通信网和移动互联网的泛媒体传播有异曲同工之妙。

因此，移动电视的内容创意、生产、编排、引进和播出、运营、交易，既传承了传统电视节目的成熟机制，又在内容选择、编排制作、画音展现等方面有了独到理解，逐步形成了具有自身媒体特征的内容体系，并得到广大受众、产业链伙伴和社会各方的认可。

具有代表性的对移动电视内容的定义，如北广传媒移动电视提出的内容生产运营三原则：一是节目内容主题化、编排科学化，将碎片化节目内容形成有机的统一；二是细分受众群，培养特定细分应用场景下的收视习惯；三是周播节目错时编排、日播节目形成收视带。

第一节　全国移动电视内容建设现状

一、移动电视的内容来源

目前，我国各地移动电视运营商播出的频道内容，主要分为四个来源——自制类节目、集成类节目、引进类节目和转播类节目。

简单地说，自制类节目由移动电视运营商自主制作，具有高度的自主品牌性；集成类节目源于对电视台各类节目的压缩、组合和重新编排，同时也有部分电视台主动为移动电视专门定制生产内容；引进类节目包括面向社会节目制作公司和其他地区移动电视运营商出品节目的采购；转播类节目则是针对重大事件和特定重要节目，对电视台播出内容的完整转播。

截至 2015 年 6 月，全国移动电视在播的自制类、集成类、引进类和转播类节目统计如表 5-1 和图 5-1 所示。

表 5-1　全国移动电视不同节目来源统计

节目类型	自制节目	集成节目	引进节目	转播节目
在播数量	197 档	223 档	138 档	107 档*
数量总计	665 档			
备注	* 在“转播类”节目为不唯一统计，即存在重复项，如中央电视台《新闻联播》			

资料来源：《2015 中国移动电视发展报告》企业调研。

1. 自制类节目的价值

自制类节目是移动电视运营商具有完全自主知识产权，并独立掌控从策划创意、拍摄制作到运营播出、效果传播等完整链条的节目形态，也是为移动电视受众量身定做的节目形态，是移动电视运营商树立自主品牌形象的重要抓手。

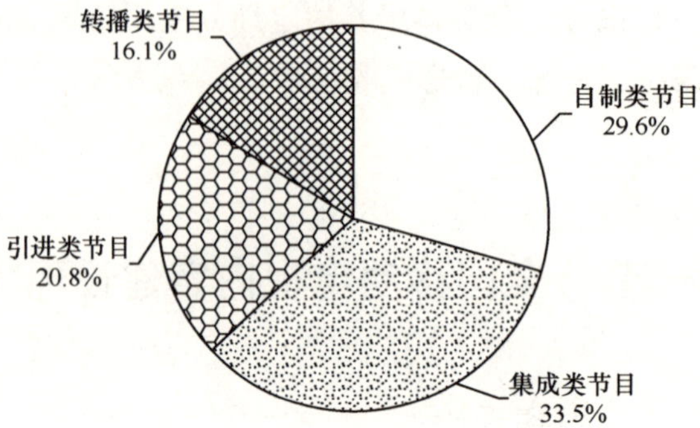

图 5-1　全国移动电视不同节目来源分布比例

资料来源：《2015 中国移动电视发展报告》企业调研。

各地移动电视公司的自制类节目代表佳作很多，如北广传媒移动电视的《秀逗爱生活》、重庆移动电视的《包打听》、福州移动电视的《虎纠好工作》、甘肃移动电视的《公交伴你行》、广州珠江移动城市电视的《车女郎》等，不一而足。

事实上，从图 5-2 可以看出，2013—2015 年，全国移动电视自制类节目的数量增幅最大，已与集成类节目总量非常接近，这标志着移动电视独立的节目生产意识、能力和水平，都在快速提升。

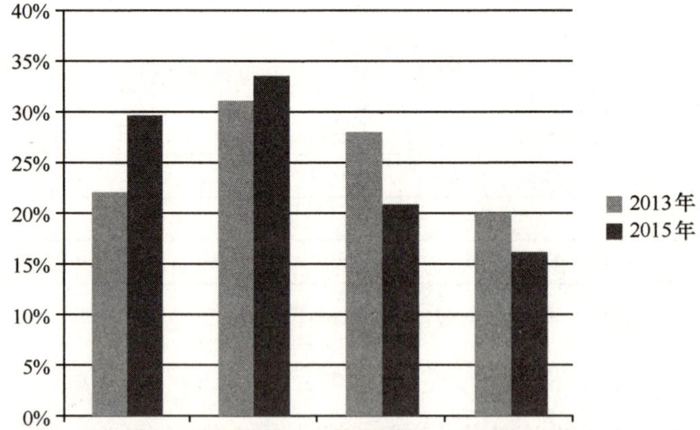

图 5-2　2013—2015 年全国移动电视不同节目来源比例对比

资料来源：《2015 中国移动电视发展报告》企业调研，《2013 中国移动电视发展报告》企业调研。

2. 内容资源平台的价值

从平台角度看，频道资源是频道的核心竞争力，对频道资源重新整合，达到以最佳的资源配置使频道处于最佳的运行状态——在这一过程中，内容无疑是核心枢纽。

以广州珠江移动城市电视为代表的观点认为，塑造影视作品展播平台、实施节目源采集全面市场化，全方位与本地影视制作机构、视频网站、大专院校、个体工作室合作，采取合作制作、委托制作、有偿购买、无偿展播、影视作品比赛等方式来丰富节目内容，强化节目的互动性和本土化，增加节目与受众的黏度，提升节目可视性，逐步把广州移动频道塑造成影视作品展播平台，从而提升移动频道的媒体的关注度。

二、移动电视的内容品类

目前，我国各地移动电视在播节目内容的品类丰富，包括新闻类、文娱类、体育类、政府公益宣传类、企业宣传类、服务类、动画类和其他类别等。

截至 2015 年 6 月，全国移动电视在过去两年中在播或已播出的各节目品类统计如表 5-2 所示。

表 5-2　全国移动电视不同节目品类统计

节目品类	新闻类	文娱类	体育类	政府公益宣传类
在播数量	274 档	200 档	45 档	128 档
节目品类	服务类	动画类	企业宣传类	其他类
在播数量	198 档	24 档	33 档	28 档
数量总计	930 档*			
备注	*本表中统计数据包含过去两年中已播出及目前正在播出的节目品类，统计截止日期为 2015 年 6 月			

资料来源：《2015 中国移动电视发展报告》企业调研。

如图 5-3 所示，新闻类节目以 29.5%的占比位居榜首，这是移动电视对“新闻立台”这一电视传媒基本宗旨的继承；而文娱类节目占比为 21.5%，服务类节目占比为 21.3%，二者并列第二阵营，明显表征出移动电视的传媒娱乐属性和民生服务属性，归纳起来即移动电视的“亲民性”——移动电视的受众主要是城镇居民，节目尽可能地贴近市民生活，才能在有效受众群体中赢得持续口碑。

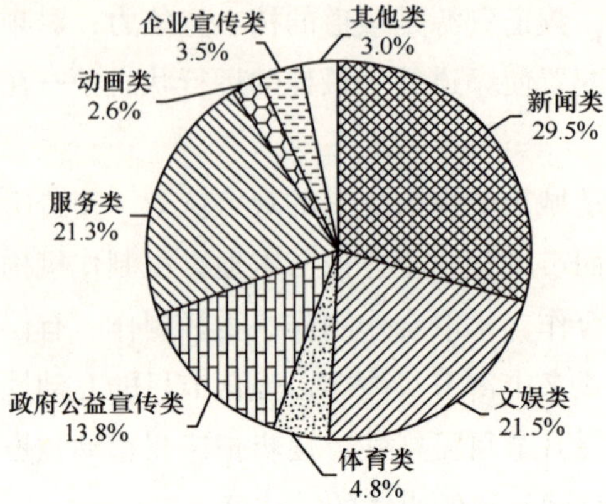

图 5-3　全国移动电视不同节目品类分布比例

资料来源：《2015 中国移动电视发展报告》企业调研。

而占比达 13.8%的政府公益宣传类节目，则是移动电视利用其移动化、碎片化传播特质，为党和政府做好“路上的宣传喉舌”，为社会做好“泛在的公益宣传”，也在无形中不断加大其媒体权威性。

三、各地中国移动电视代表性节目统计分析

根据中广联合会移动电视分会对下属各会员单位的调研统计，由各会员单位报送推荐的较受欢迎的代表性节目，详细统计如表 5-3 所示。

表 5-3　最受各地群众欢迎的移动电视节目（明细）

移动电视运营机构	推荐节目 1	推荐节目 2	推荐节目 3
北京北广传媒移动电视有限公司	《秀逗爱生活》 文娱类 自制	《我在北京挺好的》 其他（专题类） 自制	《整点播报》 新闻类 集成
重庆广电移动电视有限责任公司	《包打听》 服务类 自制	《乐在其中》 文娱类 自制	《壹资讯》 新闻类 自制
青岛广电无线传媒集团股份有限公司	《乐悠游》 服务类 自制	《爱食尚》 服务类 自制	《微播江湖》 文娱类 集成

续表

移动电视运营机构	推荐节目1	推荐节目2	推荐节目3
北京北广传媒地铁电视有限公司	《开心速递》 文娱类 自制	《美食0换乘》 服务类 引进	《国家大剧院》 服务类 引进
安徽广电移动电视有限公司	《男生女生向前冲》 文娱类 转播类	《美食伴你行》 文娱类 自制	《生活百事通》 服务类 自制
长沙广电数字移动传媒有限公司	《资讯速递》 新闻类 集成	《美食地图》 文娱类 自制	《乐乘慧生活》 服务类 自制
广州珠江移动城市电视有限公司	《即刻交通》 政府公益宣传类 自制	《美丽广州》 政府公益宣传类 自制	《睇完有着数》 服务类 自制
杭州广电公交移动多媒体有限公司	《道听途说》 新闻类 自制	《新动赛场》 体育类 集成	《新动搜索》 服务类 自制
辽宁北方新媒体有限公司	《移动资讯》 新闻类 集成	《交通动态》 服务类 自制	《图文天下》 文娱类 自制
南京广电移动电视发展有限公司	《都市生活周刊》 服务类 自制	《动视抢鲜看》 服务类 自制	《地铁现在时》 服务类 自制
深圳市移动视讯有限公司	《鹏城红绿灯》 服务类 自制	《好片风向标》 文娱类 自制	《全景大交通》 服务类 自制
四川广电星空数字移动电视有限公司	《星空娱乐淘》 文娱类 集成	《星空说点事》 新闻类 自制+集成	《星空好巴士》 服务类 集成
厦门广播电视数字传媒有限公司	《最厦门》 服务类 自制	《爱生活爱旅行》 服务类 自制	《城市拍客》 新闻类 自制
甘肃广电数字移动电视传媒有限责任公司	《最兰州》 文娱类 自制	《国学讲堂》 其他类（教育） 自制	《乘公交 话兰州》 文娱类 自制
黑龙江龙视数字移动传媒有限责任公司	《移动快讯》 新闻类 集成	《视听盛宴》 文娱类 集成	《巴士全娱乐》 文娱类 集成
山西大众移动电视有限公司	《城市生活》 服务类 自制	《移动最前沿》 新闻类 集成	《移动生活帮》 服务类 集成

续表

移动电视运营机构	推荐节目 1	推荐节目 2	推荐节目 3
陕西广电移动电视有限公司	《新闻连连看》 新闻类 自制	《都市生活汇》 服务类 自制	《畅游三秦》 服务类 自制
天津北方移动传媒有限公司	《网闻天下》 新闻类 自制	《新闻联播》 新闻类 转播	《津彩公交》 服务类 自制
云南无线数字电视文化传媒有限公司	《都市条形码》 新闻类 转播	《老李说事》 服务类 自制	《巴士生活站》 服务类 自制
北京北广传媒城市电视有限公司	《光影大世界》 服务类 引进	《城市播报》 新闻类 自制	《实时财经》 新闻类 自制
大连移动数字电视有限公司	《新闻随身听》 新闻类 集成	《拉大剧场》 服务类 自制	《大话体坛》 体育类 自制
福州移动传媒有限公司	《聊斋夜话》 其他类（谈话） 转播	《虎纠好味道》 服务类 自制	《虎纠好工作》 服务类 自制
广西广电移动多媒体传播有限责任公司	《光影时刻》 文娱类 自制	《超级点子网》 服务类 转播	《新闻在线》 服务类 转播
广州地铁电视传媒有限公司	《地铁线上》 新闻类 自制	《走出地铁》 服务类 自制	《娱资娱味》 文娱类 集成
湖北广电城市电视有限公司	《城视校园》 文娱类 集成	《城视新闻网》 新闻类 集成	《城视看看》 文娱类 集成
黄石数字移动电视有限公司	《果搞笑》 文娱类 自制	《微调查》 其他类（专题） 自制	—
济南广电移动电视有限公司	《有一说一》 文娱类 转播	《新闻联播》 新闻类 转播	《天气预报》 服务类 自制
洛阳广电数字电视有限公司	《典籍趣事》 服务类 自制	《吃喝游乐购》 服务类 自制	《最美公交人》 服务类 自制
宁波广通传媒有限公司	《甬动全城》 文娱类 自制	《乐活派》 文娱类 自制	《大宇治谁》 其他类(脱口秀) 自制

续表

移动电视运营机构	推荐节目 1	推荐节目 2	推荐节目 3
上海东方明珠移动电视有限公司	《食药安全百事通》 服务类 自制	《市民信箱》 服务类 自制	《空气质量状况》 服务类 自制
苏州华视数字移动电视有限公司	《我爱坐公交》 服务类 自制	《公交快讯》 服务类 自制	《音乐伴侣》 文娱类 自制
温州数字移动电视有限公司	《移动娱乐吧》 文娱类 自制	《12 档整点新闻转播》 新闻类 转播	《环宇搜奇》 文娱类 转播
西安风上移动多媒体有限责任公司	《公交资讯》 服务类 自制	《西安直播间》 新闻类 转播	《食尚西安》 服务类 自制
芜湖广电交通传播投资有限公司	《移动网事》 新闻类 自制	《拍 YOU 惠》 服务类 自制	《公交出行及时语》 服务类 自制

资料来源：《2015 中国移动电视发展报告》企业调研。

如果我们按照节目内容品类，对最受各地群众欢迎的移动电视节目进行数据维度的再次投射，有关分布如表 5-4 和图 5-4 所示。

表 5-4 最受各地群众欢迎的移动电视节目（节目品类）

	新闻类	文娱类	体育类	政府公益宣传类	服务类	其他类
数量	24 档	25 档	2 档	2 档	43 档	5 档

资料来源：《2015 中国移动电视发展报告》企业调研。

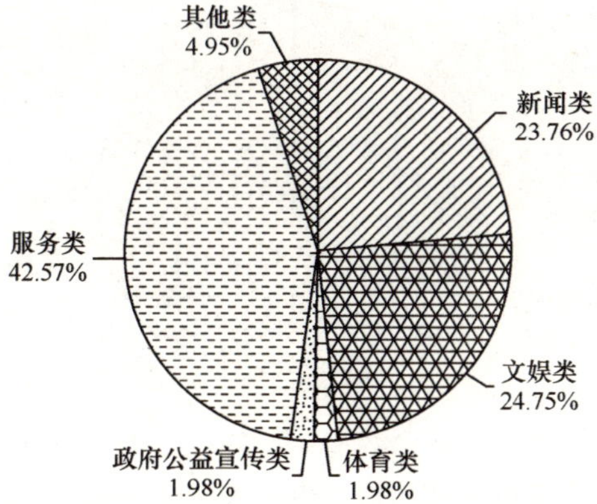

图 5-4 最受各地群众欢迎的移动电视节目品类分布比例

资料来源：《2015 中国移动电视发展报告》企业调研。

显然，服务类节目以 42.57%的占比，成为各地群众最喜闻乐见的节目品类，显示出“有用性+身边性”是移动电视受众的内容偏好刚需；文娱类节目以 24.75%的占比、新闻类节目以 23.76%的占比，紧随其后，显示出“资讯+娱乐”的传播力量。

另外，非常值得注意的一点，是占比虽小、但特色鲜明的“其他类”节目内容——比如北广传媒移动传媒自制专题类节目《我在北京挺好的》、甘肃移动电视的教育类节目《国学讲堂》、福州移动传媒的谈话类节目《聊斋夜话》、黄石数字移动电视的专题类节目《微调查》、宁波广通传媒的脱口秀类节目《大宇治谁》。这些各具特色的自制节目，代表了各地移动电视内容团队在创意和主题多样化方面的努力探索，也更容易形成独特的传播口碑，以及发挥出本地化的网络社群效应。本课题研究组认为，这种探索和努力非常值得鼓励和提倡。

如果我们按照节目来源，对最受各地群众欢迎的移动电视节目进行数据维度的再次投射，有关分布如表 5-5 和图 5-5 所示。

表 5-5　最受各地群众欢迎的移动电视节目（节目来源）

	自制类	集成类	引进类	转播类
数量	67 档	20 档	3 档	11 档

资料来源：《2015 中国移动电视发展报告》企业调研。

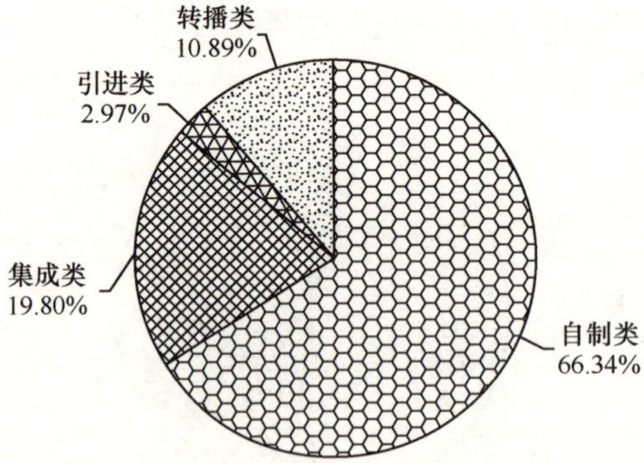

图 5-5　最受各地群众欢迎的移动电视节目来源分布比例

资料来源：《2015 中国移动电视发展报告》企业调研。

从图 5-5 中可以明显看出，在最被受众青睐的移动电视节目中，各地移动电视公司自制类节目独拔头筹，以 66.34%的比例超过其他各类来源节目数量的总和。

追溯移动电视内容的生产历史，因为移动电视媒体大多是从传统电视台孵化出来的，因而在产业发展早期，大多沿袭传统电视节目的生产方式，即采用“摘编”的手法，从中央台、地方台等诸多频道中，将新闻、娱乐、服务类等节目通过简单的压缩、组合等方式播出，这样的制作方式好处是成本低、效率高，缺点是完整性、统一性相对较差。当时，集成类节目占据了移动电视的播出内容主流。

而从目前的统计状况看，经过多年来的主动性内容创新，以及内容制作团队的成长，终于使得自制类节目成为新的主流。

第二节　全国移动电视内容创新典型案例

一、迷你喜剧类典型案例

1.《秀逗爱生活》

【节目名称】《秀逗爱生活》

【出品方】北广传媒移动电视

【关键词】迷你剧无厘头喜剧互动　全媒体传播

【案例简介】

《秀逗爱生活》作为北广传媒移动电视自制的迷你剧，最大的看点是无厘头，而动作表演及其神经质演出则是本剧的亮点。如今，幽默短剧正流行，观看各大视频网站，点击率高的都是类型幽默短剧，但其内容大都以语言包袱为笑点。秀逗栏目的播出环境位于相对嘈杂的公交车，声音到达率较传统媒体相对较弱，所以区别于现在网络中的屌丝剧，制作团队在设计时，撇开了大量的语言包袱，用幽默哑剧的形式，夸张的剧情和生动的表演来吸引观众的注意，让受众抬起头来看电视。《秀逗爱生活》里虽主人公秀逗虽然是一个倒霉的小人物，但每一集故事传递的主题都充满了正能量。短剧中，主角的身份根据剧情变化而不同，有时是父亲，有时是单身，有时是行人或是办公室职员，角色表现的都是现实生活中各种屌丝形象，只不过他对待人和对事的反应与表现都非常特别。他为了达到目的而采用的荒诞手段，总是令人捧腹大笑。

秀逗这个角色，就是一个总想着投机取巧、不循规蹈矩达到自己目的的人，但是，每次的结局都是事与愿违的。我们想通过在秀逗身上发生的小故事，传达一个理念：遵规守纪，讲求合作，共同努力，一起营造和谐社会。

纵观此类短剧，大都启用的是职业演员，但《秀逗爱生活》里的所有演员都非职业，而是移动电视公司各个岗位的工作人员，可以说是全公司出动，几乎每一位公司员工都参与到了节目当中。从主演到配角，所有演员都用积极的态度，实现他们日常中最疯狂的想法。同时，节目用喜剧的形式宣传环保公益、扶残助残、合理作息等主题，将公益宣传片引入短剧的模式进行了更新的诠释。

《秀逗爱生活》紧随社会热点话题，根据受众关注焦点，栏目组及时设计话题，例如《如此停车》这一集的创作，就是在助残日前夕。剧中，主人公秀逗为了方便，将私家车停放在残疾人车位上，并佯装残疾人骗过了管理员。诡计得逞后，次日秀逗再次将车停放在残疾人车位后，却因不顾交通安全被车撞到，真的成了“残疾人”。此集在2014年全国助残日期间播出，契合助残宣传主题，将搞笑与关心残疾人群体、关爱身边残疾人理念融为一体，让大家在开心一笑之时，也自觉接受了“关爱残疾人，从身边小事做起”的理念。

在后期的拍摄过程中，节目制作团队不断增加观众参与的成分，除了组织《秀逗探班会》，还邀请观众作为栏目的特约编剧，让大家生活中的奇闻异事、囧事、开心事在节目中得到展现和放大，真正做到节目情节贴近群众。

秀逗的身份不断变化、剧情不停更新，但是绝对不搞低级趣味，而是突出正面宣传，传播正能量。其间，制作了关于环保公益、扶残助残、合理作息、遵纪守法、讲求合作等方面的选题，收到了良好的宣传效果。

特别要说明的是，该内容产品已经销售到厦门、长沙等地移动电视，实现移动电视节目销售的开门红。另外，在媒体融合的大背景下，《秀逗爱生活》还将视频放在了优酷、爱奇艺等视频网站进行推广，让秀逗在PC端、手机、平板也能占有一席之地。

2.《果搞笑》

【节目名称】《果搞笑》

【出品方】黄石数字移动电视

【关键词】迷你剧 方言喜剧 粉丝 季播

【案例简介】

《果搞笑》是一档快餐型的迷你方言喜剧，它采用夸张幽默的表现手法，以自嘲的方式，展现生活中有趣的细节。它融入了黄石、大冶以及周边地区的方言元素，具有黄石本土特色。它创新启用粉丝观众作为剧中演员，增强了节目的互动性和群众参与性。栏目中还巧妙地植入大量商家信息，内容既具娱乐性又具商业性。

《果搞笑》每集时长 5 分钟，每集里容纳 6 ~ 7 个短小精悍的爆笑段子，区别于传统剧集的固定时长和单一场景。借用转场来进行不同场景不同情节的衔接和转换，非常符合移动电视内容“短、频、快”的播出特性。

《果搞笑》按季播出，每季 6 集。目前已经制作播出了三季，共 18 集。第一季于 2014 年 4 月 1 日愚人节在公交车载电视、楼宇电视、户外大屏、睛彩黄石频道、黄石有线网、声屏网、有线互动点播、移动电视微信公众账号、优酷、搜狐、腾讯视频等众多平台同步播出。

《果搞笑》的主要创新点，包括如下几点。

1）在栏目内容及形式方面的创新

- 多变的场景和碎片化的剧情

《果搞笑》具有栏目剧和情景剧的特点，但《果搞笑》区别于传统情景喜剧，它有固定时长和单一场景，以及简单的生活细节，舞台感十足，场景可以是公交车、路边、家里、小吃店，等等，整体没有剧情衔接，固定的演员演绎着并不固定角色的不同段子，《果搞笑》更像一个又一个影像化的笑话集。

- 融入了黄石本土元素

《果搞笑》是一档具有黄石特色的方言喜剧，剧中台词多采用黄石、大冶及周边地方的方言。剧中的场景也多选择在黄石人熟知的地方，如人民广场、团城山公园、情人路、湖北理工学院，等等。演员也都是在人民群众中广泛征集的，具有本土化、平民性。他们来自各行各业，有大学生、医生、老师、工人、司机、企业老总……

- 起用粉丝观众作为演员，强调栏目互动性

为了提高栏目互动性，《果搞笑》从前期宣传开始就积极组织自己的粉丝群，将“爱演爱笑的粉丝观众”都聚集在群里，每一期拍摄都通知粉丝参与，每一集参与演出的粉丝大约有 20 人。有了粉丝观众的参与，栏目既有贴近性，又聚集了更多人气。

- 借用隐形植入实现栏目的商业价值

《果搞笑》栏目的商业性是通过广告隐形植入的方式实现的。栏目中运用台词植入、道具植入、场景植入、情节植入等多种植入方式，将商家的信息融入剧情中，让广告效果潜移默化地影响受众。

2）播出渠道的多元化转变

《果搞笑》的播出渠道突破了传统移动电视节目仅仅在户外传播的模式，还分别在家里电视的睛彩黄石频道、有线互动点播平台；网络上的有线网、声屏网、腾讯视频、搜狐视频、优酷视频；手机终端的无线黄石 APP、微信公众平台上进行同步传播，实现了从户外到室内、从电视到互联网、从网络到手机移动终端的全面覆盖和多元化发展。

3）取得良好的经济效益和社会效益

- 经济效益

《果搞笑》栏目积极与商家合作，通过商家特约赞助的方式，运用台词植入、道具植入、场景植入、情节植入等将大量的商家信息巧妙地植入栏目细节中，起到了潜移默化的广告效果。这种植入的宣传效果也得到了商家的广泛认可。从栏目 4 月开播到现在，目前有 7 个商家与栏目进行了两集以上的合作。栏目共创收 10 万元，为部门及公司的创收工作贡献了力量。

- 社会效益

《果搞笑》通过多渠道的宣传和粉丝演员的互动，赢得了众多的观众，具有良好的群众基础。《果搞笑》的“爱演粉丝团”的粉丝近 400 人。每一集参与现场拍摄的粉丝达 20 人。栏目得到了广大观众的喜爱，也为爱演戏的观众朋友提供了一个表演的平台。很多粉丝表示《果搞笑》栏目圆了他们的演员梦。

《果搞笑》是部喜剧，是档娱乐栏目，它在用自身独有的夸张荒诞、轻松幽默给观众们带来欢笑的同时，也讥讽了社会上的不正风气和不良行为，净化了社会风气，从侧面引导观众树立积极、正面的人生观和价值观。《果搞笑》树立了栏目的品牌形象，让移动电视更受市民喜爱，赢得了更多的关注度和美誉度。

二、公交服务与公交文化类典型案例

1.《新动巴士通》

【节目名称】《新动巴士通》

【出品方】杭州移动电视

【关键词】公交运营服务 直播 多频次 应急广播

【案例简介】

为贴近公交观众，提高公交运营服务质量，也为今后城市应急信息发布提供有效平台，2013 年 1 月，全国首家公交运营服务实况直播栏目——《新动巴士通》在杭州正式开播。

栏目以互联互通互动方式，在每天的早晚高峰时段，第一时间向广大乘客直播杭城各路口的交通情况、主要公交线路站点和车内情况（有视频）、BRT 的运行情况、公交自行车的换乘、重要节假日杭州公共交通组织方案等情况。目前，该栏目播出次数已从开播初期的每个工作日 2 次增加到现在的 5 次。该栏目还将打造成为杭州城市应急信息发布的有效平台，为此还多次进行了重大突发性信息发布的应急演练，取得了圆满成功。

2.《星空好巴士》

【节目名称】《星空好巴士》

【出品方】四川广电星空数字移动电视

【关键词】公交文明窗口 互动 便民服务 拟人形象

【案例简介】

2014 年，四川广电星空数字移动电视开启了自办节目与公益和广告市场结合的摸索之路，先后开办了《星空说事》、《星空好巴士》、《星空八爪鱼》等自办节目。此处重点介绍《星空好巴士》节目。

节目开办前提：为极大提升成都市公共交通作为城市文明的窗口形象，大力宣扬成都公交车司机的好人好事，推动主流价值观深入人心，同时为市民提供生活便利，四川广电星空数字移动电视联合成都市公共交通集团，策划《星空好巴士》节目，发现在我们身边被我们忽略的美，搭建公交信息传递的便民平台。

节目播出频次：日播节目，每档6～7分钟，每天滚动播出3次；赋予《星空好巴士》拟人化的表现手法，打造一个贯穿栏目的人物：站花儿（四川方言）。站花儿形象卡通、可爱、俏皮，配音口吻牙尖、语速较快、声线较高。通过站花儿的眼光、口吻，为乘客展示公交车上的见闻，为市民提供日常生活服务。

节目播出情况：节目播出后，接到许多观众电话（出行建议、失物招领、人员失踪等热线电话），拉近了观众距离，在观众心中树立了良好的口碑，真正实现了移动电视与观众的互动，并作为一个公益服务类节目立足于市场。节目播出半年后陆续接到广告商的广告投放，实现了节目最终价值。

3.《公交伴你行》

【节目名称】《公交伴你行》

【出品方】甘肃移动电视+兰州公交集团

【关键词】公交文明窗口 公交文化 全媒体转播

【案例简介】

《公交伴你行》是兰州公交集团与甘肃移动电视于2013年携手打造的大型电视栏目。节目下设《乘公交话兰州》、《乘客有话说》、《我是公交人》、《公交国学讲堂》、《公交在线》、《公交文明宣传口号》、《公交点歌台》、《公交开心一刻》、《公交生活汇》、《公交养生堂》十大常规板块。

节目总时长90分钟，每周一期，周一更新，重播七天。具体播出时段为：9:00～9:30《公交在线》、《公交开心一刻》、《我是公交人》；14:30～15:00《乘客有话说》、《公交点歌台》、《公交养生堂》；16:30～17:00《乘公交话兰州》、《公交生活汇》、《公交国学讲堂》、《公交文明宣传口号》。

该栏目是一档以公交文化为主要切入点的大型电视节目。自刊播以来，作为制作方移动电视抽调精兵强将，投入大量人力、财力，深入公交、深入基层，累计采访公交一线员工300余人，并收集了大量鲜活的素材。为公交一线员工提供了一个吐露心声、展现风采的平台，客观反映了公交人的所思、所想，同时也为百姓提供了一个了解、认知、支持公交的窗口。

鲜明的地域特色、接地气的节目内容以及灵活多样的表现手法，特别是与新媒体——丝路明珠网、手机客户端、微信公众号的融合，大大增加了《公交伴你行》与广大乘客的互动机会，使其成为了广大金城市民日常出行生活中必不可少的文化大餐。它的开播为本土文化的传播、文明乘车环境的培养，以及全市的精神文明建设提供了阵地，也为促进公交事业又好又快发展创造了良好的舆论氛围。

除了常规节目，兰州移动电视还在一些特殊时间点上，拍摄制作了大量《公交伴你行》特别节目。例如，2015 年农历大年初一，频道就针对“公交人大年初一包饺子”活动，组织多个摄制小组拍摄采访，并在第一时间制作了《情满公交》以及《情满公交之编导手记》等特别节目。春节期间，随着节目在移动电视、丝路明珠网、牛肉面 APP 客户端的同步播出，引起了观众的强烈共鸣，可以说在宣传行业正能量、弘扬社会主义核心价值观等方面起到了积极的促进作用，同时也有力地推动了传统媒体与新媒体的融合。

三、新闻类典型案例

【节目名称】《民生视界》+《网闻天下》

【出品方】天津北方移动传媒

【关键词】电视新闻　网络新闻　文体互补

【案例简介】

天津移动频道自成立以来，不断创新节目内容和形式，相继推出了一系列精品栏目，尤其是自办新闻资讯类栏目《民生视界》和自办网络资讯类栏目《网闻天下》，这两档节目都是在反观整个频道节目发展中不断创新，寻找收视资源，进行节目收视调查之后进行制作开办的。《民生视界》秉持传统电视文体的道路，力争将有价值的新闻事件引进公交车，让更多的市民在乘车之余可以获得更多的新闻资讯，为此，节目部成立了《民生视界》栏目组，配备专业的主持、记者、摄像、编辑、技术等人员，以百姓为视角，在舆论引导和社会影响方面，全方位反映天津百姓的生活，对非时政类新闻进行深入报道，加快新媒体与传统媒体融合发展。

该栏目自 2013 年 11 月 4 日开播以来，坚持每周上报选题，每天更新，内容涵盖了边检、公安、交通、消防、医疗、环保、文体、教育等各个方面，所报道的新闻事件在一定程度上不仅能为百姓生活提供服务性信息，也在一定程度反映社会生活，倡导正确的社会价值取向。所做的新闻报道在传达事件表层信息之外，更是以社会主义法律和道德去把握选题、关注人物，在客观报道的基础上依据法律或道德的尺度对新闻事件做出分析和评价，正确引导舆论，坚持正确的社会主义价值取向。该栏目在公交移动电视终端上进行每天三次的循环播放，让更多的百姓看到节目，有力地提高了栏目的收视率和频道的媒体价值。如今，通过节目部的调查反馈，很多的公交乘客都对该栏目有较为清晰的印象。

自办网络资讯类栏目《网闻天下》则紧跟互联网发展的时代，发挥自身强制收视的优势，让更多的乘客在公交车上能够及时收看到各类新闻资讯，其中包括只有在家上网才能看到的视频新闻资讯，让广大乘客感受到在家上网看资讯的“快乐”。

《网闻天下》是一档区别于传统的主播播新闻栏目，其以微观角度说新闻，评新闻。《网闻天下》关注的是民生小事和生活当中的奇闻异事，是一档善于挖掘和分享百姓故事的新闻节目。由于移动频道作为在公交车上播出的媒体，在节目内容与节目时长上，都不能和电视台的节目进行比较，为此《网闻天下》栏目根据实际情况，结合自身特点，整个栏目的内容短小精悍，并要让各个年龄段的乘客都能接受，做百姓喜欢看的资讯节目，切实关心发生在老百姓身边的奇事趣事，同时将网络资讯浓缩版精华内容在北方移动频道充分展示，让乘客体会到犹如上网看资讯一样的便捷。

该栏目每天更新一期，栏目内容主要以简短的新闻资讯为主，选题来自各大网站的新闻头条以及社会普遍关注的新闻热点，配以事件的视频或者图片，之后由主持人做简短、精炼的评论。通过主持人对新闻事件发表看法，阐明对新闻事件的见解和态度，从而发挥媒体的舆论导向作用，力求丰富受众的日常生活，开阔视野。

四、大事件类典型案例

【节目名称】《GO！巴西》

【出品方】北广传媒城市电视

【关键词】整体策划报道 大事件

【案例简介】

巴西世界杯特别报道《GO！巴西》，是城市电视针对重大事件、特别是大型体育赛事，进行“整体策划报道”的一次新尝试。该报道不再单纯地集成现有传统媒体的报道内容，而是以开闭幕为时间节点，策划世界杯赛前期、赛事期和回顾期三个阶段，每个阶段配合以不同的节目表现形式，达到有针对性的报道的目的。同时，自主制作全套包装，包含了《GO!巴西》LOGO、片头、片花、转场、角标、字幕条等，并统一使用到赛期各档报道节目中，收获了全新的报道风格和整体化宣传效果。

在赛前期间，特别报道以宣传片为报道形式，制作并播出了“四篇一计时”，即《GO！巴西之世界杯倒计时》、《GO！巴西之历史篇、之场馆篇、之球星篇、之揭幕篇》，通过不同的主题，达到渲染世界杯临近的氛围效果；赛事期策划“三巅峰”报道，即《GO！巴西之巅峰战报》（赛事赛况播报）、《GO！巴西之巅峰对阵》（比赛球队信息及赛事预告）、《GO！巴西之巅峰回眸》（比赛精彩集锦），结合平台传播特色，全面报道世界杯；回顾期则对赛事集锦进行再次整理汇编，将精华比赛继续呈现。

世界杯期间，该特别报道使受众在等待时间中，及时获取世界杯每日比赛的战况战报、赛期时间、精彩集锦等，由于更新及时迅速，信息含量大、播出频次多，因此获得受众较高的关注度和好评率。

五、文化娱乐类典型案例

【节目名称】《辽宁移动电视百姓春节大联欢》

【出品方】辽宁移动电视（辽宁北方新媒体有限公司）

【关键词】户外媒体 春节联欢 百姓生活

【案例简介】

2015年“辽宁移动电视百姓春节大联欢”是由辽宁广播电视台北方新媒体、沈阳市交通局、沈阳市文广局联合主办，辽宁移动电视频道、沈阳市群众艺术馆承办的一次大型全民新春联欢晚会。其定位于“户外”、“联欢”、“百姓生活”三大核心，即以户外媒体为平台，通过联欢的形式，展现沈城百姓生活的不同侧面。

此外，活动还将紧密围绕企业形象和品牌内涵，确保社会效益和商业价值的有机结合。针对企业具体的产品定位、营销需要，设计联欢地点、内容等关键要素，将电视联欢连同品牌精神一起带给百万出行市民，在潜移默化中实现商业目标。

春节大联欢活动从2014年11月启动节目海选，得到了广大市民的热烈响应，先后有近千名群众报名一展才艺。此次联欢舞台面向所有普通市民，不限年龄、不限性别，旨在为各路行家票友提供一个圆梦的舞台，将高大上的春晚变成老百姓实实在在的联欢，圆一个普通人的明星梦。在四场海选中，既有耄耋老人的身影，也有垂髫少年的笑脸，可以说一场联欢带来的是一个城市的欢腾。

2015年1月22日，在经过一个月的激烈PK过后，这些百姓艺术家中的优秀代表带来的16个精品节目最终走进沈阳工人文化宫，走上了百姓春晚的舞台，为沈城市民献上了一场美轮美奂的演出。长久的努力化作一刻的绽放。

灯光熄灭，回首这个舞台，移动电视收获的不只是鲜花和掌声，还有悄无声息的成长。本次百姓春节大联欢也扩大了辽宁移动电视在省内乃至全国同业中的影响力，提升了媒体品牌形象，丰富了频道节目内容，对外展示了辽宁广播电视台新媒体业务的强大优势；同时，活动更丰富了市民文化生活，助力城市精神文明建设，为节日期间的沈城营造一个欢乐、祥和的社会氛围。

此次辽宁移动电视百姓春节大联欢同时在移动电视、城市电视、交通旅游等台内多个新媒体频道进行展播。

六、民生服务与T2O类典型案例

1.《车女郎》

【节目名称】《车女郎》

【出品方】广州珠江移动城市电视公司

【关键词】T2O（TV to Offline）全媒体传播

【案例简介】

经过长期的媒体市场调研和媒体实践，以及汽车行业市场分析，广州移动频道于2014年6月重磅推出汽车全媒体传播服务平台”传播服务品牌，迈出全媒体战略的全新一步。

“汽车全媒体传播服务平台”整合了广州城市电视旗下户外移动电视频道（包括公交电视、出租车电视、楼宇电视、水上巴士）、有线入户频道、专业汽车视频网站以及自媒体APP客户端的全媒体资源，搭建起汽车产业上下游的“汽车厂商、汽车销售商、汽车服务商和汽车金融服务商”与汽车消费者之间的桥梁。

与此同时，经过户外到入户的各大平台立体式传播，主打汽车节目《车女郎》经过了20多期的全媒体播出后，逐渐打造出“香车美女”的媒体品牌印象，由节目衍生出来的车女郎评选活动并一直贯穿在节目播出当中。经过网络、微信、微博投票，第一季度 12 名车女郎的优秀选手脱颖而出，2014年广州车展期间，广州移动频道联合“中信银行”、“南丰汇名车汇”，共同主办“2014 广州移动频道第一季车女郎颁奖礼”，邀请众多汽车经销商、银行高端客户以及现场观众一起见证这美丽时刻。活动的成功举办，不仅赢得了客户的经济支持，同时也打造出了一个品牌的活动项目。至此，广州移动频道以移动电视栏目为产品，以全媒体播出平台为渠道，以线上线下活动为衍生，逐渐形成了“T2O”（TV to Offline）的新型电视活动营销模式，归纳起来主要有以下几点经验。

- 找准行业营销突破口，致力节目质量，树立品牌形象

广州作为中国华南地区的中心城市，拥有庞大的汽车消费市场，同时汽车产业也是广州的支柱产业之一。以庞大的汽车产业为行业营销突破口，是具有庞大的市场潜力的。随后频道制作的50多期专业汽车节目，每期都有一个靓丽的车女郎登台亮相，吸引了众多的电视观众，引发了广泛的关注度。节目因此也得到了广州地区汽车经销商以及汽车金融服务业的支持。与此同时，节目在制作上也采用高清拍摄设备进行拍摄制作，保证了比以往的电视节目的画质要更加优秀，也奠定了节目的良好的品牌形象，赢得了客户的口碑。

• 从线上招募到线下活动互为补充相得益彰

在《车女郎》节目的制作初期，节目就开始规划一年做两季《车女郎》评选活动。因此在节目一开始就始终注重节目主角车女郎的招募，利用全媒体传播的平台制作广告片，进行广泛宣传招募。至今，车女郎共招募到 800 多名青春靓丽的模特参与到节目中。节目为车女郎们提供了展示青春的舞台，而之后的评选活动、粉丝见面会、频道推介会等相关活动，也让这些车女郎的知名度得到了提升，从此走上演艺的职业生涯。同时也对频道、节目和评选活动带来了美誉度。

• 全媒体传播渠道更符合融媒体传播的传播趋势

《车女郎》节目既是电视节目，又是一项长期的评选活动。在传播渠道上，借助了广州移动电视的多媒体渠道的传播优势，同时还结合了二维码、微博、微信、网站等多种互联网、移动互联网终端进行传播。从家庭用户到出行人群，从互联网网民到移动互联端的个体用户，节目的传播和活动的互动是全方位、无障碍的互动，更符合目前融媒体传播的发展趋势。

• “T2O”的营销模式创新尝试

自“汽车全媒体传播服务平台”的创立开始，广州移动电视就已经在铺垫一个全新的媒体营销新模式，并通过节目和活动的传播一步一步尝试。节目即活动，活动即节目。这样的设置首先就将线上的 TV 向线下 Offline 延伸，同时借助互联网、移动互联网端的技术手段，将用户引向频道开设的专业网站；网站同时也开辟了电子商务平台，形成在线交易。这时，由电视节目、线下活动将目标用户吸引到自己关注的区域，线下活动形成第一次营销机会；通过活动的举办，将用户引流至在线销售区域，形成第二次销售机会，“T2O”模式因此也初步形成。虽然过程中有许多不尽如人意的地方，而这样的尝试也给移动电视转型，或者说移动电视未来营销模式的转型带来有价值的参考和依据。

2.《虎纠好工作》

【节目名称】《虎纠好工作》

【出品方】福州电视台移动频道

【关键词】T2O（TV to Offline）微信营销

【案例简介】

《虎纠好工作》是福州电视台移动频道推出的一档以招聘求职、职场话题为内容的电视节目，“虎纠”是福州方言“福州”的音译。本节目面向的是移动频道覆盖的庞大的上班族人群，即基于他们工作求职、职场提升的强大需求。

传统的电视节目主要以满足观众的视听需求为目的，节目创制人员主要考虑的是节目的趣味性、可看性。而《虎纠好工作》节目从推出开始，即基于项目与节目并重的整合营销思维，推动实现“节目平台化”、“观众用户化”节目创制思维创新，实现节目的“T to O”落地。

从这一思维角度出发，我们在节目开播之初，即推出《虎纠好工作》线下现场招聘会，实现线下与线上的双向推动与互动，同时我们推出了“虎纠好工作”微信公众账号，实现对招聘求职信息的收集发布和用户互动。节目的一个重要内容，即对线下招聘会的报道和引流，以及实现观众到微信用户的引流，同时将微信用户需求和产生的内容作为节目话题进行制作，达到节目与线下项目及微信通路的多向互动。目前《虎纠好工作》已经成为本地重要的招聘求职服务平台，包含线下招聘会（本地现场人数最多的招聘会）、电视招聘求职节目平台、微信公众号（超过 11 万用户，是本地最大的招聘求职公众号）、9 琥招聘网（79hu.com 创新招聘网站）。

3.《拍 YOU 惠》

【节目名称】《拍 YOU 惠》

【出品方】芜湖广电移动数字电视

【关键词】T2O（TV to Offline）互动　会员　优惠

【案例简介】

《拍 YOU 惠》是一档观众互动栏目，以本地商家发布的优惠活动、促销信息为活动资源，带领会员观众进店体验，在节目播出时，观众拍下节目播出现场的照片可作为参与该商家活动的凭据。观众从收看的节目中获得生活中实实在在的优惠，这样既能够提高节目收视效果，又能为商家直接带动客源人气。节目长期在固定时段播出，可使观众产生收视期待，在聚集了观众的关注度的同时，也能吸引各类商家的持续参与。

《拍 YOU 惠》节目时长 3 分钟，每天 13 个时点滚动播出，主持人是移动电视节目主持唐志远，参与受众包括“栏目 U 会员”和现场拍照打热线参与观众。其中，栏目 U 会员优先享有活动参与权，有机会进店现场体验；普通观众在收看节目时拍下电视画面，以手机照片作为参与商家活动的凭据，前往商家活动地点享受活动优惠。

《拍 YOU 惠》自开播之后，通过独到的节目创意和有效运营，取得一系列成效，以下为 2014 年 3 月 31 日～4 月 21 日苏宁广场 EXPO 超级店开业案例分析。

1）商家宣传诉求分析与应对

制造话题，引发芜湖市民对苏宁广场 EXPO 超级店开业信息的关注；通过《拍 YOU 惠》栏目分阶段开展的与市民百姓的互动活动，营造开业悬念，逐步公布苏宁广场 EXPO 超级店开业的各项劲爆活动，递进增加活动宣传的舆论氛围，集聚苏宁广场 EXPO 超级店开业当天人气。

根据企业宣传诉求，进行了开业活动策划及奖项设置，如《拍 YOU 惠》会员专属劲爆价商品 10 份、设计“苏宁广场 EXPO 超级店开业”信息有奖问答、《拍 YOU 惠》栏目热心观众互动等。

2）栏目互动流程设计

- 3 月 31 日～4 月 3 日，EXPO 超级店概念宣传

例如，发布苏宁广场 EXPO 超级店 4 月期间即将开业的信息，主持人走进苏宁，由苏宁相关负责人介绍 EXPO 超级店的理念，苏宁广场 EXPO 超级店的店面位置，营业规模和经营品类。根据节目内容，针对苏宁广场的相关信息，发起互动活动。

- 4 月 4～18 日，每 3 天为一期组织观众参与活动

根据上述栏目内容设计，进行拍摄和采访，同时发布相关互动话题。重点是竞答抽奖、进店探营等。

3）开业现场展现阶段

重点是在 4 月 19～21 日，开业当天对现场活动播报。

（1）优先购买劲爆价商品的幸运观众在现场购买的过程，展现苏宁广场 EXPO 超级店开业当天现场火爆情况；

（2）采访各专柜品牌经理及销售人员，了解“苏宁广场 EXPO 超级店”开业活动现场各品牌的销售状况(如畅销机型，以及消费者关注的产品类型)，随机采访店内的消费者，表达他们在店内购物的真实体验。

4）节目呈现及活动现场情况图

5）亮点总结

- 结合商家活动宣传需求，给栏目观众带来生活中实实在在的实惠。
- 让静态的收视人群行动起来，拿起手机拍照、打电话，增加乘车的市民百姓对移动电视节目在播出时的关注度，加强参与互动，提高受众黏性。
- 活动分阶段实施，节目跟进，或采访商家，或带 U 会员进店体验，加上场外互动答题等环节，营造社会话题，充分展现商家活动进程全貌，为商家活动宣传造势。

第三节　移动电视的内容建设逻辑

一、满足大众化的节目特点

移动电视面对的是广大市民，是典型的大众传媒，所以其节目内容首先具备如下特点：亲民性、本土性和新闻热点性。

亲民性决定了民生服务类节目将成为移动电视报道的主体内容，意味着在价值取向、创意策划和节目效果等方面都要关注民生。

亲民性的价值取向，意味着创意策划和制作都要体现出平等的视角与状态，而非精英化的媒体语境。亲民性的创意策划，意味着内容指向对准普通百姓的衣食住行等日常生活，并切实关注民生问题、解决服务问题。亲民性的节目效果，意味着区域受众的高度认同，这一点与传统电视领域的地面频道类似，也与移动互联网的O2O服务具有相似特征。同时，从商业运营的角度讲，如果不能争取到区域受众的高度认同，也非常不利于本地化的传播商业模式建立。

另外，重大事件的新闻事件永远是大众传播的“爆点”所在，尤其是在移动互联网时代，人们可以随时随地通过智能手机收阅各种即时信息，移动电视的内容服务也必须顺应并超出用户对这种信息即时性的需求。而移动电视在视音频方面的表现力，以及官方传媒的严肃性和权威性，是其天然的优势所在。

二、满足碎片化传播的节目特征

移动电视的每档节目短小精悍，所以“节目微型化、编排板块化”成为移动电视从诞生之日起的创新需求。

同时，随着移动互联网的发展日益深入，微信、微博等社交媒体成为用户智能手机里的标配，而移动电视的商业运营也正在T2O领域里充分展开，所以“节目微型化、编排板块化、互动节点化”成为移动电视内容满足碎片化传播新的三原则。

1.“节目微型化”原则

受众收看移动电视节目，受客观条件影响，长度大的节目很难收看完整；情节如果太过复杂，也不容易理解。这样就很难吸引受众予以持续关注和进行主动的口碑传播，因此短小、直观就成了移动电视节目的主要特点，时长一般在5~10分钟。并根据公共交通线路的安排，进行恰当频次的重播，弥补移动电视节目过于碎片化的不足，并强化受众对重要信息（如重大新闻事件、重点栏目、重要广告信息等）的印象。

2.“编排板块化”原则

由于节目微型化，所以传统电视以“频道制”为中心的编排方式很难为移动电视所直接借鉴，因此“重编排”就成为移动电视经过多年实践总结的较为有效的经验。

重编排的要点，是针对不同时段、不同线路的乘客群的特性、层次、收视目的性有一定差异的现象，将大量不同风格的短节目以一定的逻辑进行编排，变凌乱为统一、形散而神不散。

可以说，合理的编排能有效地提升移动电视节目的整体化，增加节目的品牌影响力，克服零散、混乱的堆砌感。

3.“互动节点化”原则

目前，电视屏幕与手机屏幕的双屏互动，已经成为电视传媒的运营标配，这也就需要在节目创意策划阶段，设置不同的互动阶段，比如传统电视屏幕的“春晚摇一摇”。

对于移动电视节目来说，由于每档时长很短，所以互动节点的设置难度更大，既要与节目内容浑然天成，又要有利于受众在行进状态下的简单参与，还要形成对线下营销活动的有效引流，这是一个新的课题与挑战。

从《拍 YOU 惠》、《虎纠好工作》、《车女郎》等 T2O 代表性创新案例可以看出，各地移动电视运营商已经在此方面做出了诸多有效探索。

第六章　移动电视运营创新篇

移动电视作为公共视听媒体的重要组成部分，必须要与时俱进，随着技术的发展以及各种新型商业模式的出现及时调整和创新现有的运营模式。在本次调查中，我们发现许多城市的移动电视运营商不仅横跨公交、地铁、出租车等不同公共交通载体，还涉足户外大屏和楼宇电视等领域，更让我们欣喜的是，多家移动电视运营商不仅开始在广告、线下活动等传统阵地精耕细作，更开始在融合媒体运营、O2O 电子商务、智慧城市建设等方面发力。因此本章内容主要根据各家反馈的案例情况予以整理，并希望以此带动移动电视运营的全面创新。考虑到移动电视运营商的多业务运营，本章开始先简要介绍一下公共视听媒体的市场概况。

第一节　公共视听媒体市场运营概况

按照国家新闻出版广电总局的规定，公共视听媒体是指包括车载/机载移动电视、楼宇电视、户外大屏等媒体形态在内的，采用地面数字电视技术、硬盘播放技术、无线互联网下载技术等多种技术手段，在室内外公共场所面向大众开展电视服务的载体统称。中国公共视听媒体从 1998 年开始起步，经历了起步阶段、快速发展阶段，目前已经进入成熟阶段。

一、公共视听媒体分类

公共视听媒体的组成如图 6-1 所示。

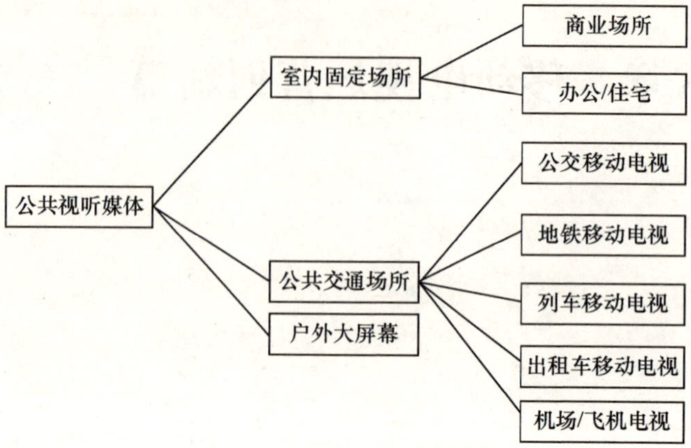

图 6-1　公共视听媒体的组成

室内固定场所类：包含终端分布在政府机关、写字楼、酒店、银行、医院、卖场、电影院等室内场所。主要为民营企业，其代表性企业是分众传媒。在接受调研的移动电视运营商中，广州珠江移动城市电视有限公司、深圳市移动视讯有限公司、厦门广播电视数字传媒有限公司、黑龙江龙视数字移动传媒有限责任公司、北京北广传媒城市电视有限公司、上海东方明珠移动电视有限公司等 15 家运营商均有楼宇电视相关业务。

公共交通场所类：包含公交移动电视、地铁移动电视、列车移动电视、出租车移动电视和飞机/机场电视、水上巴士/渡轮/游船电视等多种形态。其中公交移动电视、地铁移动电视一般都是由广电机构和民营企业合作运营，广电机构负责内容制作与播出，民营企业负责商业运营。其他三种形态多为民营企业运营。这块业务是移动电视市场的主体，也是移动电视运营商的立身之本，由于区域割据、内容管控、广告资源等原因，各家运营商多选择与广告代理商合作共同经营媒体资源。其中，公交移动电视跨区域的媒体运营商有华视传媒、世通华纳、巴士在线等；地铁移动电视的代表企业包括华视传媒等；列车移动电视代表企业有鼎程传媒等；出租车移动电视代表企业包括触动传媒等；飞机、机场电视的代表企业是航美传媒；水上巴士、游船、渡轮电视的代表企业是广州移动频道、杭州移动频道、厦门移动频道。

户外大屏幕类：是指通过户外公共场所的大型电子屏幕发布信息的视听

节目服务形态。市场上既有国有企业也有民营企业，国有企业代表如新华社，民营企业代表如郁金香传媒。移动电视运营商中已经开展类似业务的有北京、重庆、广州、济南、扬州等城市的移动电视公司。

可以看出，在公共视听媒体的发展过程中，以广告代理为主要业务的媒体资源运营企业起到了举足轻重的作用，它们与广电机构一起推动了中国公共视听媒体的成长。简要回顾一下这些资源运营企业的发展之旅，将有助于我们更好地把控公共视听媒体发展的市场规律，探寻包括移动电视在内的各公共视听媒体市场运营创新的机遇。

二、公共视听媒体市场的轮回之旅

2003—2013 年是中国公共视听媒体正式开展商业运营的轮回十年，犹如中国 A 股市场，从萌芽到繁荣，而后重新回归低迷；2014 年、2015 年随着资本市场的活跃，公共视听媒体又重新成为资本的宠儿，令人唏嘘不已。回首十余年来的风风雨雨，可以梳理出中国公共视听媒体发展的路线图。

1. 萌芽实验期

2003 年 1 月，主营公交移动电视资源运营的世通华纳文化传媒有限公司在厦门成立，但当时并未引起业界广泛关注；2003 年 5 月，经营楼宇 LED 屏幕广告的分众传媒的成立，算是真正带领中国公共视听媒体粉墨登场。同年 6 月，软银和 UCI 维众投资宣布对分众传媒注资，不仅让分众传媒得到了资金支持，也让公共视听媒体的发展前景迅速得到传统媒体的关注。

2003—2005 年，各种公共视听媒体公司纷纷宣告成立，抢占市场，聚众传媒、上海东方明珠、北广传媒移动电视、长沙移动电视、华视传媒纷纷成立；2005 年郁金香传媒正式进入户外巨型 LED 屏幕领域。在接受调研的移动电视运营商中，成立早于 2005 年之前的比例约在 40%以上，它们与这些媒体资源运营商一起见证了中国公共视听媒体市场的起起伏伏；而在 2011 年之后开始运营的比例约在 20%（见图 6-2）。

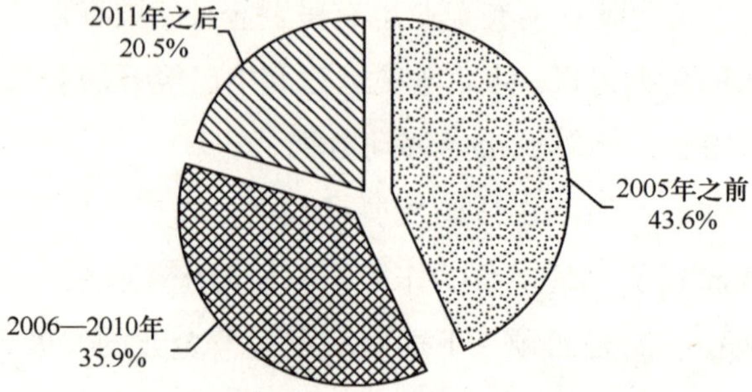

图 6-2 受调移动电视公司正式运营时间分布概况

资料来源：《2015 中国移动电视发展报告》企业调研。

2. 快速成长期

分众传媒作为中国户外视频广告的最早试水者，目前也是中国户外电子屏广告市场的最大占有者，其核心业务包括商业楼宇联播网（包括影院广告网络）、电梯海报框架网络与卖场终端联播网；非核心业务为传统户外大牌（包括 LED 等）。2005 年 7 月 13 日，以分众传媒登陆纳斯达克作为标志，拉开了中国户外传媒大发展的序幕。此后两三年间，分众传媒先后收购了框架媒介、聚众传媒、凯威点告、好耶集团、玺诚传媒等 60 多家户外媒体广告公司。根据公开信息估算，这些收购案花费了将近 10 亿美元的现金及股票，但分众也由此建立起一个立体的生活圈媒体群，从而推动其股价也在 2007 年年底达到了 65 美元左右的历史高峰。

和分众以覆盖商业楼宇、卖场终端、公寓电梯、户外大型 LED 彩屏、电影院线广告媒体等渠道不同，成立于 2005 年的华视传媒切入的是更有资源垄断性的公交、地铁这个细分领域。航美传媒切入的则是航线、机场细分领域，炎黄传媒和互力传媒则以做医院领域的电视联播网为主。

2005—2009 年是中国户外媒体从业者们值得回忆的好日子。但凡能够放屏的地方——不论是高尔夫球场、出租车甚至厕所都成了户外传媒争夺的媒介资源。这背后则是海内外众多投资者的集体癫狂。根据公开资料初步统计，仅 2006 年数字广告媒体公司就获得了 1.9 亿美元的风险和私募（VC/PE）投资公共视听媒体业部分融资情况如表 6-1 所示。

表 6-1　公共视听媒体业部分融资情况

企业类别	企业名称	时　间	融资情况
楼宇 LED	分众传媒	2003 年 6 月	软银和 UCI 维众投资宣布投资分众传媒
		2004 年 3 月	UCI 维众投资、鼎晖国际和 TDF 基金联手 DFJ、WI-HARPER 中经合以及麦顿国际投资等注资分众传媒数千万美金
		2004 年 11 月	UCI 维众投资、高盛公司和英国 3i 公司共同投资 3000 万美金入股分众传媒
		2005 年 7 月	在纳斯达克上市，融资额 1.717 亿美元
		2013 年 5 月	从纳斯达克退市，完成私有化
		2015 年 6 月	拟借壳宏达新材，在 A 股上市
车载电视	DMG（地铁视频）	2006 年 12 月	OAK 橡树投资 DMG 3000 万美元
		2009 年 12 月	华视传媒 1.6 亿美元收购 DMG
	华视传媒（公交电视）	2007 年 7 月	麦顿投资 4000 万美元
		2007 年 12 月	美国纳斯达克上市，融资额 1.08 亿美元
		2015 年 6 月	华视互联获得百度 7000 万元投资
	巴士在线（公交电视）	截至 2007 年 12 月	崇德投资、IDG、建银国际等投资巴士在线共计 7200 万美元
		2015 年 5 月	新嘉联拟 16.85 亿元全资收购巴士在线
	世通华纳（公交电视）	截至 2008 年 2 月	分别获得国泰财富基金、鼎晖创投、华登国际、成为基金和霸菱基金共计 9500 万美元
航空视频	航美传媒	截至 2007 年 4 月	鼎晖投资（CDH）、SIG、 Och-Ziff 基金共投资 5200 万美元
		2007 年 11 月	美国纳斯达克上市，融资额 2.25 亿美元
		2013 年 5 月	德豪润达向航美传媒投资 6.4 亿元
		2015 年 6 月	拟从纳斯达克退市，私有化
巨型 LED 屏	郁金香传媒	截至 2007 年 12 月	获得 JC Decaux、美国华平基金和瑞士信贷等共计 7000 万美元
		2014 年 6 月	被新文化以 12 亿元收购

资料来源：公开资料整理。

2005—2008年可以说是中国公共视听媒体市场的快速增长期，其营业收入、利润的增长率都保持在100%以上，表现出强大的市场活力。随着全球金融危机在2008年年底和2009年对中国市场的影响显现，公共视听媒体营收增长率放缓，分众传媒出现负增长。尽管在2009年10月，华视传媒斥资1.6亿美元收购数码媒体集团DMG，财务报表中充满了各种好消息，包括不断扩充的地铁、公交等媒体资源等。2009年年末，华视传媒的股价在达到12美元的小高峰之后一路下行，业绩表现大幅下滑，很大一部分原因是由于2008年全球性经济危机所带来的行业性寒冬。

作为当年的公共视听媒体第一股，分众传媒的好日子在2008年戛然而止。尽管当年分众的净营业额仍然大幅飙升，但由于盈利状况的调整，使分众首度出现7.68亿美元的亏损，分众的股价连续跳水，前景一片黯淡。2009年，曾退出“江湖”想过清静日子的江南春临危受命，再度回到前台。噩梦并未就此结束。自2011年11月21日，美国浑水公司多次发布调查报告，质疑分众传媒。一时之间，被做空的分众成为中国概念股的负面教材。

3. 去泡沫化后的低迷期

度过艰难的2009年，各家公共视听企业开始重整旗鼓，在2010年分众传媒、航美传媒营业收入增长率分别达到48.3%和54.9%。华视传媒由于在第四季度对并购数码媒体集团产生的相关商誉及无形资产记录了5660万美元的一次性非现金减值费用，2010年营收增速继续放缓。但在经历了2010年和2011年上半年短暂的反弹之后，公共视听媒体市场从2011开始呈现去泡沫化的走势。

分众传媒在2011年年底遭遇浑水公司大肆做空后，虽几经反击，但是股价迟迟不见有大的起色，以至于2012年8月13日，分众传媒董事长江南春联合方源资本、凯雷集团等投资方提交私有化建议书，拟将公司私有化。而华视传媒更由于股价一度低于1美元，在2012年7月18日收到纳斯达克通知函，存在被强行退市风险。直到2012年12月13日，华视传媒被迫实施20合1并股计划，股价才由0.20美元自动跃升至次日开盘的4.12美元，暂时消除了退市风险。相比较而言，航美传媒的发展还算健康，但是利润空间明显逐年降低。

公共视听媒体主要代理企业资源状况表如表 6-2 所示。

表 6-2 公共视听媒体主要代理企业资源状况表

企业类别	企业名称	可用资源状况
固定场所类	分众传媒	商业楼宇联播网安装的液晶屏总数量为 13.37 万块
		框架网络可用数字框架总数量为 96 万块
		影院 770 家，银幕 4990 块
		卖场终端联播网液晶屏总数量为 5.88 万块
公共交通类	华视传媒	全国 94 个城市，公交终端 21.48 万块，地铁终端 9.55 万块
	世通华纳	覆盖全国 34 个主要城市，50 多个三四线城市，共计 10 万多辆公交车，约 15 万块屏幕
	巴士在线	全国 21 个城市，共计 4 万辆公交车，7 万多块屏幕
	航美传媒	机场电视/数码屏，全国 53 家机场，约 2800 块屏幕
		机载电视，8 家航空公司，约 2200 条航线
		中石化旗下加油站屏幕，21 个省，1000 多个站点
		机场大屏幕，广州，3 块
	触动传媒	全国 5 万块屏幕，7 个城市，月覆盖 7000 万人
	鼎程传媒	620 多辆列车，80000 块显示屏，日覆盖 190 多万人
户外大屏幕类	郁金香传媒	户外大屏幕，近 90 个城市，200 多块屏幕

资料来源：根据相关公司官网以及财报等数据整理。

分众传媒在 2013 年 5 月完成私有化进程后，分众传媒成为私人持股公司。据分众传媒对外披露，在私有化之后其 2013 年楼宇媒体再次实现近 20%的同比增长，分众楼宇的客户量已超过 2300 家，同比增长近 7%。这与分众将主营业务下沉至二、三、四线城市所取得的成长不无关系。在分众下沉区域，全国 100 多座城市中，有 2/3 隶属直营，其余 1/3 属于加盟商。而华视传媒在 2013 年大力发展体育营销和游戏营销，业绩亏损幅度大幅收窄，带动华视传媒股价从 2013 年第四季度开始一路飙升，短时间内涨幅达到 10 倍，成为中概股 2013 年第一股。2013 年，航美传媒虽然引入 A 股上市德豪润达 6.4 亿元的投资，推出了在加油站媒体网络中加装 LED 显示屏、组建跨媒体电影院线平台等举措，但是 2013 年的航美传媒延续了 2012 年的低迷走势，整体业绩呈现下滑走势，总营收同比下滑 5.6%至 2.765 亿美元，净营收同比下滑 5%至 2.723 亿美元，管理团队将这一下滑原因归结为“终止了某些不盈利或低利率合约业务”。

4. 业务创新，拥抱互联网

经历了 2005—2008 年的高速成长以及其后近乎 4 年的低迷期，中国的公共视听媒体开始重新回归业务本身，并尽力抓住互联网与移动互联网带来的新的发展机遇。

随着移动互联网的发展，公共视听媒体在创新方面也开始发力，比如分众传媒在 2013 年年底彻底抛弃之前的“Q 卡”方式，推出了一项与移动互联网相结合的内容——WiFi 热点。在分众楼宇视频 LCD 内安装免费 WiFi，进入该范围内的人们都能通过智能手机免费上网，实现江南春所说的“向上云战略、向下 O2O 战略”。目前，布了 WiFi 和 ibeacon 点的分众屏幕已经覆盖全国 25 个主要大城市，形成了所谓的数字化的地理位置标签。用户在分众屏幕前只要开着蓝牙，打开微信摇一摇就有相应的红包拿，从而体会 LBS“城市生活圈”带来的便利。同样“触网”的还有航美传媒，2014 年 10 月，航美传媒与南方航空签署移动互联网合作项目，此前已经与广铁集团、上海铁路局以及海航集团进行了相关合作。

随着移动互联网的普及，通过布局 WiFi 热点来争夺移动互联网入口成了众多企业的共识。2014 年，继旗下子公司中麦通信拿下虚拟运营商牌照后，巴士在线宣布投资 10 亿元打造国内最大的公交 WiFi 平台——“MYWiFi”，先是在 2014 年第二季度完成首期 5 万辆公交车的覆盖，2014 年年底前完成 15 万辆公交车的 WiFi 覆盖，之后会扩大到全国的 30 个城市。除了巴士在线，华视传媒在公交 WiFi 上举措同样引人瞩目。对公交 WiFi 生态圈的布局，华视互联公布了打造内容开放平台，致力于应用分发，构建基于公交场景的 O2O 以及基于 LBS 的大数据精准应用等方面的运营模式。继 2014 年 4 月与深圳的启光、联通分别达成公交 WiFi 的战略之后，在随后的 7 月，华视传媒与华为公司合作建立 WiFi 实验室，定制开发公交车的智能车载路由器，进一步深化公交 WiFi 的布局。2015 年 6 月，华视传媒凭借 ViFi 这一项目获得了百度领投的 7000 万元的 A 轮融资。

5. 回归或曲线上市，重获资本认可

据易观的一份统计数据显示，中国户外新媒体广告市场自 2009 年金融危机以来稳步增长，2010 年和 2011 年的增长率分别达到 8.35%和 37.26%，2012 年及 2013 年行业的增长速度有所放缓，2014 年增长率低于 10%。如果仔细分析一些典型企业近年来的成长轨迹，我们可以看出中国户外广告市场保持相对稳定的正增长。而随着 2014 年、2015 年 A 股市场的活跃，相对具有估值优势的户外媒体公司开始重新受到资本市场的追捧，回归 A 股、通过收购等曲线上市开始成为众多公共视听媒体资源企业的选择。2006—2014 年公共视听媒体部分企业净营业总收入及增长率如表 6-3 所示，2006—2014 年公共视听部分企业利润状况如表 6-4 所示。

表 6-3 2006—2014 年公共视听媒体部分企业净营业总收入及增长率

企业	营收及增长率	2006 年	2007 年	2008 年	2009 年	2010 年	2011 年	2012 年	2013 年	2014 年
分众传媒	营业总收入（亿美元）	0.07	1.63	3.7	3.48	5.16	7.926	9.275	66.75（亿元）	67.23（亿元）
	增长率	—	2228%	127%	-5.95%	48.28%	53.60%	17.97%	8.15%	12.31%
华视传媒	营业总收入（亿美元）	—	0.29	1.04	1.21	1.38	1.81	1.16	1.05	1.04
	增长率	—	—	259%	16.35%	14.05%	31.16%	-35.36%	-9.48%	-0.95%
航美传媒	营业总收入（亿美元）	0.19	0.44	1.26	1.53	2.37	2.78	2.93	2.765	2.559
	增长率	—	132%	186%	21.43%	54.90%	17.30%	5.40%	-5.63%	-7.45%

资料来源：根据各公司年度财报发布数据整理。

表 6-4　2006—2014 年公共视听部分企业利润状况

企业	利润状况	2006 年	2007 年	2008 年	2009 年	2010 年	2011 年	2012 年	2013 年	2014 年
分众传媒	利润（亿美元）	0.007	0.411	0.845	0.890	1.843	2.009	2.38	20.78（亿元）	24.17（亿元）
	增长率		5771%	106%	5.33%	99.78%	12.99%	18.41%	45.02%	16.31%
	利润率	10.00%	25.21%	22.84%	25.57%	34.50%	25.35%	27.38%	31.13%	35.95%
华视传媒	利润（亿美元）		0.094	0.468	0.596	0.171	−0.125	−2.29	−0.24	−0.311
	增长率			398%	27.35%	−71.31%	−173%	−1932%	85.92%	−29.58%
	利润率		32.41%	45.00%	49.26%	12.39%	−6.91%	−196%	−22.86%	−29.90%
航美传媒	利润（亿美元）	0.079	0.203	0.484	0.019	0.326	0.0047	0.036	−0.106	−0.257
	增长率		156%	139%	−96.10%	1624%	−98.56%	665%	−394%	−142%
	利润率	41.58%	46.05%	38.44%	1.24%	13.76%	0.002%	1.23%	−3.83%	−10%

资料来源：根据上市公司年度财报发布数据整理。

2014 年，原世界游泳冠军庄泳作为董事的郁金香股份被上海新文化传媒以 12 亿元的价格收购，揭开了公共视听媒体新一轮资本运作的序幕。2007—2012 年郁金香曾试图赴纳斯达克上市，最终因为户外媒体概念走弱和中概股在美遇冷等诸多原因而夭折，其后 2013 年欲转战 A 股市场而受挫，至此一直谋求上市无果的郁金香股份终于通过被收购实现了曲线上市。

2013 年 5 月完成私有化的分众传媒，更是一直没有放弃重新上市的打算。与其他公共视听媒体相比，由于具有先发优势和规模优势，分众传媒的运营更为稳健，整体收入一直保持着稳定的增长态势。2015 年 6 月，A 股上市公司宏达新材的一纸公告揭开了分众传媒借壳上市的面纱。在这份公告中，宏达新材拟以全部资产及负债与分众传媒 100%股权的等值部分进行置换。其中，宏达新材拟置出资产的作价为 8.8 亿元，拟置入资产作价 457 亿元，两者差额部分由宏达新材以发行股份及支付现金的方式向分众传媒全体股东购买。交易完成后，分众传媒创始人江南春将成为上市公司的实际控制人。从这一重组方案中我们了解到，分众传媒 2012—2014 年度营业收入分别为

61.72 亿元、66.75 亿元、74.97 亿元，净利润分别为 13.26 亿元、20.77 亿元、24.17 亿元。然而这一重组方案却由于宏达新材实际控制人受到证监会调查而于 2015 年 9 月 1 日终止，分众传媒转而借壳七喜控股成功。尽管好事多磨，但分众传媒的借壳，打响了中概股回归 A 股市场的第一枪。同为公共视听板块的航美传媒似乎也从分众传媒的资本运作中获得了灵感，先是终止了联建光电的 5%股份的收购协议，然后 2015 年 6 月传出以 CEO 郭曼为代表的私有化财团拟以每股 6 美元的价格进行私有化的消息，这一价格比前一天的收盘价溢价 70%以上。有分析指出，航美传媒此举无疑是为回归 A 股市场进行准备。

与这些中概股回归相对复杂的运作相比，尚未上市的公共视听代理企业更喜欢郁金香股份曲线上市的模式，比如巴士在线正在积极运作的资本收购。2015 年 5 月 25 日，A 股公司新嘉联发布重组预案，公司拟以发行股份和支付现金相结合的方式，购买虚拟运营商巴士在线 100%的股权，交易金额为 16.85 亿元。公告披露，截至 2014 年年末，巴士在线总资产为 4.13 亿元，净资产为 0.64 亿元；其 2013 年度和 2014 年度分别实现营业收入 2.01 亿元、2.32 亿元，净利润分别为 2490.83 万元、6437.54 万元。值得关注的是，主要从事公交移动电视媒体广告运营业务和移动互联网营销业务的巴士在线是首批获牌的虚拟运营商，目前，巴士在线移动视频自媒体社区“我拍”和 H5 公交移动生活社区“我玩”已完成开发并上线运营。

其实，对于公共视听媒体资源运营企业来说，除了抢占稀缺资源外，规模优势不容忽视，分众传媒持续稳定的经营收入和利润空间足以说明这一点，而要扩大规模又必须获得资本的支持，因此资本运作势必成为各企业在未来相当长一段时间内的必由之路；同时，随着资本力量的渗透，不同企业之间的并购重组将成为一种常态，而公共视听资源市场将会成为寡头之间的游戏，从而带动中国公共视听媒体市场进入一种新的平衡状态。

另外，随着智能手机、平板电脑的迅速普及，微信、微博、手机视频、手机阅读等应用填补了深度互联网消费者的“碎片”时间，尤其在一、二线城市这种趋势更加明显。因此，传统公共视听媒体的广告效果势必会受到影响，因此在大力拓展三、四线市场的同时，如何抓住移动互联网带来的机遇和冲击值得每位业者深思，也为包括移动电视运营商在内的全产业链在媒体运营创新方面提出了新的课题。

第二节 移动电视广告运营创新案例

伴随广告市场变化及发展，互联网正以革命性的方式改变着媒体生态。Social、Local、Mobile（社交化、本地化、移动化）是互联网主打的重要武器，也充分满足目前广告主宣传的需求。杂志从大众家庭化向高端分众化转变，广播从固定收听转向移动收听，移动电视一方面从丰富多彩的视频化广告转向画面化广告，另一方面也在运营模式、资源整合、管理体系等多个方面积极尝试创新。

一、苦练内功型

移动电视不仅具有平面媒体、户外广告的商业价值，而且移动性、收视强制性、受众面广等特点又提升了它的广告价值。广告收益是前期运作中最主要、最直接的收入来源。但必须要注意的是，以智能手机为代表的移动新媒体的高度便捷性打破了公共视听媒体的时空局限，彻底改变了信息的传递方式，深刻影响着传统媒体的生存和发展。在传播方式以及互动性没有得到大幅改进之前，更对移动电视运营商的内部管理能力和精细化运作能力提出了更高的要求，比如北广传媒移动电视有限公司上线的广告管理系统以及广州移动频道的精细化运作都是一种值得关注的尝试。

1. 北广传媒移动电视上线广告管理系统

为了应对市场变化，满足业务工作需要，提升广告管理水平，提高工作效能，北京北广传媒移动电视有限公司结合实际工作需求，开发了适合自身工作需要的广告管理软件，并于2015年正式上线应用。

该广告管理系统服务端软件，运行于Windows 2003操作系统，采用微软.net FrameWork底层技术架构开发。后台数据库使用MS SQL Server2000/2005企业版作为数据库管理系统。使用中间件ADO.NET作为数据访问接口。应用软件的开发遵循《广告行业业务管理规范》及其他相关的国家和行业标准，应用层功能包括后台管理、广告管理、编播管理、数据检索、财务管理、报表打印、决策分析等模块。

在该系统中的广告管理模块，是该软件系统的核心模块之一，可以对广告合同、时段、广告客户、广告排期进行全方位的管理。通过对合同、客户、时段的管理和相关字段数据的引入，最终在广告排期管理中，直观地反映广告客户的合同订单的播出日程安排，即广告排期表。广告排期表可引入到广告串联单的编排和广告节目在串联单中的调整，最终由编播管理模块输出广告串联单到其他系统，如广告串编系统、非编网络系统等。

后台管理模块实现了在广告管理的数据字典内容和形式特征中进行分析、提取和记录的过程，功能涵盖系统管理、框架管理、数据管理等内容。并且后台管理模块提取了描述广告基本数据信息的基本特征，构建了系统的元数据管理，从而保证数字化资源能够被计算机及其网络系统识别和提取并分析归纳，它解决了网络数字化资源的发现、控制和管理等问题。

2. 广州移动频道广告资源精细化

为了避免视频广告片的高制作成本，更新慢，曝光率低，与互联网结合性能低等问题，广州移动频道及时调整了各移动电视广告产品策略，推出高频次滚动的海报式广告，开发式引导了不同宣传需求的客户进行广告投放选择。

- 出租车划分日夜间时间段及定价，提高夜间时间段的使用率，提高时间资源利用率，提高媒体使用价值。
- 出租车电视推出海报式广告形式，客户只需拥有平面类广告，便可以同样进行视频类广告投放，简单、直观，也将移动电视从电视领域跨入到户外领域，与户外特性有贴合性。
- 宣传目的不再仅仅是品牌宣传，可以是时效性极强的短期促销，可以是微信扫码等活动宣传，可以是产品推广，宣传范围扩大化。
- 排播及播出频次的调整。播出频次从传统固定的 60 次做灵活基数调整，可以上下浮动，大大增加了广告曝光，提高了广告播出效果和灵活性。
- 集合数据推送技术，优化频率资源使用效率，实现内容和广告的定时、定位、个性化投放。

3. 福州移动电视：广告经营管理模式创新

福州电视台移动频道广告运营采用自主经营的方式；以“4+1 的管理模式”为主，“老带新管理模式”与“销售与客服并行的管理模式”为辅的运维方案；“4+1 的管理模式”指的是 4 支销售团队与 1 支企划配合团队。“老带新管理模式”是指 20%的老员工帮带 80%的新员工。“销售与客服并行的管理模式”指的是特殊行业由客户人员配合销售人员分工服务客户。

其实，无论是北广传媒移动电视的广告管理系统，还是广州移动频道对于广告资源的细分以及福州移动电视内部管理的模式创新，都希望通过内部管理提升广告投放的科学化与精细化。例如，北广传媒移动电视的广告管理系统的应用，不仅可以对广告审、编、播业务工作进行科学、有效的管理，提高管理人员、业务人员的工作效率，实现各业务模块的网络化管理，使广告管理达到科学化、规范化、智能化的效果，更可以提高公司对广告经营的管控能力，可以积累基础数据、精确统计分析，改变以前广告管理仅止于排条审查和数据统计依赖代理商提供的抽样数据的现状。

二、资源整合型

目前，移动电视广告资源的运营主要包括自主经营、独家代理、多家代理以及各种代理模式的结合（见图 6-3）。随着广告市场形势的变化，各移动电视运营商也在变换广告运营方式，开拓代理渠道，并积极拓展媒体资源。

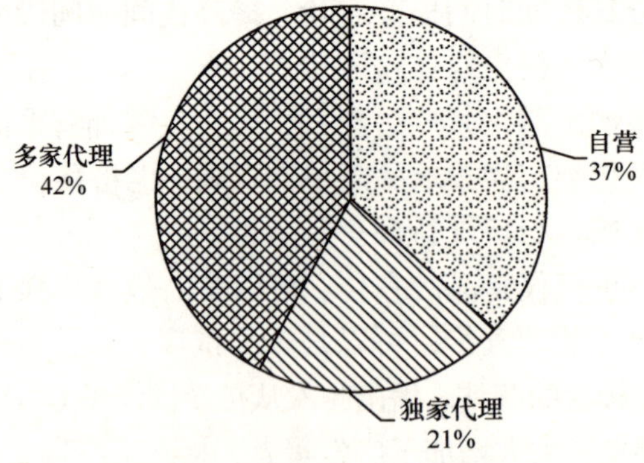

图 6-3　受调移动电视公司广告运营模式分布

资料来源：《2015 中国移动电视发展报告》企业调研。

1. 青岛公交移动电视：多渠道、多形式

青岛公交移动电视的广告管理自 2015 年 1 月 1 日全面开始自主经营。公司将广告客户分为 20 个行业，根据广告投播地域将外埠广告及本地广告分别进行了广告代理的公开招标。广告代理分为广告总包、分行业代理及客户代理等形式，最终，几家广告公司分别代理了部分行业的广告投放，另有广告公司独家代理了部分品牌客户资源。2015 年以来，随着媒体形式不断呈现多样化，广告客户的分流问题越来越严重，单纯的品牌广告投放意向逐渐减弱，广告经营面临越来越大的压力。针对本地广告客户，公交电视平台通过硬性广告配合软广栏目的方式，打造更为立体的品牌推广方案。在餐饮、旅游、教育等行业，打造专题栏目，深受观众喜爱，也在岛城树立了一定的公信力，巩固了广告客户的投放依赖性。

2. 杭州移动电视：西湖游船+跨区域拓展

1）力拓西湖游船电视

2013 年，针对西湖游船移动电视的观众大多为外地游客的特点，公司积极进行内部挖潜，把西湖游船移动电视作为员工“大众创业”的平台，对 100 多艘西湖游船移动电视进行了设备改造，与旅委、外宣办等部门合作，将其打造成杭州对外宣传的窗口，并单独进行广告运营，与公司自主经营、创业型经营同步进行，努力增加经营业绩。

2）运营临安公交电视

2013 年，临安公交的 WiFi 推送车载移动电视正式投入运营，这是新动传播第一次尝试主城区范围外公交移动电视的运营。公司与广告代理商签署了临安境内的公交移动电视广告独家代理协议，并协助他们做好终端的维护和管理等工作。新动传播将以此为试点，探索跨区域拓展公交移动电视业务的可行性，为今后向周边及其他地区拓展提供经验和依据。

3. 厦门移动电视：定做栏目+植入广告

厦门移动电视的广告运营形式为：本地自营+部分行业代理结合外地全行业代理。面对广告市场的不断变化，厦门移动电视在广告形式创新方面大力创新，包括定做栏目、节目冠名与植入广告等。

在保持客户原有投放量的基础上，深入挖掘客户的潜在需求，同时借用频道的节目创作优势，为厦门的一家整形机构量身定做《美动亚洲》栏目，得到客户的认可，并承诺常年合作。使客户的广告投放量相比往年翻番。

通过开办如《最厦门》、《城市拍客》、《新闻连环话》等优质节目，吸引广告主赞助，销售节目的冠名、软性植入等广告资源，增加创收。

4. 洛阳移动电视：独家代理+全段套播

2014 年 4 月，洛阳移动电视公司与洛阳帝威文化传媒有限公司签署了广告代理协议，由洛阳帝威文化传媒有限公司全权代理移动电视频道广告。截至目前，除了华视传媒外，广告主数量达 50 家，主要来自快消品、汽车、医疗、餐饮、旅游行业，投放率最多的是快消品、医疗行业，如洛阳生生乳业有限公司、毛大夫整形美容医广告院等。广告主在广告投放时段上基本会选择 6:50～7:30、7:30～8:15、9:30～16:00、16:00～17:30、20:15～23:00 的精品套播（涵盖高峰期播出）播出，广告全年投放则多选择全段套播（包括精品、黄金、白金、钻石时段 3:3:2:2）播出。

针对移动电视广告资源，是自营或者是独家代理有优势，还是引入竞争机制的多家代理更为有效，可能每家运营商都有自己的一本账，但是通过资源整合、栏目与内容创新、开拓新资源，甚至是“走出去”的尝试，每家运营商都在寻找最适合自身发展的运营模式。

第三节　移动电视的线下活动运营创新案例

目前，除了依靠广告营收外，不少移动电视运营商也在积极拓宽营收来源和运营思路，如举办各种形式的线下活动等。这些活动不仅可以与线上活动相结合，更可以通过各种媒体宣传，扩大运营商的品牌知名度和美誉度，更重要的是可以与微博、微信等社交媒体充分互动，挖掘出移动电视“沉默”的用户群，为以后的互动传播奠定基础。调研数据显示，在接受调研的公司中，约有 50%的公司积极开展形式各异的线上和线下活动（见图 6-4），并初步形成了规模，已开展活动的移动电视运营商在活动方面的收入平均基本上达到了总收入的 16%，已经成为重要的收入渠道（见图 6-5）。

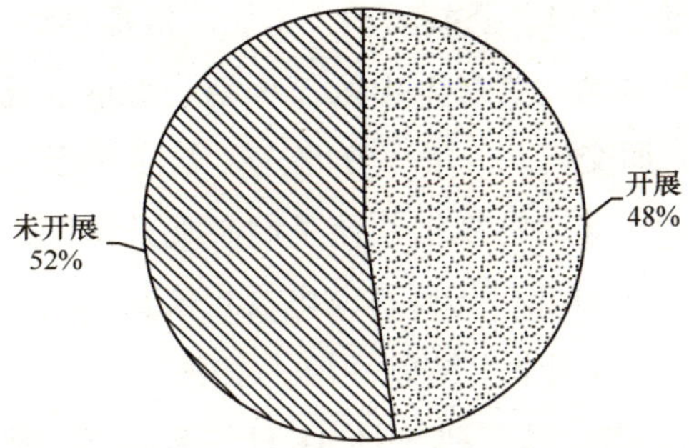

图 6-4 受调移动电视公司开展线下活动情况

资料来源：《2015 中国移动电视发展报告》企业调研。

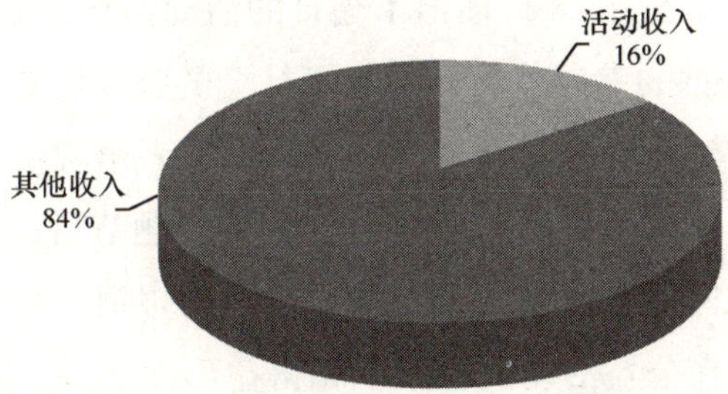

图 6-5 已开展线下活动移动电视公司活动收入平均占比

资料来源：《2015 中国移动电视发展报告》企业调研。

一、公益宣传类

移动电视作为党和人民的喉舌，作为公共交通事业的衍生物，理应关注城市公益，服从和服务于城市管理体系，为弘扬城市文化，建设和谐社会承担义不容辞的责任。无论在政府重要决策和政策的宣传、重大节庆的安排方面，还是在公共交通信息的通报和城市大型活动的开展等方面，公交移动电视都一直在发挥自身优势，在第一时间向市民进行宣传、告知。坚持社会效益与经济效益协调发展，“扩大主流声音、参与社会管理”是移动电视运营商的使命所在，各种社会公益宣传类的活动在移动电视运营商举办的活动中占据着重要比例。

1. 北广传媒移动电视："同在蓝天下　爱心 1+1"公益活动

"同在蓝天下 爱心 1+1"公益活动，是北广传媒移动电视 2015 年首次尝试与红河团州委两地联动，为贫困山区孩子创造来京参观学习的机会。与受捐赠的红河孩子面对面交流，一帮一资助。总共 23 名云南省红河州贫困山区的优秀学生代表来京，移动电视带领孩子们参观升旗仪式、毛主席纪念堂和国家大剧院等。5 月 28 日北广传媒移动电视台庆日当天举办大型主题晚会，6 个北京家庭与红河州贫困学生结成一帮一家庭。

5 月 28 日活动"启动日"和 5 月 31 日的活动"高潮日"吸引了京城近 30 家主流媒体的报道和转载，其中光明日报在 6 月 2 日第三版综合新闻中，详细报道并刊发了名为"同在蓝天下 快乐过六一"的新闻；北京卫视《都市晚高峰》栏目分别于 5 月 28 日播出了当日的活动消息，6 月 1 日当天播出了此次活动长达 5 分钟的专题节目，引起了社会的强烈反响。除此之外，公司还充分利用自媒体资源，在活动期间，每天派记者全程参与报道，播出并制作了 4 条长消息、8 次图片新闻、两个 5 分钟专题节目；另外还有中新社、凤凰网、中国日报网等多家媒体参与此次公益的报道，社会反响强烈，移动电视十周年纪念日在公益活动大背景下相得益彰。

2. 长沙移动电视：绿色出行活动

2014 年年初，为增加公交对市民出行的吸引力，减少私家车的出行和缓解地面的拥堵情况，有关领导指出，长沙要加快发展大交通，推行"绿色出行、公交优先"的号召。长沙市公共客运管理局和长沙移动电视联合举办了 2014 年"寻找乐乘"——长沙首届城市定向活动，让长沙市民实实在在地感受到长沙的新装巨变，感受激情洋溢的美好生活。此次活动的推出，也实实在在地打出了移动电视的影响力。

3. 广州移动电视：爱国主义基地巡展活动

为了弘扬爱国主义精神，推动广州市爱国主义教育工作，在广州市委宣传部的直接指导下，2013 年广州移动频道以广州市 66 个爱国主义教育基地为题材策划制作了《爱我羊城——广州爱国主义基地巡礼》专题栏目，得到了广大观众的强烈关注。

《美丽广州——我的中国梦》爱国主义教育基地志愿者人物系列电视短片作为《爱我羊城》项目的续篇，以现代人物的视角看基地历史人物，讲述爱国主义教育基地背景下，服务在爱国主义教育基地的各个岗位上的志愿者、工作人员以及与基地有特殊故事的人物眼中的基地，他们对基地历史人物故事的了解与感受。同时，每月策划举行基地巡展及优秀志愿者表彰地推活动，邀请广州各中小学校、志愿团体共同参与，既激发了广大市民的爱国热情，又提升了广州移动频道品牌的社会效益。活动还得到了广州市委宣传部、市文明办、共青团广州市委、市总工会、市妇联、市教育局以及全市各级爱国主义教育基地等相关单位的共同参与和支持赞助，实现了良好的经济效益。

4. 杭州移动电视：安全出行教育活动

针对杭州公交“7·5”放火事件，2014 年 9～10 月，杭州移动电视与市文明办、杭州文广集团和杭州公交集团联合举办了“公交出行安全大课堂”活动。活动利用文广集团强大的宣传平台、家喻户晓的主持人团队，利用新动传播——杭州公交移动电视这个精准覆盖公交乘客的文广媒体，与公交集团共同合作，通过线上传播，线下培训，走社区，进校园，打造安全教育第二课堂，帮助市民乘客学习安全防范技能，培养文明出行习惯。来自杭州文广集团各频（率）的十大主持人冠男、张斌、宛诗、张珊、马骞、郭彦宏、留声、闪闪、小飞和小柳，担任“公交安全文明出行宣传大使”。9 月 16 日，在吴山广场举行了盛大的启动仪式，并发布公交“电子逃生手册”。9 月 20 日、21 日、27 日分别面向市民乘客招募举办了三期训练营。9 月 27 日、28 日，10 月 11 日、12 日分别举办了四期“新动号”安全课堂进社区活动。10 月 12 日，公交安全出行公益微电影——《生命通道》举行首发仪式。通过活动，新动传播进一步提升了媒体品牌价值和形象。

5.“珍爱和平 薪火相传”公益骑行

为纪念中国人民抗日战争暨世界反法西斯战争胜利 70 周年，辽宁北方新媒体有限公司移动电视频道发起了以“珍爱和平 薪火相传”为主题的大型公益骑行活动，意在缅怀在中国人民抗日战争中英勇献身的英烈及所有为中国人民抗日战争做出贡献的人们，激励后人勿忘国耻，珍爱和平，薪火相传。

沈阳是与抗战息息相关的城市，多处历史遗迹与抗战有关，在十四年的东北抗战历史中，沈阳城饱受屈辱和苦难，也有过胜利和辉煌，为了历史不被忘记，让更多的人走进抗战遗迹，通过公益骑行活动来讲述那段历史，让历史再次绽放出她本来的光辉。

本次骑行活动在沈阳市内共设 7 个骑行站，从大和旅馆旧址（现辽宁宾馆）出发、途经沈阳南市场、满铁奉天公所旧址（现沈阳市少年儿童图书馆）、“二战”盟军战俘营旧址、东北陆军讲武堂旧址、沈阳审判日本战犯法庭旧址，最终抵达九一八历史博物馆，全程 21 公里。

辽宁移动电视频道对本次活动全程跟踪报道，同时配合活动制作、播出专属宣传片及专题片。活动当天，公交车同步播出 7 个骑行站专题片，形成户外骑行寻找抗战遗迹，公交车内节目带动活动。这是辽宁移动电视首次将户外活动与车内节目联动，形成了非常好的宣传效果，扩大了活动的影响力。

二、栏目互动类

与传统电视节目不同，一个移动电视栏目要想成功地创造并占领市场，必须依靠有效的营销来缩短栏目、节目与观众之间存在的空间距离、认知距离和情感距离，使节目得以迅速地进占市场。高品质的线下活动是品牌栏目的延展，是强化品牌栏目的有效途径，特别是对于各种美食、美容以及家装等生活服务类节目，举办线上线下的互动活动具有天然的亲民优势。

1. 长沙移动电视：乐乘霸王餐

《乐乘美食地图》之“乐乘霸王餐”是长沙移动电视品牌节目线上宣传、线下做落地活动聚人气的特别板块。利用平台优势在短时间内扩散美食门店优惠折扣信息，活动每个月两期，通过对餐厅和品牌的宣传，召集吃货报名试吃，以免费试吃名额为诱饵抽取十名试吃观众，增加观众关注及转发的积极性，活动当天晚餐餐厅全场五折聚客。第一季度成功完成五场活动，报名人数多达 2000 余名，最长排队时间长达两个多小时，活动美食门店翻台率达 100%。乐乘美食地图开播至今将近三年，对长沙美食影响力与日俱增。

2. 福州移动电视：首届家装俱乐部活动

建立在自办王牌栏目《家装我做主》的基础之上，福州电视台移动频道举行首届家装俱乐部活动，为需要装修的业主们提供一个优质平台。此次活动，共吸引 500 余户名业主亲临现场。周密线上运作，让家装俱乐部成为造势焦点。双媒体宣传，移动频道+的士公交车 LED 联播网的强强联合，车内车外影响一座城。高频次媒体推广资源，打造出高规格家装建材行业活动影响力。《家装我做主》系列专题片为受众探悉 699 套餐，深度解析让品牌直达受众，撬动家装建材市场。活动前期，在线上开设 "家装我来问" 讨论话题，邀请设计师在线回答，网友积极参与互动，为活动前期预热互动进行宣传造势。栏目主持人亲临现场，家装互动零距离问答。参观家装工厂、体验四套样板房、现场设计师解答等环节，行程安排紧凑。借助媒体优势，活动当天通过现场连线直播的方式，时时现场资讯直播，再度引爆活动氛围。

三、真人选秀类

中国电视媒体的真人秀活动和节目起步不晚，但是直到 2012 年才实现真正意义上的"繁荣"，成为具有普遍意义的社会文化现象。随着经验的累积和国外真人秀专家们的指导，越来越多的中国真人秀开始崛起，并得到国外观众的认可。从发展情况看，电视真人秀节目在 2012 年 "异军突起"、2013 年 "蔚为大观"，到 2014 年可谓是"延续辉煌"。移动电视真人选秀类活动与电视上的真人秀节目有很多相似之处，但是比电视节目更本地化、生活化、平民化，也更容易为普通大众接受和认可。

1. 广州移动电视：CNEM 首届中国电商模特大赛

"CNEM（首届）中国电商模特大赛"是广州移动频道、中国传媒集团《文化月刊》、广东省模特行业协会、广东省电子商务商会及广州电子商务行业协会等单位联合主办的大型综合赛事，是目前国内首个以电商为载体的参赛选手及参与人数最多的模特赛事。作为大赛的主办方，广州移动频道除了在公交车、出租车、政务楼宇及水上巴士上密集播放活动的预告宣传片、全程跟踪报道大赛进展之外，还利用互联网及线下活动推广，使大赛正式开始仅2个月，就吸引了近200所高校的2000多名选手参赛，获得了社会各界的热烈反响。

在媒体推广方面，央视网、新华网、凤凰网、新浪网、土豆网等强势媒体进行联合宣传推广，达到了文、图、音、视异彩纷呈的良好传播效果。另外，积极发挥互动优势与群众优势，以移动电视结合线上互动、线下参与的模式，积极与电商企业配合，通过大赛将优秀选手直接输送到企业，为电商圈提供了新鲜的血液。同时，获奖选手可得到亚马逊、京东、苏宁易购等知名电商企业的形象代言。此外，大赛在经营方面还成功得到谷网等多家电商企业的赞助支持。

2. 长沙移动电视：公交真人秀

2015年年初推出的《乐乘慧生活》之“妙手车厢”活动，是将节目、活动和公交车相融合，打造的全国首档公共交通平台竞技类真人秀节目，把演播室搬到公交车内，在城市里穿梭，更近距离地与乘客朋友互动。活动在线上发布宣传片，招募乐乘慧生活忠实的观众参与，参与者可通过关注公众微信“乐乘一团”进行报名。报名成功后，节目组将会将参与的详细信息通过微信发送给观众，观众找到公交专车后接受挑战。第一季度成功完成四场活动，录制选手人数达到160人左右，真正实现了让节目走进车厢和乘客亲密互动，引发车厢围观的效果。

3. 厦门移动电视：街舞大赛

厦门市中老年广场舞大赛由厦门移动电视全程策划组织，邀请了厦门市老龄委和厦门市委文明办作为联合主办方，活动从6月至8月历时两个月，是厦门规模最大、影响最广，首开福建省先河的一次广场舞大赛。此次比赛自4月底开始接受报名起，历时3个多月，涵盖全市所有6个行政区，在全市掀起了一场广场舞热潮。在全市六个行政区各举行了一场预赛及一场总决赛共七场比赛，吸引了 100 多个社区组团参赛，参赛团队超过 200 个，参赛人员上万人。

除了在移动电视频道密集播放活动的预告宣传片外，厦门移动电视还专门开辟《舞动厦门》栏目，宣传报道此次赛事。在开赛前一个月，栏目摄制组就开始走进厦门市各街道、各社区对赛事进行宣传，并设立现场咨询点，给群众答疑解惑。此外，厦门移动电视还联合厦门日报、厦门晚报、新浪厦门、腾讯大闽网、优酷网等强势媒体进行了联合宣传，取得了良好的效果，各社区报名情况相当火爆。本次活动得到了厦门市政府、各区政府、各街道办及中老年人的赞赏，同时也取得了良好的经济效益。

四、特别策划类

这类线下活动一般是针对特定节假日、纪念日或者某一主题举行的活动，活动形式与类型千差万别，除了品牌营销宣传外，这类活动一般具有比较明确的经济指标或者销售支持任务，可以有效带动移动电视的销售收入。

1. 星空移动电视：节日特别活动

四川广电星空数字移动电视围绕市场需求，在 2014 年 2 月筹办了星空缘幸福季元宵节暨情人节特别活动，并取得了良好的反响，为星空数字移动电视观众和特邀嘉宾提供了一个元宵节暨情人节欢聚平台，通过线下活动安排和线上电视宣传，扩大了四川广电星空数字移动电视及所有赞助企业的品牌影响力。另外，四川广电星空数字移动电视还在 2014 年 5 月举办了第一届斗地主大赛，参与人数众多，既实现了盈利，为公司创收，又扩大了四川广电星空数字移动电视及所有赞助企业的品牌影响力。

2. 福州移动电视：千人假面舞会

2013 年 10 月 31 日万圣夜，福州电视台移动频道举办千人假面舞会，首开榕城假面舞会风潮。当晚超过 2000 人现场共狂欢，人气爆满。此次舞会以单身、交友、假面、狂欢为主要元素，给高节奏生活的青年人群一次释放自我的机会。3 分钟交友、恐怖通道、假面魅惑、塔罗占卜、劲歌热舞、有奖互动、示爱求婚、搞怪整蛊 8 大玩点，让活动高潮迭起。

福州移动频道充分利用平台优势，营造强大的宣传氛围。多种形态节目集中推广，《淘最福州》等三档品牌节目，宣传期间每天提及活动内容及商家信息，推波造势；宣传视频全天 18 小时不断档高频曝光活动信息，使全城都知道万圣千人假面舞会；活动专题逐步揭秘当天舞会亮点，将宣传层层推向高潮。同时运用官方微博、微信同步宣传推广，实现线上互动。参与者可以通过微信随时随地咨询活动信息。朋友圈的分享更扩大了活动的宣传范围。整合资源，与团购网合作售票，契合当下年轻人的消费渠道，高峰时一天售出近 400 张票。

另外，2014 年 11 月 7 日，福州电视台移动频道还举办榕城首届“白色派对”，现场超过 1500 人共度白色狂欢，团购报名、现场报名、电话报名，一票难求。同时吸引到众多优质合作伙伴，是一场成功的品牌营销。

3. 黄石移动电视：七夕万人相亲盛典

2014 年 8 月 1 日、2 日，由黄石广电移动电视携手黄石电视台睛彩频道与结婚吧婚恋机构联合打造的“七夕鹊桥灯会·情定桃花扇”万人相亲盛典活动在人民广场圆满落下帷幕，吸引了 4 万市民热情参与，赚足了人气，又引来了婚纱、摄影、珠宝、旅游、汽车、地产等众多商家的加盟，实现营销额 40 余万元，取得了社会效益和经济效益的“双丰收”。

4. 北广传媒城市电视：天阶大屏互动活动

2014 年，北京北广传媒城市电视有限公司位于朝阳区东大桥路的世贸天阶大屏幕改建工程完工。12 月 24 日晚，世贸天阶大屏幕正式新装亮相，现场举办了“重装亮相，等你点亮”的主题活动。经过大屏幕附近的人，都可以使用自己的手机，发送照片、祝福语或心愿，在大屏幕上和大家分享。当晚在活动现场，大屏上一幅幅温馨的照片和一句句感人的祝福，为寒冬带来了浓浓的暖意；有趣的互动游戏，让参与者欢呼连连，乐在其中。

此次世贸天阶主题活动，是城市电视成立十年以来首次实现落地品牌推广项目，同时也是城市电视利用互联网内容发布和管理平台进行内容互动与创新的一次崭新尝试，收到了极佳的效果。利用即时通信工具，让观众把自己的照片、祝福、心愿通过手机发送到内容管理平台上，仅需数秒，即可在大屏幕上展现，和所有参与者一起分享。该活动既贴近了大众生活，又提高了企业的社会关注度，提升了受众参与感，增强了品牌影响力。

通过上述部分活动案例，我们可以看到，一个线下活动的成功与否，首先要找好活动定位；其次，前期的活动策划方案必须详尽、周到完善，如活动主题、活动时间、活动地点、参与对象、参与形式及招商、活动流程及具体安排、工作人员明细、奖项设置、待准备物资、经费预算等；再次就是要做好活动宣传，充分发挥新闻媒体作用，可通过咨询电话、网络报名、活动亮点媒体展示等环节，扩大宣传的覆盖面，扩大市民参与度，增强活动宣传效应；最后，要高度重视互联网的作用，充分利用新闻网站和微博、微信等社交媒体，扩大活动宣传的渗透力、影响力。

第四节 移动电视宣传与品牌营销创新案例

“移动电视不但为乘坐公交车、地铁等公共交通工具的人群提供了获取新闻资讯的重要渠道，而且为广播电视开辟了新的宣传阵地，拓展了新的产业发展领域。”国家新闻出版广电总局对于移动电视的这一评价代表了主管部门对于移动电视这一新型广播电视服务的充分肯定。

然而，移动电视作为媒体领域一次重大的技术变革，也面临着诸多挑战，尤其是智能手机等替代品的威胁不容忽视。我们必须面对的现实是，一方面，随着公交移动电视广告繁杂、同质化节目较多等现象日益突出，现在消费者对于公交移动电视的热衷度已经大大下降；另一方面，随着手机技术的不断提升和移动互联网的普及，手机视频功能日趋成熟，已对移动电视市场造成巨大的威胁。在这种替代性的挑战面前，除了做好内容之外，还必须要做好移动电视的宣传与品牌营销工作。

目前，移动电视运营商在运营策略上虽然有各自的侧重点，但是难逃同质化严重的问题，因为其目的都是相同的——吸引广告商来提高企业的盈利水平。还有就是各家企业运营中凸显“差异化”的特色和个性设置还不够，商标特色化也不够明确。另外，移动电视节目缺少自主品牌，很多内容都是对传统电视节目简单剪辑或者直接投放于移动电视上，很少能够拥有独具特色的移动电视节目。种种现实也在不断督促着移动电视运营商重视品牌宣传与营销工作。

一、自制内容打品牌

内容为王。在新媒体时代，内容的意义不是降低了，而是增加了。根据前文的分析，移动电视的自制节目在整个节目中的数量和时长占比为 25%左右，其余大部分为集成、引进和其他类别的节目，这种状况势必难以突出媒体自身特色。近两年，部分移动电视已经开始尝试自制内容，以独家的内容吸引受众关注，提升媒体品牌。例如，北广传媒移动电视的《秀逗爱生活》，黄石移动电视的《果搞笑》、重庆移动电视的《包打听》等，这些针对移动电视人群、契合移动电视收视环境作品受到了受众的欢迎和好评，为移动电视的品牌形象增添了不少亮色。

二、以活动带品牌

一个频道要想成功地创造并占领市场，必须依靠有效的营销来缩短频道、节目与观众之间存在的空间距离、认知距离和情感距离，使频道及节目得以迅速地进占市场。

1. 广州移动电视：粉丝节

2014 年年底，广州移动频道举办“粉丝节”整合营销及品牌宣传活动，使品牌传递和打造渗透在移动电视的节目、活动、运营等多个方面。不仅开展全方位的立体宣传，更采用多样化营销手段聚集助力，现场“粉丝”络绎不绝，取得了极佳的宣传效果。

- 活动宣传+人气聚集。电商模特大赛活动 20 强的俊男美女现场闪 SHOW；《车女郎》栏目中的车女郎现场巡回展演，宣传活动和品牌宣传一体化，成为靓丽风景。
- 体验式营销。公交工具搬到现场，体验式乘坐公交观看移动电视，并在微信朋友圈发送体验感受。

- 转盘抽奖、有奖问卷调查、微信（APP）扫描下载等结合商家参与的互动环节，既宣传频道品牌和商家产品，又让“粉丝”们满载而归，一举多得。
- 主持人合影互动，宣传栏目，宣传品牌，形成明星效应。
- 活动当日到场观众（“粉丝”）逾两万人，场面热烈，既很好地完成了既定的栏目和频道宣传任务，又有效地增强了受众的关注率和忠诚度。

2. 厦门移动电视：冰雪王国游乐城

2014 年夏天，厦门移动电视启动多金项目冰雪王国游乐城，这是频道第一个多金项目，频道动用全部资源共同推广该项目，进行多渠道、多媒体的宣传及营销。

1）多渠道营销

- 与团购网合作售票，对方提供版面宣传推广支持；与移动 12580 合作团购。
- 与广场、百货、影城合作：借助广场宣传及办会员赠票，百货购物及活动赠票，影城观影赠票等手段吸引客流。
- 与早教机构合作：提供赠票并组织小型活动进行宣传。
- 针对购房家庭及业主家庭，与联发房产商铺开盘及博饼活动结合，提供赠票作为礼品，吸引高端人群，拓宽销售渠道。
- 幼儿园招生当日进行儿童票发放。

2）多媒体宣传

- 自媒体广告、专题、微信宣传，电视、广播、报纸、网络等媒体推广。
- 与网络媒体合作：与厦门房地产联合网、小猪网合作，两个网站均提供较多的宣传推广支持。对联合网的博饼活动进行赞助，提供儿童赠票；小猪网则进行网友活动征集，共 20 组家庭参与，反应比较好。

通过多渠道、多媒体的宣传，冰雪王国游乐城项目成为 2014 年夏天厦门的热点话题，在市民中刮起了一股冰雪旋风，同时提升了频道的品牌影响力。

3. 青岛广电无线传媒：助学韩国游

2015年2月9～15日，青岛广电无线传媒联合威东航运开展了“感恩十年、威东助学韩国游”活动，来自全市各区品学兼优、家境困难的优秀学生代表20余人获得了此次免费公益韩国行的机会。这些第一次踏出国门的贫困学子，通过此次公益活动有机会体验了大田科学公园、安东河回村、汽车博物馆、景福宫等著名韩国历史、文化景点，开阔了自身眼界。青广无线传媒集团对此次活动做了专题报道，播出后社会反响强烈，好评如潮。通过此次活动，不仅树立了企业重教、乐于回报社会的良好形象，扩大了企业的知名度和社会影响力，更帮助无线传媒下一步开展韩国亲子游等旅游活动积攒了超高人气，是一次品牌宣传与企业营销的成功案例。

4. 辽宁移动电视:百姓春节大联欢

辽宁移动电视百姓春节大联欢是由辽宁广播电视台北方新媒体、沈阳市交通局、沈阳市文广局联合主办，辽宁移动电视频道、沈阳市群众艺术馆承办的一次大型全民新春联欢晚会，自2014年11月展开节目海选以来，得到了广大市民的热烈响应，先后有近千名朋友来此一展才艺。

2015年1月22日，在经过一个月的激烈PK过后，这些百姓艺术家中的优秀代表带来的16个精品节目最终走进沈阳工人文化宫，走上了百姓春晚的舞台，为沈城市民献上了一场美轮美奂的演出。

三、因地制宜“走出去”

在接受调研的移动电视运营商中，云南无线数字电视文化传媒有限公司（以下简称云数传媒）是比较独特的一个。一方面，云数传媒经过多年的发展，在国标地面数字电视网络用户规模发展，公交电视、楼宇电视、机场电视等新媒体应用与广告运营方面探索出了成熟的商业模式；另一方面，云数传媒也是我国首家将中国DTMB标准成功推广到海外，并在当地进行大规模地面数字电视网络用户发展、运营服务的企业。

近年来，在中宣部、国家新闻出版广电总局、商务部、发改委、财政部等相关部委和云南省委省政府的支持下，云数传媒先后实施了“在复杂地理环境中基于数字微波组网方式下的国标地面数字电视单频网应用示范网络项目”、“中国地面数字电视传输标准海外推广云南应用服务平台项目”等多个国家级项目，合作建设了两个国际合作项目（即老挝和柬埔寨DTMB地面数字电视项目），成为全国DTMB地面数字电视领域和广播电视“走出去”领域的排头兵。自2009年起，公司连续三届被授予“国家文化出口重点企业”以及“全国文化体制改革先进单位”等荣誉。

在其收入结构中，来自移动电视的广告收入仅为30%左右，与收视服务费基本相当，而来自老挝、柬埔寨等海外工程的收入约占40%（见图6-6）。这种因地制宜走出去的运营模式不仅有效提升了公司的品牌形象，还保证了公司业务的健康成长。

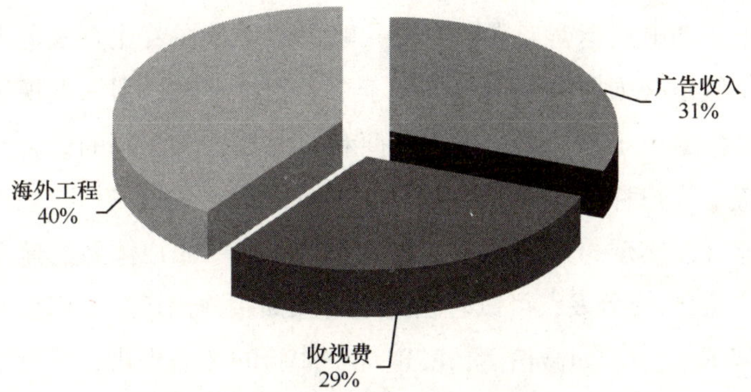

图6-6 云数传媒营收构成基本情况

资料来源：《2015中国移动电视发展报告》企业调研。

第五节 统一账户与用户运营创新案例

基于开放平台的统一账号运营，已经成为当下互联网巨头们的战略入口，不管入口的具体承载形式是浏览器还是APP客户端，其可度量、可测量的价值，均源于用户认可的统一账号，以及捆绑在该账号上的行为、信用和社交关系。而在移动互联网环境下，网络统一账号与手机号、手机通讯录的绑定，将物理世界中的社交关系完整、真实地映射到网络世界中，其商业价值不言而喻。

而对于移动电视来说，统一账户与用户运营无疑具有同样的商业价值。综观各种媒体的发展历史，从“观众”到“用户”的演进，也并非互联网的独有商业模式。在全球付费电视/视频的版图上，以 HBO 为代表的付费频道、以 Comcast 为代表的有线网络、以 NetFlix 为代表的“DVD-网络”租赁服务商，都有自己的用户体系，可感知、可管理、可收费；不过，这些体系的基本单位是家庭，而非个人。在中国，全球罕见的免费开路频道数量，使传统电视内容运营从来就没有“用户”的概念；粗犷的运营机制和条块分割的运营区域，使拥有家庭用户数据的有线网络公司，很难利用这些数据进行有价值的挖掘和再生产。

而对于移动电视运营商来说，统一账户似乎存在着比有线电视运营商更大的难度，但是必须迎难而上，将基于个人的统一账户引入电视运营，尤其要看到新兴技术对于统一账户带来的便利。比如，二维码的概念和应用习惯普及，使统一账户移植变得前所未有的方便，只要“扫一扫”电视屏幕上的二维码，就可以实现与用户既有账户的对接；统一账户体系的建立，意味着“一云多屏”的内容分发，可以轻松跨越“感知用户需求”的门槛，并在统一的 APP 框架环境中（如微信），实现统一体验的按需提供；更重要的是，统一账户体系的建立，通过开放平台，对接支付系统、社交关系管理系统和第三方服务信息推送系统，使移动电视业对观众的测量从群体下沉到个体，并能按需提供各种信息或商业服务。

一、利用全媒体抓互动

1. 青岛移动电视：嘟嘟抢宝客户端

移动电视的收视人群流动性较大，观看节目时间也比较短，注意力容易分散，针对这一用户特点，青广无线传媒集团更新现有节目包装，统一节目时间，把节目时长控制在5分钟以内，在节目的拍摄和剪辑上要求镜头更有冲击力，节奏明快，字幕清晰醒目，使公交电视节目尽量符合受众的收看习惯。在微信微博用户运营方面，定期推出各种活动吸引手机用户参与，比如用户参加砸金蛋、转转盘等小游戏，就有机会中奖获赠电影票或者小礼品；在论坛里留言即可参加美食代金券幸运抽奖等，使电视观众不再像以往只能在公交车上被动接受节目信息，而是主动参与到节目互动中来。

尤其是其推出的嘟嘟抢宝客户端，作为一款公交电视大屏幕与手机小屏幕的互动 APP，通过推出不定时的互动游戏，主持人宣布游戏开始，则乘客点击手机上的按键抢拍礼物。礼品的范围包括食品、饮料、电器以及餐饮娱乐代金券，每周、每季度、每年还将推出大额礼物，用以吸引乘客足够的关注度。

2. 广州移动电视："T to O"全媒体战略

广州移动频道于2014年6月推出"汽车全媒体传播服务平台"传播服务品牌，是其实行"T to O"全媒体战略首次试水。

"汽车全媒体传播服务平台"整合了广州城市电视旗下户外移动电视平台（包括公交电视、出租车电视、楼宇电视、水上巴士）、有线入户频道、专业汽车视频网站以及自媒体 APP 客户端"的全媒体资源，搭建起汽车产业上下游的"汽车厂商、汽车销售商、服务商和汽车金融服务商"与汽车消费者之间的桥梁。

与此同时，经过从户外到入户的立体式传播，主打汽车节目《车女郎》经过了20多期的全媒体播出后，逐渐打造出"香车美女"的媒体品牌印象，由节目衍生出来的车女郎评选活动一直贯穿在节目播出当中。经过网络、微信、微博投票，第一季度 12 名车女郎的优秀选手脱颖而出，2014 年广州车展期间，广州移动频道联合"中信银行"、"南丰汇名车汇"，共同主办"2014广州移动频道第一季车女郎颁奖礼"，邀请众多汽车经销商、银行高端客户以及现场观众一起见证这美丽时刻。至此，移动频道以移动电视栏目为产品，以全媒体播出平台为渠道，以线上线下活动为衍生，逐渐形成了"T2O"（TV to Offline）的新型电视活动营销模式。

二、与互联网融合发展

随着互联网的普及，互联网将成为家庭必备设施，单纯的 DTMB 已经逐渐失去其吸引力和用户黏性。提供互联网接口，融合互联网内容，支持无线多屏互动不仅是推动传统媒体和新兴媒体融合发展的重要推手，更是保住和扩大广电现有市场的关键。云数传媒引入 OTT、云计算等技术，与互联网、移动互联网全面融合发展。

2011 年，云数传媒获得国家发改委批准建设"中国地面数字电视传输标准海外推广云南应用服务平台项目"（以下简称云南平台项目）。其中，新业务与新型运营模式支撑平台将主要引入 OTT，打造互联网音视频集成平台（见图 6-7），推动 DTMB 传统媒体和互联网新兴媒体的融合发展。

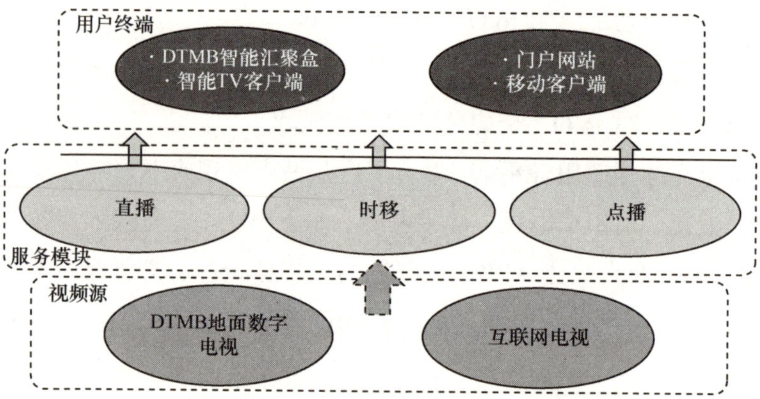

图 6-7　云数传媒 DTMB+OTT 业务示意图

资料来源：《2015 中国移动电视发展报告》企业调研。

该集成平台将集成收视率排前的主流电视频道，以及大量优质的互联网音视频内容，通过编转码设备广泛支持传统电视、PC 电脑、手机、IPAD 等多屏格式收看（见图 6-8），通过搜索软件实现海量音视频内容的在线搜索，通过 DTMB、宽带、3G、4G 多种网络实现用户的互动点播需求。另外，还将通过互联网专线，为海外 DTMB 地面数字电视提供稳定、及时的广播电视节目源服务。

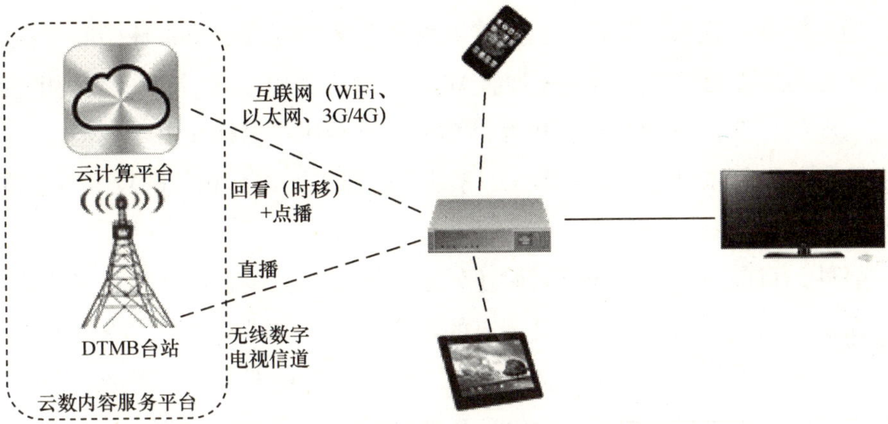

图 6-8　云数传媒多屏互动业务示意图

资料来源：《2015 中国移动电视发展报告》企业调研。

另外，云数传媒还在云南应用服务平台基础上，搭载云计算平台，实现对用户数据的收集，通过大数据的分析手段，根据用户喜好和需求，开展精准的音视频推送服务，将云南广播电视台最新的新闻资讯、购物频道的时尚优惠商品和生活服务信息推送给不同用户。

仔细研究上面的用户营销案例，我们可以发现其充分利用全媒体的营销手段，已经可以影响到希望影响的人群，做到了统一账户营销的初级阶段。例如，广州移动电视的《车女郎》活动，借助了广州移动电视的多媒体渠道的传播优势，同时还结合了二维码、微博、微信、网站等多种互联网、移动互联网终端进行传播。从家庭用户到出行人群，从互联网网民到移动互联端的个体用户，节目的传播和活动的互动是全方位、无障碍的互动，更符合时下融媒体传播的发展趋势。同时，通过“汽车全媒体传播服务平台”，广州移动电视开始铺垫一个全新的媒体营销模式：节目即活动，活动即节目，由此将线上的 TV 向线下 Offline 来延伸，同时借助互联网、移动互联网端的技术手段，将用户引向频道开设的专业网站；网站同时也开辟了电子商务平台，形成在线交易。这时，由电视节目、线下活动将目标用户吸引到自己关注的区域，线下活动形成第一次营销机会；通过活动的举办，将用户引流至在线销售区域，形成第二次销售机会。

而云数传媒的全媒体融合传播方面，则将重点放在智能盒子等硬件基础上，通过智能机顶盒，为用户提供多网融合、多屏互动、丰富体验的音视频服务。尤其是智能机顶盒可通过加载 WiFi 芯片，利用 WiFi 技术，实现电视、手机、电脑、iPad 等设备的多屏互动功能，满足用户多样化需求。但需要注意的是，如果在移动电视上采用这一系统，可能需要进行相关的投入与改造，如与公交 WiFi 相结合等。

另外，目前这种用户运营暂时还处于初级阶段，接下来则需要将其在移动电视运营商系统内的账户与其既有的账户对接，如微信账户、支付宝账户等。这种对接不仅可以让运营商直观地了解到谁在观看节目，帮助广告客户更好地进行广告投放，更可以为以后开展 O2O 业务等提供必要的保障。

第六节　O2O 服务协作运营创新案例

O2O 服务的优势在于把网上和网下的优势进行结合，把互联网与实体商店或者服务巧妙对接，实现互联网落地。随着电商和实体店的快速结盟发展，包括服装、旅游、餐饮、娱乐、汽车等行业以及快消、生鲜等生活服务在内的方方面面，都在快速进入 O2O 时代。在这种大环境下，移动电视如何利用 O2O 进行创新确实是一个课题。

与其他 O2O 服务商相比，移动电视等媒体从事 O2O 服务具有一定的天然优势，如其自身的媒体公信力与影响力可以弥补电子商务诚信缺失的短板，在内容方面的优势可以引导生活消费潮流等。目前，传统电视已进入不变则亡的时代，而变传统的“观众”为“用户”，正是电视媒体在互联网思维下不断探索的重心。首先，移动电视的内容本身即是一种产品，让节目与商业联姻，满足观众（用户）“可见即可买”的消费心理，以一种新的方式以帮助广告客户迅速找到适合的消费者，向他们传递适合的信息；其次，一些移动电视运营商对于电视购物曾经做过一定的尝试，作为一个年营收千亿元的大市场，电视购物确实很有吸引力，然而面对网络电子商务的蓬勃发展，传统电视购物模式正在遭受冲击，这同样是移动电视运营的机会，如果利用好线上购物，将可实现集移动电视、网络、数据营销、广告服务、实体店等于一体的 O2O 全产业链服务。

一、微团购

2014 年 11 月，长沙移动电视在频道所属的公众微信进行首次农产品（邵阳雪峰山蜜橘）微团购，利用长沙移动电视平台资源对团购产地、产品、销售渠道做了全面的宣传，同时在频道公众微信的日常推送中也进行了产品的关注引导，产品关注总人数达到 7000 多人；关注团购页面 1300 多人，支付关联 400 多人次，最终实现 188 件的下单转化。此次产品团购整合了移动电视大屏的宣传资源引导用户进行入手机端进一步了解产品，并利用微信平台的支付渠道直接实现下单购买，形成了以移动电视屏幕为产品展示的移动车厢电子购物场景闭环。

二、微信营销

《睇完有着数》栏目是广州移动频道与广告代理公司联合制作的一档栏目，内容为向市民街坊介绍广州本地吃喝玩乐的各种商铺，并提供各种优惠。自 2010 年开播以来，有多年的节目品牌积累，逐步成为广州市民耳熟能详的电视栏目。

为了迎合市场变化，解决因互联网销售（如大众点评等）冲击而出现的问题，2013 年《睇完有着数》栏目就与互联网接轨，开辟了微博和微信公众号等渠道进行栏目品牌宣传和推广。起初微信开通只是为栏目品牌做辅助宣传，但通过受众导流、体验式微营销等方式，结合栏目品牌影响力，粉丝量激增，达到 15 万的粉丝量。商机逐步成熟，从而形成了新的营销模式和营销渠道。微信营销的开发，通过一系列线下活动大大增加了和受众的互动，解决了电视类媒体线上宣传难带动线下宣传的弱点；通过微信交易平台实现快速简单的一站式交易，方便快捷。同时解决了移动电视类广告效果无法评估或难评估的弱点，用数据说话。降低了拍摄制作成本，缩短了前期准备时间，随时随地都可以进行多种方式的微信营销。

2014 年双十一期间，《睇完有着数》微信公众号推出盘龙峡度假酒店促销抢购活动，并打通微店支付环节，形成宣传、浏览、选购、支付的闭环，实现当天几十万元的收入额，大大超出了商家销售预期，目前商家已成为栏目长期合作的客户之一，成为忠诚性客户。

其实，对于这类依托栏目进行微信公众号的营销模式，最好的办法就是开展体验式微营销，以移动互联网为主要沟通平台，配合移动电视媒体，通过有策略、可管理、持续性的 O2O 线上线下互动沟通，建立和转化、强化顾客关系，实现客户价值。例如，《睇完有着数》公众号在形成庞大粉丝规模之后，在每篇商铺推荐软文中利用小编微信号对粉丝进行进一步细分，对关注了某类信息的粉丝进行分类信息推送，制造虚拟的语言体验场景，让粉丝产生强烈的代入感。其次，利用 O2O 线上线下相结合的模式不断组织线下粉丝活动，邀请粉丝参加试吃、试玩、试游活动，将线上虚拟用户转化为线下实体用户，对用户进行二次价值开发，并加强用户忠诚度。除了本栏目外，《睇完有着数》微信公众号在累积了一定粉丝量和影响力之后，还将视频节目、网站、微博、微信公众号四种媒体渠道联动，捆绑打包运营，带动其他产品销售。

第七节　智慧城市融合运营创新案例

1993 年以来，智慧城市理念即在世界范围内悄然兴起，许多发达国家积极开展智慧城市建设，将城市中的水、电、油、气、交通等公共服务资源信息通过互联网有机连接起来，做出智能化响应。在我国，一些地区在数字城市建设基础上，开始探索智慧城市的建设。2014 年 8 月 29 日，经国务院同意，发改委、工信部、科技部、公安部、财政部、国土部、住建部、交通部八部委印发《关于促进智慧城市健康发展的指导意见》，要求各地区、各有关部门落实本指导意见提出的各项任务，确保智慧城市建设健康有序推进。意见提出，到 2020 年，建成一批特色鲜明的智慧城市，聚集和辐射带动作用大幅增强，综合竞争优势明显提高，在保障和改善民生服务、创新社会管理、维护网络安全等方面取得显著成效。

目前，中国移动、中国电信、中国联通三大通信运营商已经与 300 多个城市达成“智慧城市”战略合作协议，仅“十二五”期间，我国“智慧城市”投资总规模就有望达 5000 亿元。在这场万亿元规模的投资大潮中，移动电视运营商至少可以在应急服务、智慧交通、智慧政务等几个领域发挥自己的优势，至少要做到不缺位。

一、智慧交通

1. 青广无线传媒：出租汽车服务管理系统

2014 年 1 月，青广无线传媒集团获得独家建设、运营青岛出租汽车服务管理信息系统的资质，为全市一万辆出租车安装全套信息系统车载智能终端及 LED 等媒体发布系统。该系统是利用卫星定位技术和无线信息传输手段，将地理信息技术、数据信息化技术等融为一体的智能综合信息系统。它由数据资源、监控指挥、电召服务三大中心，以及监控指挥、电召服务管理、动态运管稽查、企业在线管理、服务质量考评五大业务应用系统组成。可以实现出租车动态监控、智能调度、综合运行分析、动态监管稽查、企业在线业务管理、服务质量考评、信息发布等功能。这些功能的实现将有助于建立青岛市出租汽车运行监测机制，实现对出租汽车实时定位跟踪、报警监控、轨迹回放、远程控制、投诉认定、电子围栏进入管理等功能，便于行业管理部门及时掌握情况，化解矛盾；有利于缓解市民“打车难”问题，减少车辆空载巡游，缓解交通拥堵，促进节能减排。

通过该系统的建设，青岛市已成为全国第一家获批开通“95128”出租车电召热线服务号码的城市，并获得出租车智能管理示范项目车载终端装机量最大、功能最全、信息化支付方式最多、首次将北斗与 GPS 双模定位应用于城市出租车信息系统的“四个全国第一”。

目前，已完成全市 24 家出租企业 9500 辆出租汽车的系统智能终端安装工作。

2. 长沙移动电视：筹建“车联网”

目前，长沙广电移动电视作为户外媒体公众信息服务平台所发挥的城市应急和宣传引导作用已经凸显，平台已覆盖公交、地铁、出租车。但同时，现有信息发布方式受到技术构架的限制，需要利用新型地面数字电视广播网络技术和互联网渠道做补充和提升，以更好地服务车厢移动人群通过个人终端和自媒体平台获取并分发信息的需求。

为了实现城市“车联网”目标，此项目现行工作思路主要是以车载终端为主体，以电视屏、GPS或北斗模块、车载WiFi路由、手机客户端为依托的组合方式为公众提供车载无线上网、自媒体资讯分发、政府应急信息服务、公共车辆运营调度及智能引导、出行及换乘方案定制信息查询等基于多渠道、融平台的出行伴随化信息服务平台。

现阶段长沙移动电视频道已对终端产品进行前期测试，一期目标将投入3500台车载终端，在各条城市主干公交线路进行安装覆盖，建立以电视屏幕与智能手机为载体的信息服务平台，电视主要负责应急发布、内容引导；手机客户端负责完成电视播出资源承载，为市民出行提供“一站式”公共交通信息服务应用。

3. 广州移动电视：即刻交通

《即刻交通》是在秉承广州市交委“以智慧交通为引领，建设与国家中心城市相适应的现代化大交通”的理念，广州移动频道专项打造的一档整合大量便民资讯，及时提供各区天气、各区拥堵指数、拥堵路段和公交线路改站改线等信息，方便市民选择使用公共交通工具出行的交通信息类节目，在广州移动频道的公交车、出租车、水上巴士、办公楼宇早、午、晚交通高峰时段播出，同时，也可在广州移动频道官网、APP客户端实时观看查询。栏目主要包括实时路况、拥堵情况、公交调整信息、便民服务等内容板块，不仅是利用移动互联网技术为广州市民提供本地化交通出行服务的一次创新尝试，也是大广州区域智慧交通建设的一部分，成为广州市民身边不可或缺的“出行帮手”。

二、智慧学习平台

2014年，在大连市委宣传部的支持下，大连移动电视推出大连社区智慧学习平台，在支持政务公开、服务社区居民、引导全民学习、打造新的传播阵地方面进行了有益的探索。

社区智慧学习平台安装在社区居民聚集的场所，为其提供基本的传媒信息服务，利用地面数字电视的传播和网络的 IP 化播出方式，满足居民个性化和大众化的需求，既可以直播电视节目，又可以根据社区不同的需要制作和播出与之密切相关的内容。社区智慧学习平台是传统电视新的覆盖，也是移动互联网时代，宣传部门主动作为的一种新的模式，对提升街道、社区的管理效率和智慧城市、学习型城市建设将起到极大的促进作用。

社区智慧学习平台融合传统媒体与新媒体的双重功能：①既可控可管，又实现了分众、用户生产和交互；②形成社区管理新的载体，提高管理效率，促进社区管理由传统方式向互联网时代转变；③培育市民新的生活方式；④建设大宣传的管理体系，搭建即时学习的新平台。

以上案例多是根据调研公司提供的材料整理而成，虽然挂一漏万，我们也希望通过这些案例的梳理，能给业界提供更多的运营参考和思路。整体上看，各移动电视运营商都看到了互联网以及移动互联网对于传统业务的冲击，更值得欣慰的是很多运营商都在开始通过各种不同的尝试，探索移动互联网时代下移动电视运营的规模和范式，无论最终是否成功，这种探索都是推动移动电视转型的驱动力。

除了上述案例之外，我们也发现不少移动电视运营商在搭建公共 WiFi、移动电商等方面正在进行积极的探索，虽未成型，但值得关注。例如，深圳移动电视通过公交 WiFi 实现移动电视和乘客手机之间的大小屏互动，并开展相应的互联网业务，如增值业务、游戏开发、LBS、O2O 等业务，同时通过会员建立的方式形成公交乘客社群化，提高运营价值；北广传媒城市电视利用楼宇电视中内置的 WiFi 与移动通信模块，与受众移动终端进行跨屏互动，开发新型的互联网营销模式。还有像青岛试水电视与淘宝平台相结合的移动电商，四川星空移动电视从 2014 年 10 月就开始筹备的移动电商，广州移动频道计划筹备的微商城等。

结合上述案例，我们在此提出几点建议：

（1）移动电视要想在媒体融合时代获得足够的发展高度和腾挪空间，需要内容 IP、广告、流量、电商、社交协同等多个子平台共同支撑，需要为商业合作伙伴和用户均提供相应接口和入口，重点是做好统一账户体系和多屏分发。

（2）新媒体、车联网、智慧城市、O2O……诱惑很多，但要做好“单点突破”工作，这也是互联网/移动互联网成功企业的普遍重要特征。腾讯在桌面互联网时代的QQ、移动互联网时代的微信，就是单点突破的最佳案例。

（3）小步快跑、快速迭代是互联网的基本业态，在快速迭代中高速成长，是互联网公司的成功法则，因此移动电视运营商在进行业务和运营创新时不要试图一步到位，也要学习互联网公司的快速迭代手法，无论是简单的APP开发，还是微电商，抑或者是其他新兴业务。我们在调研中发现，有些公司在新业务尝试时从立项到推出经常耗时半年以上或者更长时间，这一点尤其要注意。

（4）要跟踪新型技术和应用，随着智能手机等终端的普及，受众打发“无聊时间”的途径正在增多，因此移动电视运营商一方面需要挖掘车厢其他新媒体模式，另一方面不要放弃公交WiFi等入口的争夺，营造移动互联网时代全业务链的竞争氛围。

（5）内容是立身之本，应深入研究受众的心理需求和观看习惯，多创作或者集成能够吸引受众并且适合移动电视传播的内容，多引入能够与受众进行互动的节目或广告。

第七章　产业链篇

所谓产业链，即具有高度技术经济关联的企业群结构，共同形成上下游关系与相互的价值交换，完成面向最终用户的产品生产或服务提供。一般来说，产业链具有“价值链、企业链、供需链和空间链”四个维度，在相互对接的均衡过程中形成完整的产业链结构。

在技术融合化、网络泛在化等外部环境催生下，移动电视行业在不断夯实传统产业链的基础上，正积极孕育着新型产业链关系；同时，也为产业链条中所有新老玩家，创造出新的市场需求。

如前文所述，移动电视新的发展愿景，是“在全业务、全流程、全网络的数字化基础上，与移动互联网深度融合，从拥有单一的数字电视的移动播出‘功能’，到具备多元的智慧城市与便捷交通多媒体服务‘智能’，成为‘互联网+便捷交通’不可或缺的组成部分，成为在移动场景下有效汇聚受众与用户需求的多媒体智慧平台，成为 O2O 服务的重要入口与核心场景。”

显然，实现这一发展愿景的过程，就是移动电视新兴产业链进行延展、跨界和整合的过程，也是移动电视运营商寻求自我突破、跨界拓展市场的过程，更是一个建立真正意义上移动视频运营生态的探索过程。

第一节　移动电视新型产业链的内涵与外延

移动电视传统产业链与户外媒体有着高度的相似性，大致可分为设备提供商、内容运营商、网络运营商、内容提供商、空间提供商、媒体广告运营商、用户等环节。经过十余年发展，在移动电视的传统产业链条上，分工明确、角色清晰，市场格局也基本稳定。

而跨入“互联网+智慧广电”时代的移动电视，其所面对的是横跨广播电视、交通运输服务、新闻传媒与信息娱乐、互联网 O2O 服务业四个象限的融合型业务矩阵，远远超出了单一的移动化的广播电视播出业务范畴。

面向融合的移动电视新型产业链结构示意图如图 7-1 所示。

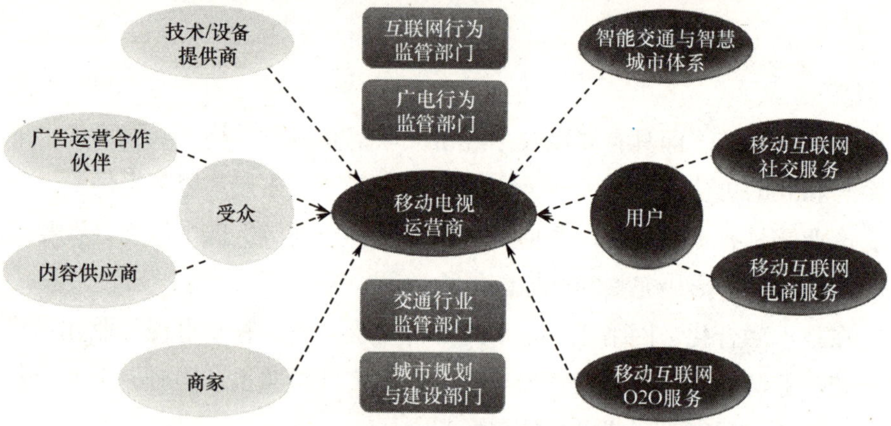

图 7-1　面向融合的移动电视新型产业链结构示意图

一、塑造移动电视新型产业链，前提是“一个保持不变、一项关键转换”

首先，保持移动电视运营商产业链核心主体的地位不变。

保持移动电视运营商的核心主体地位不变，客观上是由移动电视产业的特殊性所决定的，即其具有先天的广电媒体宣传属性，承担着党和政府公共宣传喉舌的重要使命，亦肩负着应急广播等社会公共治理的重要责任。

客观上存在必要性，主观上还要解决充分性。新型产业链的形成，并非空穴来风，而是基于移动互联网的管道和终端普及，基于云端和大数据的建设完善，基于“互联网+”政策体系下的“智慧广电、智慧交通、智慧城市”等信息化建设布局，基于共享经济和 O2O 的风起云涌……面对全新的内外部发展环境，移动电视运营商主观上需要顺势而为、乘风借力、开放合作，才能真正从产业端、从市场层面，确保自身的产业链核心主体地位不动摇。

其次，全力以赴将移动电视的受众转换为用户，并将用户转换率作为重要的行业发展指标。

林林总总的新媒体、新应用和新业务，只要是与互联网沾上边的，首要考量的就是“用户”。用户的基本特征，一是具备独立 ID；二是具有完整行为记录，包括但不限于轨迹、交互、消费等；三是能够从不同的用户数据出发，予以精准画像。

作为衍生于广电新媒体的移动电视，在受众覆盖度、到达率上占有先天优势，并通过移动互联网融合业务开始建立自己的用户社群，但后者目前还远远不够。这是因为在面向融合的新型移动电视产业链中，如果移动电视运营商不能具备完整的用户数据体系、完善的用户运营体系和完备的用户服务体系，那么很容易成为互联网合作伙伴的“用户入口”，而无法沉淀下自己的用户数据。

以互联网租约车领域为例，经过残酷的市场厮杀和无情的资本合纵，仅用三年时间就快速形成了以“滴滴快的”为主要市场垄断者的基本格局。并且，滴滴快的的产品（服务）线正从小客车领域快速向大型客车拓展（如滴滴巴士），事实上已介入公交车领域，并直接对主要依托于公交车载屏幕的移动电视运营产生不可预估的影响。

在与“滴滴快的”这样的互联网公司合作时，生意是各自的生意，用户确是同一批用户，数据更是同一批数据——只有全力以赴地将移动电视的受众转化为用户，并将用户转化率作为行业发展的重要参考指标，才能确保在新型产业链中，移动电视运营商能够享有与互联网合作伙伴平等的竞合关系。

二、塑造移动电视新型产业链，意味着积极融入“互联网+”的转型大格局

在“互联网+”的语境中，社会经济形态中并立的多个部门，也正通过互联网、云端和大数据，快速地交融着彼此的业务边界——从商贸物流到传媒

娱乐，从智能交通到清洁能源，从智慧城市到便民服务等，不一而足。

业务边界的交融进程，意味着移动电视行业不能局限于既有成绩，也应该更加积极地加入这一进程。事实上，作为“传媒”的移动电视，作为“接入节点”的移动电视，作为“社群交互界面”的移动电视，作为“具备实时多媒体展现能力的”移动电视，都是基于同一物理载体的不同业务形态，对应着不同的市场层面。

融入其他相关领域，大致在三个层面上予以实现——业务、标准和政策，即业务对接、引领并推动标准（含行业规范）制定、影响相关政策的战略方向——显然，其深度与难度均依次递增。

首先，基于现有基础，不断扩大移动电视与相关领域的业务对接广度和深度。

移动电视与市政、交通、电商、社群、O2O等相关领域的业务对接，最容易实现的是作为移动音视频媒体网络和终端，成为其他业务的宣传和分发平台。但如果仅限于媒体属性的经营，其效果是有限的，经营天花板也触手可及。尤其在未来相当长一段时间内，宏观经济处于下行通道，企业的广告预算总盘子势必不断缩减，能够分到移动电视屏幕上的预算份额更加有限。

所以，将媒体运营模式转换为合作伙伴联运模式，将会更加有效地扩大移动电视与相关领域业务对接的广度和深度，并帮助移动电视运营商快速切入相关领域的核心产业链环节。譬如，在智能交通领域，交通运输部在“互联网+”政策指引下，提出并建设“互联网+便捷交通”计划，移动电视作为车载移动多媒体网络的运营服务提供者，通过云端的数据同步，参与可视化的智能交通网络系统建设，成为面向广大乘客的第一显示终端，则将成为“互联网+便捷交通”不可或缺的组成部分，进而大大拓展自己的产业链范围。

并且，随着系统建设多样性与复杂度的提高，围绕移动电视运营商的技术设备与系统提供商群落也将大大丰富，对上游的采购拉动力也会更强，从而形成产业链合力。

其次，基于用户的数据挖掘，努力参与到相关行业标准规范的制定过程中。

对于任何一个细分行业或产业来说，发展初期最重要的任务和成果，即通过不断的尝试和探索，形成一套符合客观实际的行业标准规范，指导整个行业规范、健康发展。

移动电视是直接面向最终用户的信息门户，也是直接与用户发生互动的交互界面，只要移动电视运营商能够建立起围绕用户的社群和大数据体系，则基于用户的数据挖掘和对用户行为偏好的深度理解，就可以参与到相关行业标准规范的制定过程中。

譬如，在过去两年风风火火的 O2O 创业潮中，有不少创业团队的商业计划都指向这一理念："用户上下班的行车路线+消费偏好+社群集聚地商圈=精准的 O2O 服务"。但真正能够做到的，目前即使是"滴滴快的"，恐怕依旧力不从心。其中一个很关键的因素，是其很难有效进入公交、地铁的应用场景，即使是通过智能手机+移动互联网，依然要面对定位不准、数据不清的问题。

如果移动电视运营商能够凭借公交、地铁车载屏幕这一终端，通过有效的运营真正将用户数据聚集起来，那么就有足够的资格参与到相关行业的标准规范制定中，从而在延伸产业链中占据更为主动的地位。

再次，积极参与相关行业的政策战略研究，并施加影响力。

虽然是以市场为先导，但任何一个行业都不可忽略政策的影响力。尤其是在"互联网+"转型大潮涌来之时，各行业都在密集出台各项推进政策。可以预计，在未来相当长的时间内，这些政策还需要根据产业发展变化予以调整、补充和完善，并围绕技术进步带来的模式创新，出台新的政策激励。

围绕这一进程，移动电视运营商应积极介入相关行业的政策战略研究，虽然这是一项长期才能见效的工作，但保持自身的参与权和发言权，在产业勃兴初期比什么都重要。

第二节　平台化：移动电视运营商发挥核心作用的关键

铺陈移动电视新型产业链的业务版图，用户是核心、数据是纽带、平台是关键、生态是保障。

正如前文所述，“一般来说，‘互联网+’产业链结构是‘四部曲式’的递进语境——‘应用/内容→入口→平台→生态’，中国移动电视运营商需要做出符合实际情况的战略取舍，才能有效应对挑战、充分抓住机遇。”

实际上，对出身于广电体系的移动电视来说，做好内容不是一件难事，但是要做好入口、平台和生态，则挑战性很大。

从产业实际发展情况看，移动电视产业链的关键企业，包括运营商、跨地域广告运营商等，都不甘心仅仅作为“应用/内容”提供方。他们或充分利用现有的移动互联网平台开展带有明显入口属性的业务，或推出了自己开发的多屏联动应用入口。

客观地讲，现在再造一个独立的互联网入口，其成本相当高昂。以移动互联网领域为例，从团购到O2O，无一不是以全行业烧掉几十亿甚至上百亿美元的代价，才产生了美团、滴滴快的等寥寥几个具有独立流量获取能力的入口型企业。对于还受到体制约束的移动电视行业来说，这种依靠风险投资源源不断烧钱的方式显然不可取。

但是，如果反其道而行之，先从平台的角度切入，反过来再获取入口的属性和能力，又是否可行呢？

我们不妨观察一下移动电视行业的基本出发点，在这个严格的牌照管制细分领域，移动电视运营机构必须也只能由广播电视播出机构控股，这就为“先平台、后入口”的策略带来了可能的机会。

所谓平台，一是要求开放，二是能帮助合作伙伴赚钱，三是能给大家分钱。纵观线上或线下的平台型企业，如淘宝/天猫、苏宁，商业模式均是如此。

对于移动电视来说，确保自身在新型产业链中的核心地位，除了政策的保护之外，平台化建设则是关键。具体来说，移动电视要成为在相当程度上开放运营的新型“互联网+移动视音频”平台，在确保政策要求的舆论安全前提下，实现开放化的平台运营。

首先，通过云端的媒资库共享体系，实现预播出平台的开放，允许通过审核的合作伙伴接入并发布经审核内容。

对基础产品服务（音视频服务）的开放，是移动电视运营商在安全把控环节最擅长的，也是相对可靠的。通过开放聚合，辅之以实时竞价（RTB）系统，为内容制作机构、个人工作室创作者和广告主、广告公司，都提供了一个自由度更大的内容分发通路。同时，依据战略合作程度的不同，特定行业或特定机构（组织）可获得不同层级的内容发布权，这也是产业链话语权的一种体现。

其次，通过车联网环境，建设类应用商店的开放式分发平台，为 O2O 的合作伙伴搭建以用户位置为牵引的开放导流平台。

以相对较低的成本，寻找并获得潜在用户，并向其推送应用或各种优惠券，是 O2O 服务商的刚需，也是实际运营成本奇高之处。对于移动电视运营商来说，“固定线路+车载 WiFi”环境，是实施精准用户群覆盖推送的极佳手段，相当于全天候不间歇的 O2O 地推平台。

但必须注意，这种开放导流必须要求 O2O 服务商分享完整的用户数据，这要比现金回报有价值得多。

同时，建设并运营开放式分发平台，意味着要担负起更多的应用安全审核职责，这对于移动电视运营商来说是个挑战，建议可以采取与相关领域合作伙伴联运方式实现。

富有成效的平台化运营，意味着移动电视运营商借助合作伙伴的合力，快速获取用户，形成自己的用户群落。同时，移动电视的品牌内涵于用户心目中也将发生质变，即从“车厢里的电视”变成“车厢里的移动互联网枢纽”，从“可有可无的伴随式媒体”变成“拥有无穷多可能的交互界面”——这是关键性的一跃。

因为一旦用户对移动电视屏幕的认知发生改变，并形成习惯，其关注度会大大提高，移动电视屏幕成为“互联网+”独立入口的可能性也大大增加。反过来，独立入口的属性越强，移动电视开放平台对合作伙伴的感召力就越强，这是相辅相成的两面。

所以，先平台、后入口，是移动电视运营商在新型产业链建构过程中发挥关键作用的有效步骤。

第三节 移动电视新型产业链发展的不确定因素及挑战

伴随着新兴产业链的建构，移动电视运营商也不可避免地面临一些不确定性因素，直面多重挑战。

首先，政策因素和技术因素，为移动电视产业拓展新型产业链带来了不确定性。

在政策方面，主要影响来自国家新闻出版广电总局，其作为行业主管部门，对移动电视产业发展的政策走向具有决定性作用。一般来说，在“互联网+智慧广电”的理论构架中，面向新型产业链拓展的移动电视大有用武之地。但同时必须考虑到，广电总局对网络安全、内容安全和应用安全的要求非常之高，这与开放化的平台运营之间，存在着一些天然的矛盾。

同时，从技术的角度看，无线频率的频宽分配也对移动电视拓展新型产业链有直接的影响。目前，业界讨论的焦点，是被模拟电视传输占用的700MHz频段，该频段具有高穿透性、大覆盖性、低建网成本等特征，因此电信运营商一直要求广电释放该频段的空闲资源，用于4G建网以及5G的相关布局。可以说，谁能获得在700MHz频段上的通信及移动互联网运营权，谁就可以拔得真正意义上的移动互联网宽带化的头筹。假如电信运营商先声夺人，这对于在大带宽视音频传输领域占据媒介优势的移动电视来说，并非利好；反之，则是移动电视运营商的极大利好。

其次，系统、运营和资本，是移动电视产业拓展新型产业链进程中的三大挑战。

移动电视运营商面临的系统挑战，源于产业链拓展对全新技术体系的要求。既有的移动电视系统，是一个较为简单的依托于单频网、播出前端和车载终端的广播体系；未来的移动电视系统，是较为复杂的，横跨于融合网络环境，通过各种开放平台接口、双向对接合作伙伴与用户的“互联网+智慧广电”体系。

当然，这样的一个复杂体系不可能一天建成，也不需要完全依靠自己建成。在云计算时代，将应用于衍生增值业务的平台对接、数据挖掘等需求放到云端实现，是一个基本思路；同时，也可以与既有的、本地化的移动数字电视单频网之间构成有效的防火墙。

系统逐渐完备之后，运营及运营团队的挑战就摆在面前。既有的移动电视运营团队，一般来说具备较为明显的“媒体型”特征，尚需补足“数据型”和“平台型”人才团队，才能有效应对新型产业链的运营需求。

择要而言，数据型团队的核心竞争力在于对用户数据的收集整理和挖掘，形成用户画像，这是数据时代最有价值的资产；平台型团队的核心贡献则是如何有效地构建平台生态，与广大产业链合作伙伴共建一个商业逻辑自洽的共赢共享平台。

任何一个细分行业或产业，要想实现加速发展，离不开资本杠杆的助力，这一点在互联网领域表现得尤为明显，即使在移动电视产业发展历史上，也曾经被验证。

不过，囿于历史发展原因，目前风险投资和资本市场对移动电视的热度在减退，这是移动电视产业跨入下一个加速发展阶段、拓展新型产业链时面临的巨大挑战。

如何唤醒资本的热情，恐怕还要落在“开放”两个字上。通过开放的平台和开放化的平台运营，集聚大量合作伙伴的资源注入，共同将移动电视新的发展愿景勾勒于世，才能令这个细分领域重拾资本的密切关注，进而形成“资本—业务—生态”的规模协同效应。

与此同时，相关行业主管部门在政策约束方面的灵活变通，或许也是一个很关键的考量因素。

附录A 移动电视分会概况

中国广播电影电视社会组织联合会交通宣传委员会移动电视分会（以下简称中广联合会交宣委移动电视分会）成立于2008年10月23日，是由原中国移动电视协作体整体平移加入中国广播电视协会的会员单位。中广联合会交宣委移动电视分会的成立，是中国移动电视产业发展中的里程碑，是标志着移动电视产业走向成熟化、规模化的重要事件。

中广联合会交宣委移动电视分会是由中国境内各省、自治区、直辖市及地级市以上的广电系统移动电视运营单位自组的全国性行业社会组织。现有会员单位53家。现任秘书长为北京北广传媒移动电视有限公司董事长、总经理罗晓军。会员单位均具备以下基本条件："在工商管理部门或编办正式注册，具有独立法人资格的企事业单位；采用地面数字电视传输技术，具有一定规模播出平台；拥有移动电视节目制播权等独立操控能力；在移动电视系统前端建设上具有决策权或主要建议权的单位。"

分会宗旨：团结全国移动电视运营商，顺应时代潮流，繁荣和发展具有中国特色的移动电视产业，加快构建传输便捷、覆盖面更广的文化传播体系，形成舆论引导新格局；坚持党管媒体，做好党和政府的喉舌，做好人民群众上情下达的纽带和桥梁，加强移动电视行业与社会各界、广大受众的紧密联系；促进移动电视工作者职业道德建设；维护分会成员的合法权益。

移动电视分会现有会员单位53家。

会长单位

北京北广传媒移动电视有限公司

副会长单位

重庆广电移动电视有限责任公司
青岛广电无线传媒集团股份有限公司
北京北广传媒地铁电视有限公司

常务理事单位

安徽广电移动电视有限公司
长沙广电数字移动传媒有限公司
广州珠江移动城市电视有限公司
杭州广电公交移动多媒体有限公司
辽宁北方新媒体有限公司
南京广电移动电视发展有限公司
深圳市移动视讯有限公司
四川广电星空数字移动电视有限公司
厦门广播电视数字传媒有限公司

理事单位

甘肃广电数字移动电视传媒有限责任公司
黑龙江龙视数字移动传媒有限责任公司
湖北华视数字移动电视有限公司
湖南广电移动电视有限责任公司

江西传媒移动电视有限公司
山西大众移动电视有限公司
陕西广电移动电视有限公司
天津北方移动传媒有限公司
云南无线数字电视文化传媒有限公司

会员单位

北京北广传媒城市电视有限公司
成都市华视数字移动电视有限公司
大连移动数字电视有限公司
福州移动传媒有限公司
广西广电移动多媒体传播有限责任公司
广州地铁电视传媒有限公司
湖北广电城市电视有限公司
黄石数字移动电视有限公司
济南广电移动电视有限公司
洛阳广播电视台移动电视频道
宁波广通传媒有限公司
上海东方明珠移动电视有限公司
苏州华视数字移动电视有限公司
温州数字移动电视有限公司
乌鲁木齐广电移动电视有限公司
无锡广通数字移动电视有限公司
西安风上移动多媒体有限责任公司
西宁广通文化传媒有限公司
烟台广播电视台移动数字电视中心
扬州电广新媒体传播有限公司
芜湖广电交通传播投资有限公司

北京世巴传媒有限公司

汉川电视台

观察员单位

北京世通华纳广告传媒有限公司

华视传媒集团有限公司

深圳市银天科技有限公司

北京京东方专用显示科技有限公司

广州冠众电子科技有限公司

南京乔恩广告传播有限公司

巴士在线科技有限公司

北京京港地铁有限公司

2014 年，移动电视分会正式成立技术、节目、广告、活动、多种经营五个专业工作组。各专业工作组名单如下（按笔画排序）。

1. 技术工作组

主　任：重庆广电移动电视有限责任公司

副主任：长沙广电数字移动传媒有限公司

　　　　北京北广传媒移动电视有限公司

　　　　青岛广电无线传媒集团股份有限公司

委　员：上海东方明珠移动电视有限公司

　　　　四川广电星空数字移动电视有限公司

　　　　安徽广电移动电视有限公司

　　　　杭州广电公交移动多媒体有限公司

　　　　深圳市移动视讯有限公司

2. 节目工作组

主　任：北京北广传媒移动电视有限公司

副主任：大连移动数字电视有限公司

长沙广电数字移动传媒有限公司

四川广电星空数字移动电视有限公司

委　员：宁波广电华视移动数字电视有限公司

济南广电移动电视有限公司

黄石数字移动电视有限公司

3. 广告工作组

主　任：厦门广播电视数字传媒有限公司

副主任：北京北广传媒地铁电视有限公司

杭州广电公交移动多媒体有限公司

重庆广电移动电视有限责任公司

福州移动传媒有限公司

委　员：云南无线数字电视文化传媒有限公司

天津北方移动传媒有限公司

苏州华视数字移动电视有限公司

4. 活动工作组

主　任：长沙广电数字移动传媒有限公司

副主任：广州珠江移动城市电视有限公司

辽宁北方新媒体有限公司

杭州广电公交移动多媒体有限公司

深圳市移动视讯有限公司

厦门广播电视数字传媒有限公司

委　员：大连移动数字电视有限公司

北京北广传媒城市电视有限公司

黑龙江龙视数字移动传媒有限责任公司

5. 多种经营工作组

主　任：青岛广电无线传媒集团股份有限公司

副主任：云南无线数字电视文化传媒有限公司

南京广电移动电视发展有限公司

深圳市移动视讯有限公司

福州移动传媒有限公司

委　员：广西广电移动多媒体传播有限责任公司

烟台广播电视台移动数字电视中心

附录 B　会员单位简介

北京北广传媒移动电视有限公司

北京北广传媒移动电视有限公司是北京市属开发运营广播电视新媒体的专门机构之一，成立于 2003 年 8 月，由北京北广传媒集团有限公司、北京电视产业发展集团、北京广播公司、北京歌华有线网络电视股份有限公司和北京歌华传播中心有限公司共同发起组建。是经国家广电总局批准的北京地区唯一一家运营地面移动数字电视的机构。

北广传媒移动电视采用世界先进的数字电视技术，利用北京 DS-48 和 DC-22 单频网发射两套无线数字信号，实现地面数字设备实时接收电视节目。已在中央电视塔、京广中心、名人广场、491 发射台建设了一主三辅 4 个数字发射机站，形成了有效覆盖北京市区六环内的数字单频网，在 12000 辆公交车上安装电视终端 24000 个，日覆盖出行人群 1300 万人次，是全国单体城市中终端数量最多、受众人群最大、媒体品质领先的移动户外传媒。

北广传媒移动电视积极挖掘广电系统内多种文化产业资源，形成完整的视听节目传输网络，充分发挥自身传播优势，努力成为政府管理的公共信息平台、城市管理的应急平台和百姓生活的资讯平台，服务政府公共管理，服务市民精彩生活。

2014 年，北广传媒移动电视继续沿着移动电视新媒体化道路，求真务实、开拓创新，注重新节目研发及品牌建设，加大技术研发力度，建立有效运行机制，探索实践公司可持续发展道路。

在内容生产方面，2014 年，《秀逗爱生活》微信、视频网站同步播出，实现了移动电视跨屏新探索；《我在北京挺好的》栏目通过报道在北京工作、学习、生活的异乡人、异国人中的典型代表对城市经济、文明发展的奉献和付出，传递正能量，弘扬真善美；《百姓就业》创新内容，增设《职场迷津》、《人在北京》、《职来职往》3 个专题板块，增加节目的可视性及实用性，受到了合作方及受众的肯定与好评。

在终端运营方面，移动电视终端安装，已纳入公交规范名录。同时，与车辆厂深入合作，将终端安装关口前移，从车辆设计阶段入手，将移动电视终端安装方案融入定制商务班车、6 米微循环车、全新 BRT 通道车中。

在技术研发方面，加速推进基于数据广播以及单频网传输的多项技术研究工作，完成了三代机顶盒数据广播前端管理系统的研发、测试和上线运行，并为公交智能电子站牌项目、场站项目提供技术支持。同时，率先在国内移动电视行业内开展了 H.265 编码和数据广播接收效率的研究。

在业务拓展方面，公司成立海外拓展项目组，先后与华为、中兴、普天建立业务联系，并与数字电视国家工程实验室签订战略合作协议，共同推进海外拓展战略。项目组对巴基斯坦、津巴布韦、柬埔寨、纳米比亚等目标国有关数字电视进行前期调研和资料收集，并多次走出国门推介移动电视项目。

重庆广电移动电视有限责任公司公司

重庆广电移动电视有限责任公司由重庆广电集团（总台）投资组建，采取自主经营、自负盈亏、独立核算的国有公司化运作模式。自 2004 年 12 月 13 日组建以来，移动电视公司始终坚持重庆市委宣传部提出的“确保安全、提高质量、扩大覆盖、加快发展”的开办原则，将移动电视频道打造成为重庆市委、市政府“公共信息发布平台”、“城市管理应急平台”和“百姓生活服务平台”。

公司现有注册资本 2600 万元，净资产 6094 万元，净利润率连续 5 年保持在 25%以上。在全国移动电视同行业内，重庆移动电视公司虽开设在西部的一个内陆城市，其经营业绩一直名列全国同行业前茅。由于业绩突出，公司首家获得国家新闻出版广电总局颁发正式牌照的移动电视频道，并荣获“全国广播电影电视系统先进集体”和重庆市“文明单位”称号。

为提升频道形象，公司多年来坚持公益为先，先后组织策划了多个大型公益活动：

- 2005 年策划举办“全国移动电视首届协作体研讨会”；
- 2007 年策划举办“直辖之约 · 一路上有你”公交婚礼扶贫助困公益活动；
- 2008 年策划举办“慈善福彩 · 情暖万家”公益活动；
- 2009 年策划举办“建国 60 周年 · 祖国在我心中”首届全国移动电视记者异地采访公益活动；
- 2010 年策划举办“元宵佳节送温暖 · 心系公交情意浓”公益活动；
- 2011 年策划举办“新媒体 · 新重庆”全国移动电视重庆采访周活动；
- 2011 年策划举办“首届重庆十佳公交明星”评优活动；
- 2012 年策划举办“首届中国广播电视新媒体微视频大赛”；
- 2013 年策划举办“广播电视新媒体微视频发展研讨会”及“首届中国广播电视新媒体微视频大赛”颁奖盛典；
- 2014 年策划举办“重庆首届 3D 艺术展”活动。

青岛广电无线传媒集团股份有限公司

青岛广电无线传媒集团股份有限公司（原青岛广电移动数字电视有限公司）成立于 2005 年，是由青岛广电影视传媒集团控股、青岛日报报业集团、青岛万博联讯投资有限公司参股的地面数字电视项目专营公司。

成立至今，青广无线已逐步发展成为一家以无线数字电视平台为依托，横跨新媒资、动画综合经营、无线数字电视全业务运营以及其他文化创意类产业经营的综合传媒运营商。2012 年，青广无线携旗下 10 个项目公司成立青岛广电无线传媒集团，经营公交电视传媒、的士互动传媒、文广多媒体电视、户外 LED 大屏、媒资内容提供、物联网、旅游与庆典、艺术培训与交流八大项目平台。2014 年 8 月集团正式完成股份制改造，并于 2015 年年初在全国中小企业股转系统成功挂牌。

作为科技带动文化企业发展践行者，集团确立“文化+科技=核心竞争力”理念，建设了青岛广电双国标地面数字电视产业示范基地和广电动画影视创作基地，先后承担了十多项国家级、市级科技文化产业创新项目研究与建设，在我国双国标应用和青岛市科技文化融合创新领域发挥了重要作用。

公司的不懈努力、良好的品牌建设及经营业绩，获得了国内移动电视行业和各级领导的肯定。

- 青岛广电无线传媒集团股份有限公司是全国移动电视协会副会长单位；
- 在青岛市委、市政府组织的 2006 年“四个建设”工作亮点评选活动中，公司以“移动电视开拓岛城市民文化生活新空间”为由被选为青岛市文化建设工作亮点；
- 2009 年在青岛市文化创意产业“五个十”评选活动中被评为文化创意产业知名品牌；
- 原中央政治局常委李长春、原中央宣传部部长刘云山、青岛市委书记李群、青岛市委宣传部王伟部长等领导先后来公司视察指导，对公司发展予以肯定；
- 2011 年获“青岛市市南区服务经济发展突出贡献单位”称号；
- 2012 年获得“青岛市工人先锋号”称号；
- 2012 年公司荣获金长城传媒奖 2012 中国年度最具影响力移动电视殊荣；
- 2012 年发起成立青岛市数字文化产业技术创新战略联盟；
- 2012 年获“青岛市市南区服务经济发展突出贡献单位”称号；
- 2013 年获得“青岛市十大优秀新业态文化创意企业”称号。

北京北广传媒地铁电视有限公司

北京北广传媒地铁电视有限公司成立于 2007 年，是由北京北广传媒移动电视有限公司和北京市地铁运营有限公司共同发起并组建的有限责任公司。

公司下设办公室、财务部、技术部、运营管理部、节目部 5 个部室。公司以强大的交通运营和传媒资源为依托，努力把地铁电视打造成为政府公共信息平台、城市应急预警平台、乘客生活资讯平台和企业广告宣传平台。

地铁电视节目播出时间与地铁运营时间同步，达到 18.5 小时，主要是通过在北京市地铁运营有限公司目前具有运营权的地铁线路上的列车车厢、站台和站厅内的电视终端上接收、播放节目和广告。地铁电视公司在歌华大厦投资建设了独立的节目播控中心，策划、制作、发布地铁电视节目并独家经营地铁电视广告业务。

安徽广电移动电视有限公司

安徽广电移动电视有限公司作为安徽移动数字电视频道的运营主体，是由安徽广播电视台和合肥有线电视宽带网络有限公司于 2004 年 9 月共同出资组建。公司充分整合了安徽广播电视台的节目制作和传输发射资源、合肥有线电视宽带网络公司的城市网络资源，在全国范围内首次尝试省市联办移动电视项目，有效避免了恶性市场竞争，营造了良好的运营发展环境，让社会公共资源的使用效率达到最大化。

频道严格按照总局“公益性、服务性、贴近性、娱乐性、互动性”的开办原则，充分发挥新媒体无线传输、及时快捷的传播优势，巩固扩大广播电视舆论宣传阵地，提升广播电视传播力和影响力，多方位满足人民群众对移动收视的需求。

安徽移动电视每天 6:00～23:00 播出，全天播出时长 17 个小时，其中新闻资讯类节目占 45%，娱乐文艺类节目占 25%，生活服务类节目占 25%，公益宣教类占 5%。频道本着常变常新、科学编排的原则，依据收视强制性和线性流动性的媒体特点，并参照乘客的出行习惯，对节目内容进行合理布局，突出内容的贴近性、实用性和互动性。频道自办栏目《美食伴你行》、《生活百事通》、《美丽汇》在本土具有较好的社会美誉度和影响力。

目前，安徽移动电视已在合肥市约 3500 辆公交车上安装了接收终端，覆盖 120 多条主要线路。同时还在机场、车站、医院等人流量较大的区域安装了接收终端，受众规模已超 500 万人次。2016 年合肥地铁 1 号线将建成通车，公司正在积极调研准备实施合肥市地铁移动电视项目。届时安徽移动电视收视人群将进一步扩大，社会影响将进一步提升。

长沙广电数字移动传媒有限公司

长沙广电数字移动传媒有限公司于2003年6月在长沙工商行政管理局正式注册，注册资本2500万元。公司主营业务包括移动多媒体数字版权节目研发、个人智能终端软件（APP）研发、媒体广告运营，数字电视传输网络的运营、研究、开发、设计及相关的技术服务，新媒体版权节目研发、生产、发行、车载多媒体“乐乘品牌”管理及运营。

公司采用世界先进的地面数字电视技术，构建了覆盖长沙市500平方公里的数字移动电视单频网络，于2003年10月1日开始播出。这是继新加坡和上海之后，全球第三、中国第二个启动并正式投入商业运营的数字移动电视项目。目前利用该网络传输三套标清数字电视节目，后续还可以根据业务拓展需要传送更多的节目或数据业务。

移动电视除了具有正常的电视功能外，更是长沙市公共信息应急平台、公共交通信息服务平台，承担着长沙市应急管理信息汇总职能，在天气预警、公众出行、公共卫生安全、地质灾害预警等方面，发挥着重要的传达作用。经过10多年的发展，目前多媒体平台覆盖长沙1800台公交车，3500台出租车和已经开通运行的地铁2号线以及在建的1号线、未来的3、4号线，1、2号线全长44.98公里。地铁电视于2014年4月29日正式开通，拥有5300多块显示屏，成为长沙最具特色的户外公共交通车载移动电视媒体，信号覆盖率在长沙市达到95%以上，凭借随时随地、随身随行的传播特性创造出巨大的媒介影响力和市场价值，每天覆盖的有效收视人口超过400余万人次。

公司媒体资源集电视节目制作与播出、数字传输发射网络及车载多媒体平台维护于一体，拥有国内一流的电视节目制作采编设备与全数字化硬盘播出系统。

在获悉国家广电总局将审核发放移动电视播出机构牌照的信息后，公司早于省局的文件传达时间，抢占先机启动申报工作，并于当年 10 月成功获得全国第四块移动电视播出机构牌照，其意义在于明确了在长沙行政区划内开办移动电视媒体的唯一性，从根本上避免了省、市两级广电在移动电视业务上的同城竞争，明确了公司开办移动电视所需的频率资源、发射站点、平台资源的合法性，并为长沙移动电视开拓全省乃至省外业务提供了合法的资质。

长沙移动电视人力资源雄厚，现有 7 大部门，员工 53 人。其中新媒体技术和内容研发人才占 60%以上，“乐乘训练营”作为大学媒体专业学生的实习基地，历年提供了数百个实习、见习岗位。

长沙移动电视运营一直秉承“出特色，抓内容，升品位”的指导思想，关注特色，关注定位，关注民生，目前媒体已成为长沙公共交通工具上一道亮丽的风景，在满足了长沙市民出门在外的信息需求和文化需求的同时，更是长沙公共信息应急平台的有效组成部分和长沙作为文明城市的形象窗口。

广州珠江移动城市电视有限公司

广州珠江移动城市电视有限公司是在广州市委、市政府关于加快城市信息化建设相关精神的指引下，由广州市广播电视台控股组建的移动数字电视传媒机构。

广州珠江移动城市电视有限公司以建设广州移动数字电视公共信息化平台为使命，以产业发展促进事业进步，致力于移动数字电视网络媒体建设及节目制作传播、媒体运营等业务，经过九年的建设，现网络信号已有效覆盖广州中心城区，并在近 10000 辆公交车、8000 余辆出租车、近 200 个水上巴士及码头和 800 多个政府楼宇安装了移动数字电视终端，已经成为广州地区具有广泛影响力的城市主流媒体。

广州珠江移动城市电视有限公司下设拓展部、政务部、活动部、节目部、市场部、新门户部等九个围绕市场营销开展的专项部门，在“一群三平台”的战略部署下，全力拓展以公交平台为主体，以出租车平台、水上巴士平台、楼宇平台和新型报刊亭平台为辅的户外移动数字电视媒体群，大力发展政务传播平台，建设活动推广平台，塑造节目展播平台。广州珠江移动城市电视有限公司注重栏目规划，自办栏目二十余档，其中《美丽广州——我的中国梦》、《即刻交通》、《睇完有着数》等自制栏目，内容本土化、资讯性强，风格贴近生活，已成为广州本土具有口碑的品牌栏目，有效提升了频道的媒体品牌。

广州珠江移动城市电视有限公司秉承融合创新的宗旨，紧跟市场变化，重视与互联网技术融合，全面以T2O模式渗透到节目内容制作当中，并已成立了基于O2O模式的电商平台及微信宣传平台，通过互动传播技术，形成线上至线下的闭环营销链；同时，利用数据推送技术，不仅实现了广告主分组分区的个性化、精准化投放组合，还实现了与受众移动终端进行跨屏互动，开发新型的互联网营销模式，并且启动了下一代地面数字电视技术的应用，进一步探索新的业务形态，全力打造广东最大的户外数字新媒体。

杭州广电公交移动多媒体有限公司

杭州广电公交移动多媒体有限公司由杭州文化广播电视集团、杭州市公共交通集团有限公司两家法人股东投资组建，专门从事公交移动电视节目宣传、终端覆盖及广告业务，其品牌为“新动传播——杭州移动电视”。公司注册资金1000万元，2005年5月17日正式开播和运作。公司为有限责任公司，严格按现代企业制度进行运作，下设综合部、节目部、技术部、广告市场部四个部门，现有员工62人。

公司目前的移动电视终端总量已突破6300辆（艘），在公交车上的安装覆盖率达80%，完好率90%以上，终端规模、质量、安装率和完好率均位居全国前列。公司采用数字电视单频网技术，建立了“一主四副”的发射系统，并设置了多个信号补盲点，使得杭州移动电视信号基本覆盖杭州八区，并向外延伸到嘉兴长安、湖州德清、绍兴柯桥等地区。

经过十年的发展，杭州移动电视的节目质量和水平显著提高。公司打造了一支高效、团结、协作、创新的节目队伍；配备了技术最先进的摄像机、非编对编系统等采编播设备；对制作机房和演播室进行了全新升级改造；形成了一套符合公交移动电视规律、有杭州移动电视品牌形象的节目系列；自办栏目《道听途说》、《新动快线》、《新动搜索》、《新动影擎》、《新动赛场》、《新动炫听》在观众中的影响力逐步提升。

公司成立以来，积极实施品牌带动战略，每年有计划、有针对性地对节目进行调改，对频道形象进行包装；同时，以活动、海报、媒体宣传等形式，不断推广自身“新动”品牌形象。建立了杭州移动电视的视觉形象识别系统（VI）；推出杭州移动电视主题歌——《心动》；推出移动电视卡通形象代言人——心动小子和心动宝贝。据统计，现在每天有超过 350 万人次的观众收看公交移动电视的节目。索福瑞、尼尔森等权威机构调研表明，杭州移动电视节目、广告到达率名列杭城各媒体前列。

辽宁北方新媒体有限公司

辽宁北方新媒体有限公司为辽宁广播电视台的全资子公司，旗下拥有五套全国付费电视频道：游戏竞技频道、家庭理财频道、网络棋牌频道、新动漫频道、电子体育频道，在全国 200 余个城市落地，覆盖 1.5 亿机顶盒用户，形成以北京、沈阳为核心的制作、播出基地，业务范围辐射全国。省内对外播出 18 路视频点播节目、1 套公交移动电视节目、1 套城市电视节目、为 CMMB 业务播出 1 套“交通 • 旅游”节目。其中，移动电视频道覆盖沈阳市近 2500 辆公交车，每日收看人次达 300 万，18 路准视频点播节目在沈阳、大连、鞍山、葫芦岛等地市播出，内容包括电影、电视剧、综艺娱乐、纪录片、动漫等。

辽宁北方新媒体有限公司以“新媒体、新生活、新服务”为企业宗旨，进一步拓展与百姓生活息息相关的线下业务，搭建媒体与受众的互动平台，打造新型服务业态，引领时尚消费，满足社会需求，为受众提供一种全新的生活体验和生活方式，使受众尽享数字化生活的方便与快捷。

江苏动视

江苏动视是由江苏省广播电视总台（集团）、南京广播电视集团（台）两大传媒集团联合倾力打造的，以运营地铁、公交视讯平台业务为主的移动电视频道。整合了频道、节目制作、播出、发射传输等资源，采取独立经营、独立制播的国有企业化运作模式。每天每个频道播出节目17个小时。江苏动视频道的运营公司——南京广电移动电视发展有限公司，是全国较早正式开播数字移动电视的广电新媒体公司，并当选为全国移动电视协作体副会长及常务理事单位。

江苏动视采用广电无线数字电视模式，安全、实时、信号覆盖效果好。自2005年开播十一年来，综合实力已位于全国同行业前列。

江苏动视现已推出涵盖新闻报道、娱乐、综艺、教育、动漫卡通、健身、金融理财等数十档资讯服务类栏目。节目一般2~5分钟/档，凭借“短、频、快”的特点，经过特色节目编排，满足都市人群的各类收视需求，深受老百姓的喜爱。

深圳市移动视讯有限公司

深圳市移动视讯有限公司成立于2004年11月3日，注册资本4666万元人民币。2005年9月，国家总局正式批复DS39频道开通。公司主要建设和运营深圳广播电影电视集团移动电视频道，负责经营深圳地区移动数字电视的节目制作与传播、网络传输覆盖以及移动电视商业运营，现已建设成为深圳最大的户外电视新闻广告联播网媒体。

公司拥有两张核心网络资源，即覆盖优良的移动数字电视单频网络，拥有10个以上的主发射基站，信号覆盖率达95%以上；终端网络即移动电视终端覆盖网，遍及户外各个领域，各类终端已经超过20000个，媒体运营平台包括地铁移动电视平台、公交移动电视平台、楼宇户外电视平台和增值业务运营4大平台，形成了深圳最大的户外电视新闻广告联播网。

深圳移动电视的发展得到了深圳市委、市政府的大力支持，移动数字电视既是市政府的重大投资项目，也是深圳市文化产业“十一五”规划的重点项目，公司是市政府认定的重点文化企业，文化+科技示范企业。

公司依托媒体资源优势和良好的经营前景，打造成为深圳主流的电视媒体，成为深圳市民关心、关注、关爱的媒体品牌之一。

四川广电星空数字移动电视有限公司

四川广电星空数字移动电视有限公司是中共四川省委宣传部批复成立的四川广播电视台直属全资产业企业，是四川省政府确定的四川省文化产业首批 8 家影视类骨干文化企业之一，是集广播电视节目制作经营、新媒体运营服务及传媒公益服务于一体的大型文化骨干企业。公司是中国广播电影电视社团组织联合会交通宣传委员会移动电视分会副会长单位，全国移动电视协作体常务理事单位，交宣委移动电视分会节目工作组副主任单位及技术工作组委员单位。星空移动电视通过公交车载移动数字电视屏、连锁卖场数字电视屏、有线光纤电视、电信 IPTV 机顶盒、四川网络广播电视台 www.sctv.com、四川省地面数字电视网机顶盒进行覆盖传播。

作为四川省最大的户外电视媒体，四川广播电视台星空移动电视节目于 2006 年 9 月 29 日正式开播，节目“短、频、快、炫”，全面涵盖综艺娱乐、新闻资讯、生活服务，内容精彩纷呈。节目采用我国自主的 DTTB 地面数字电视国家标准，通过西部第一高度的四川广播电视塔发射信号，与遍布全省的发射站点同频播出，构建覆盖全省的数字移动电视覆盖网，信号稳定，图像清晰。星空移动电视节目全天 19 小时不间断播出。共安装约 7000 套户外电视终端，每天覆盖超过 275 万人次。

公交移动电视在超过 160 条公交线路，约 2600 辆公交车上安装，70%覆盖成都市二环内，占成都总线路的 65%，贯通整个大成都南北东西；卖场终端遍布成都市区约 500 家红旗连锁超市卖场，26 寸屏幕安于店内醒目位置；独家客运站电视终端，分布于新南门、五块石、城北、城东等成都市客流最大的客运站。

四川广播电视台星空移动电视通过四川电信 IPTV 机顶盒在全省 20 个地市（州）共 164 个县（市、区）落地，分别是：自贡、攀枝花、泸州、德阳、绵阳、广元、遂宁、内江、乐山、南充、宜宾、广安、达州、巴中、雅安、眉山、资阳、阿坝、甘孜、凉山。截至 2015 年 3 月底，全省总计有 198 万户共 594 万人通过 IPTV 机顶盒可以收看四川广播电视台所属电视频道，其中也包含星空移动电视、星空城市电视节目。随着电信的绑定销售，宽带既能上网，又能收看电视，丰富多样的功能促进了电信 IPTV 机顶盒用户数量仍在快速增长。

厦门广播电视数字传媒有限公司

2006 年 1 月，厦门广播电视数字传媒有限公司成立，注册资本 3000 万元；同年 5 月，厦门移动电视正式开播。厦门广播电视数字传媒有限公司是厦门广播电视集团的全资子公司，按照中共厦门市委宣传部（厦委宣〔2006〕23 号文件精神，公司开办了针对户外移动人群的厦门电视台移动电视频道。2014 年获国家新闻出版广电总局的正式批复。厦门电视台移动电视是“政府政务信息发布平台”和“城市应急信息发布平台”，可以为户外移动人群提供及时、准确的新闻资讯、政务信息和应急信息，以及各种娱乐休闲类电视节目。

公司共有员工 70 人，下设财务部、综合部、节目部、营销部、品牌部、技术部、轿厢项目部 7 个部门。组建有党支部、团支部及工会。

厦门移动电视开办 9 年来，自 2010 年起频道产值以较大幅度增长，单屏产值近万元，在全国名列前茅。目前，在厦门市 6 个行政区安装了 3000 多个公交移动电视终端，拥有公共服务窗口播出平台终端 600 个，厦门岛内信号覆盖率达到 95%以上，频道日均受众达 300 多万人次。市民还可以通过“看厦门”APP 和厦门电视台移动电视官方微信以及台海宽频网络观看移动电视精彩节目。2007 年，频道完成试验标准到国标的转换。2008 年，完成了新增四套节目设备的安装、调试，共计播出五套节目。目前，全天播出节目 18 个小时（从早晨 6 点至当晚 24 点），内容以新闻为主线，兼顾信息资讯、娱乐、健康和时尚内容的综合节目；形式短小精悍，编排灵活合理，符合移动电视受众收视心理。

在做好网络覆盖和内容的同时，厦门移动电视还持续举办各种线下活动：

- 2010—2015 年连续策划举办六届“清凉送爽”活动；
- 2011 年策划举办厦门电视台移动电视五周年庆典系列活动；

- 2012 年策划举办第一届“厦门 CTD 街舞大赛”；
- 2013 年策划举办第二届“厦门 CTD 街舞大赛”，并与北京移动电视联合举办“CTD 街舞大赛”南北对决决赛；
- 2013 年 6 ~ 8 月，由厦门市老龄工作委员会、厦门市委文明办、厦门广电集团主办，厦门电视台移动电视频道承办“孝行天下 · 舞动厦门”首届厦门市中老年广场舞大赛；
- 2013 年 11 月 11 日策划举办“双十一”厦门版“非诚勿扰”活动；
- 2014 年策划举办多期《恋爱你就来》栏目线下活动；
- 2014 年策划举办《爱生活 I 旅行》栏目线下活动；
- 2014 年策划举办“母亲节”特别活动、“父亲节——最美微笑”活动；
- 2014 年策划举办“冰雪王国”巡展；
- 2014 年策划举办第三届“厦门 CTD 街舞大赛”；
- 2015 年策划举办“童星跨年晚会”；
- 2015 年策划举办“最强校花”活动；
- 2015 年策划举办“《追缉》栏目六周年”活动；
- 2015 年策划举办“母亲节”、“父亲节”特别活动；
- 2015 年策划举办“当东方遇上西方——厦门中外学生国际文化交流季”活动；
- 2015 年策划举办“樱桃小丸子”巡展；
- 2015 年策划举办第四届“厦门 CTD 街舞大赛”；
- 2015 年策划举办“厦门市美丽‘星’家庭选拔活动”；
- 2015 年策划举办多场移动电视 happyday 线下活动；
- 2015 年与全国十一大城市移动电视联办“公交出行，摇蓝中国”活动。

厦门移动电视的努力获得了政府有关部门的肯定和支持，2009—2014 年先后获得厦门市总工会“合格职工之家”、“厦门市女职工保健工作达标单位”、“2011 年度工会特色工作优秀奖”、“工人先锋号”、“优秀班组”、“四星职工之家”等荣誉称号，2013 年获评厦门市委宣传部、厦门市公安局联合颁发的“厦门市安防预警公益宣传联动单位”以及“金长城传媒奖 · 2013 中国最具传播力移动新媒体”，同年，获福建省“全省文化体制改革先进文化企业”等荣誉。

甘肃移动电视

甘肃移动电视是由国家新闻出版广电总局批准成立的省内唯一一个移动电视频道，是甘肃电视台旗下最大的户外电视新媒体。频道拥有高效的信息传播手段、稳定优质的播出平台和开拓敬业的制作团队，收视覆盖兰州市四大主城区，日受众超过 300 万人次，深刻影响着数百万城市居民的生活。频道在甘肃广电飞天数字移动电视传媒有限责任公司的统一管理和经营下，始终坚持“服务政府公共管理，服务市民精彩生活”的宗旨，使移动电视成为公共信息的发布平台，百姓生活的服务平台，品牌商发布广告的营销平台；与各级政府，兰州公交集团以及社会各界紧密合作，开办《最兰州》、《公交国学讲堂》、《都市炫》、《公交在线》、《微观事界》等精品自办栏目 11 档，采编栏目 21 档，内容贴近生活、关注民生、服务社会，具有浓郁的本土特色和时代气息，深受广大观众的喜爱与认可。移动电视的强制性、实时性的特点产生了与其他电视频道不同的品牌效应和市场效应。2015 年年初，甘肃移动电视频道接收终端在覆盖兰州公交 34 条线路、1100 余辆公交车的基础上，又落户甘肃电视台官网丝路明珠网、手机 APP 牛肉面客户端，这无疑让频道影响力进一步提升、覆盖受众进一步扩大，也让频道蕴含了更加巨大的潜力与商机。

黑龙江龙视数字移动传媒有限责任公司

黑龙江龙视数字移动传媒有限责任公司是国内首个拥有无线网络技术和节目制作优势的移动电视传媒企业，成立于 2005 年 12 月。公司通过技术创新与融合，着力打造“五大媒体平台”，即公交电视、交通频道、手机电视、楼宇电视、家庭电视终端，努力开拓移动传媒新领域，积极探索公益性商业运营模式，不断满足龙江人民日益增长的精神文化需求。

公司拥有结构合理、技术先进、功能强大的广播电视多媒体节目传输平台和优良的节目制作团队，下设综合部、财务部、广告部、节目部、市场部、技术部6个部门机构。公司主要经营范围包括：时政新闻以外的专题、专栏、综艺、动画、电视剧制作、节目版权交易、代理交易；承揽、设计、制作、发布、代理国内外各类广告；移动视频制作、传输、应用与开发；移动电视终端安装、维护服务。

秉承“大气、实干、创新、跨越”的企业精神，公司始终坚持“爱在客户，心系受众，亲情服务，满意至上”的服务理念，以服务客户为中心，满足受众需求为导向，着力覆盖提高各大商场、高速公路、广场、机场、医院、校园、车站、旅游景点移动电视信号质量，提升节目质量，建立健全完备的售后服务体系，打造品牌营销和品牌服务，以优质的服务和节目推动移动传媒全业务的蓬勃繁荣发展，为每位客户创造效益和价值。同时，让广大受众通过手机屏、电脑屏（平板电脑、笔记本电脑、台式电脑）和电视屏等任一终端，便可在移动车辆、公共场所、居所连接无线网络，随时随地免费收看电视及综合信息，享受无线改变生活、无线改变未来的卓越体验。

湖北广播电视台移动频道

湖北广播电视台移动频道成立于2006年6月，其依托湖北电视台强大的媒介资源，采用先进的数字电视广播技术进行无线组网，构建了覆盖全省的数字移动电视网络。已安装移动电视终端的公交车辆全部是黄金线路上的高档公交车，覆盖武汉市内各城区65%的公交线路，车辆数2800辆，终端总数近3500台。每辆公交车日载客平均1100人次，每天覆盖人口350多万人次，多条黄金线路贯穿城市各主要CBD，多条旅游线路贯穿各主要景点，范围覆盖高、中、低端各类客户群。湖北广播电视台移动频道利用自身资源优势与网络覆盖优势致力于丰富武汉市民的出行生活，满足了公众移动、便携和固定终端接受数字电视节目的需求，为武汉市的精神文明建设和经济建设做出了卓越贡献。

山西大众移动电视有限公司

山西大众移动电视有限公司成立于2005年4月，是由太原广播电视台、山西广播电视无线管理中心、山西泰森科技股份有限公司共同出资组建的新媒体运营企业。

公司专业从事地面数字电视信号传输、节目制作及节目播出，致力于地面数字电视播出平台的运营及终端网络建设，地面数字电视终端产品研发与市场销售，提供具有前瞻性和竞争优势的地面数字产品、技术与服务，业务领域涉及公交车、私家车、楼宇电视、社区电视、农村用户等，覆盖人群300余万。

作为一个具有广阔发展前景的全新的电视传媒机构，公司依托先进的技术研发团队、丰富的文化产业资源和完善的地面数字节目传输网络，成功打造了公交车移动电视播出平台、楼宇电视播出平台、私家车移动电视播出平台及家庭固定点数字电视播出平台，以户外“公众移动电视媒体”形象，将实时新闻资讯、综艺娱乐、服务信息源源不断地呈现于广大受众面前，在公众中产生了巨大的影响。迄今，公司已在太原市120余条线路的2619辆公交车上安装移动电视2722台；在太原市政府机关、酒店及各种公共场所安装楼宇电视500余台；发展移动数字电视用户10000余户，每天受众200余万人次。

山西移动电视针对公交车移动电视与楼宇电视受众特点，分别开设《城市生活》和《城市资讯》两个频道，全天各播出18小时。根据移动收视群体收看延续时间短、间断性明显的特点，频道节目以生活服务内容为主，以新闻资讯为辅，以娱乐节目为依托，采取短小、精致、快捷的编排制作方式，使观众喜闻乐见，从而充分发挥了移动电视媒介的优势，让受众在乘车的短暂时间内观看到比较完整的节目，了解到最新动态、资讯及各类信息，成为太原市流动的公众信息传播平台。

山西移动电视作为一个全新媒体，将充分发挥其无线接收的优势，始终坚持正确的舆论导向，积极挖掘多种文化产业资源，形成完整的视听节目传输网络，充分发挥自身传播优势，逐步打造全省“城市公共信息宣传平台”，树立城市形象，成为普及政策法规的宣传平台、城市管理的应急平台和百姓生活的资讯平台。

陕西广电移动电视公司

陕西移动电视公司成立于2007年12月26日，是由原陕西电视台和深圳力合新媒体公司共同出资3000万元人民币组建的有限责任公司，其中陕西电视台占有53.5%的股份，为控股方；力合新媒体公司占股46.5%，力合新媒体公司是清华大学研究所的上市公司力合股份与杭州广电合作成立的投资公司。2011年公司整体划转陕西广电集团，公司目前下设办公室、市场部、广告运营部、节目部、技术维护部、财务部6个部门，公司班子成员4人：董事长张晓、总经理董震文、总经理助理王绪、财务总监万毅志。截至目前公司在册员工人数为30人。

陕西广电移动电视公司从2013年起，按照确定的发展方向和奋斗目标，根据陕西的实际情况，借鉴国内同行成功经验，以深度挖掘和充分发挥现有资源效能为抓手，以西安市公交车载电视为切入点，积极拓展公交移动电视新媒体业务，基本实现了业务转型。

截至目前，公司已在西安市1500辆各类公交车上安装接收终端，设备完好率达到95%以上，每天覆盖100多万乘公交出行的乘客。不仅如此，公司还成功在西安城东交通枢纽中心、三府湾客运站搭建站内多媒体电视播放平台，通过站务便民信息与电视节目同屏播出，实现了信息传播多样化，在户外新媒体全方位运营方面开始了新的探索。

天津北方移动传媒有限公司

天津北方移动传媒有限公司成立于2005年1月，依托先进的无线数字技术和广播电视丰富的节目资源，进行无线数字电视的传播，经营无线数字新媒体业务。其中，北方移动频道以其独特的无线数字发射及移动接收的方式进行电视节目传播，宣传天津改革发展取得的成就，服务市民精神文化生活，是天津市唯一实时播放数字电视的户外媒体。

目前，北方移动频道业务涵盖200条公交线路3500辆公交车，6000多个移动收视终端，公交车辆覆盖率达到天津市运营公交总量的75%，媒体受众规模达到每日300万人次。移动频道节目内容丰富，每天连续播出19个小时，28档栏目实时转播新闻资讯、重大活动、体育赛事等，实现了即时性、实用性、服务性与公益性相结合，可满足公交各类人群的收视需求。

北方移动把握新媒体发展的趋势，通过创新观念、内容、形式、方法和手段，积极拓展市场与规模，不断提高移动传媒产业的内容影响力和舆论引导力，同时加快、加强地面无线数字电视网络的建设，在公交移动平台成功运作的基础上，围绕天津移动电视的产业链建设，向规模化、产业化、集约化发展，走出了一条新媒体经营的创新之路。

云南无线数字电视文化传媒有限公司

云南广电传媒集团旗下云南无线数字电视文化传媒有限公司（以下简称云数传媒）是云南广播电视台于 2005 年 11 月在昆明注册成立的一家专业型文化传媒控股企业，也是中国成立较早、规模较大、业务较完备的地面数字电视投资、建设、运营和维护的专业化公司；连续三届获得国家文化出口重点企业称号；是全国四家承建“国家地面数字电视单频网示范项目”的企业之一，是全国文化体制改革工作先进单位，也是第一个将中国 DTMB 技术标准推广到海外的企业。

云数传媒以“建设现代大型跨国文化传媒集团”为愿景，以数字电视综合运营为基础，成功培育了国内 DTMB 地面数字电视业务、新媒体业务、海外 DTMB 地面数字电视业务三大主营业务。充分秉承云南广电“立足云南、放眼全国、走向世界”的理念，不仅在云南建设了“中国 DTMB 标准云南应用服务平台”，还在海外投资成立了老挝数字电视有限公司和柬埔寨数字电视有限公司，探索出了我国广播电视“走出去”的成功模式。

云数传媒与老挝国家电视台在老挝合资投建的老挝数字电视项目，成了中国 DTMB 技术标准海外推广的首个成功案例，开创了由“中国制造”到“中国创造”的转变。目前，DTMB 地面数字电视网络已覆盖了老挝首都万象，以及沙湾拿吉、占巴塞、琅勃拉邦三个重要省份，传输播出包括我国中央电视台国际频道和英语新闻频道、新华电视亚太台（CNC）中英文频道、云南广播电视台卫视频道和国际频道在内的 54 套数字电视节目，受到了当地人民的广泛欢迎。其中，首都万象地区的市场占有率目前已超过 50%。

2012 年 9 月，柬埔寨国家电视台与云数传媒签署了合作协议，双方共同投资在柬埔寨开展 DTMB 地面数字电视项目建设和运营。2015 年 2 月，柬埔寨首都金边地区的 DTMB 地面数字电视信号成功试播，播出包括我国中央电视台国际频道和英语新闻频道、云南广播电视台卫视频道和国际频道等在内的，共计 70 个数字电视频道。双方后续还将共同合作建设柬埔寨暹粒、磅湛、马德望三个重要省份，乃至覆盖柬埔寨全国的 DTMB 地面数字电视网络。

在国家“一带一路”宏伟蓝图的实施中，云数传媒还将进一步加强与东南亚、南亚乃至世界更多的国家开展 DTMB 数字电视项目合作，促进中华优秀文化“走出去”，增进各国对中国的了解，并加深与中国的友谊。

北京北广传媒城市电视有限公司

北京北广传媒城市电视有限公司（以下简称城市电视）是北京市属开发运营电视新媒体的专门机构之一，成立于 2004 年 12 月 16 日，公司成立 10 年来，主要从事楼宇电视和户外大屏电视的经营管理。城市电视作为政府公共信息发布和城市应急预警平台，担负着政府政令、城市信息、城市预警等社会公共信息传播任务，旨在为大众提供完善、及时、权威的资讯服务。

城市电视主营业务为楼宇电视联播网及户外大屏电视联播网，截至 2014 年 12 月 31 日，城市电视楼宇电视保有量达 7500 屏。城市电视采用最新一代国标机，以 PAD 式“城市派”外观设计为主打。独特的分屏设计可以实现画面分区域播出，并通过数据广播技术实现个性化播出，全天搭载天气预报、空气质量指数、出行信息、城市预警信息发布等公共服务信息，以便满足不同受众需求。

城市电视充分借助首都资源优势，以打造最具影响力的户外政务信息平台为目标，逐步实现并扩大在北京市各级委办局、政府机关、高档写字楼等重点渠道的媒体布局，成为政府系统终端安装市场占有率最大的户外电视媒体。

另外，截至 2014 年年底，城市电视大屏电视联播网共集合 7 处 7 块 LED 大屏幕的联播电视网络，多分布于城区交通主干线及核心商圈，如王府井、东二环、东三环等，地理位置优越，覆盖人群密集。城市电视户外大屏联播网承担着新闻宣传、政策导向等公共信息发布功能。该联播网已成功完成了党的十七大、2008 年奥运会、“神七”升空、国庆 60 周年、建党 90 周年、全国“两会”、十八大、APEC 开幕式、青奥会开幕式等重大活动的实况转播任务，同时，每天定时转播的《新闻联播》、《北京新闻》也收到了良好的社会传播效果，充分发挥了新媒体的舆论导向作用。

作为政府公共信息发布平台和城市应急预警发布平台，城市电视担负着政府政令、城市信息、城市预警等社会公共信息传播任务。每天 7:00～22:00 连续 15 小时播出，汇集新闻、体育、财经、娱乐、公益、服务等众多栏目，是家庭电视的有效延伸，使观众身在户外也能知晓天下大事。目前，城市电视播出栏目分为新闻资讯、文化娱乐、生活服务、公益宣传四大类，同步转播的节目有《新闻联播》、《北京新闻》。

大连移动数字电视

大连移动数字电视于 2006 年 1 月 22 日正式开通，目前拥有城市公交车等各类终端平台 2600 余个，其中公交终端覆盖大连主城区和金州新区的 80 多条公交线路、2000 余辆公交车。近年来，大连移动数字电视致力于打造大连广电节目展示平台、公益宣传学习平台、生活资讯服务平台三大平台，媒体传播力和影响力显著增强，现已成为大连地区覆盖面最广、深受广大市民认可的公共信息平台之一。

2014 年，大连移动数字电视启动社区电视项目，与市委宣传部合作，建设大连社区智慧学习平台。经过近一年的运作，已试验性建成 8 个平台。该平台以建设贴近市民的学习平台为目的，以互联网传输为前提，以专业化信息管理为基础，是实现电视内容产品分众化传播的新的媒介形态。对于大连移动电视来说，是以输出服务换市场，调动社会资源，重新架构媒体的传播网络体系，更加贴近基层，更加适应互联网带来的机遇和挑战，主动适应新常态，网格化终端分布的有力尝试。

福州电视台移动频道

福州电视台移动频道作为福州广播电视台旗下唯一户外数字移动电视媒

体，2011 年 12 月强势登陆福州。现独家覆盖福州市公交集团、康驰新巴士、营达、华威四大公交运营公司的公交巴士。拥有 200 多条公交线路，3800 辆公交车，共 7000 多面高清液晶电视屏。多档王牌自制栏目，如《虎纠好味道》、《淘最福州》、《家装我做主》、《漫步福州》、《虎纠好工作》等，日均影响 300 多万人次的福州人，终端直达全城数百万移动人群，实现了立体式传播覆盖，品牌影响力无限。

广西广电移动多媒体传播有限责任公司

广西广电移动多媒体传播有限责任公司成立于 2008 年 4 月，是广西电视台控股组建的股份制公司。公司旗下的移动电视业务以强势先行的技术、节目、管理、广告营收等成为广西户外资讯发布第一平台。

迄今，广西移动电视已经广泛覆盖南宁市公交总公司、白马公交公司的 2000 辆优质公交车，通过车厢内安装的 2 台 19 寸宽屏液晶显示器，实时接收地面数字发射系统的数字信号，同步清晰直播将电视由室内引向室外，打造全新的户外电视媒体平台，以更精准的接触，更低的成本实现更高的广告传播效益。

广州地铁电视

广州地铁电视是广州地铁总公司与广电系统合作创立的资源型创新媒体，拥有广州地铁全线封闭式户外空间的独家视频媒体经营权，并且享有广东电视台强大的影视制作资源及户外节目播出权。公司创想独到的“户外”+“电视”资源整合优势自 2005 年 12 月 26 日首批地铁电视亮屏开播即在新媒体市场崭露头角，加之每年以倍量级增长的媒体网络扩张速度，广州地铁电视已迅速发展成为深受地铁乘客欢迎且传播价值备受业界关注的城市主流户外视频媒体。

以资源型增长推动媒体价值增长，是广州地铁电视开播 9 年来迅速跨步成长的重要因素，目前，广州地铁电视的电视终端网络全面覆盖广州地铁一至六号线、八号线、广佛线和珠江新城 APM，9 条地铁线网共计 166 个站点的站厅、站台及全线地铁列车内，超过 16000 台电视终端高密度分布于地铁乘客进出站、候车及乘车的出行全程，媒体传播领域阔达广州城区 261 公里，独家垄断全线地铁传播空间带来的“户外”关键地利优势显然。

在垄断传播空间，拥有较高收视保障的媒体终端硬件条件下，广州地铁电视还致力于构建优质的“电视”媒体资讯传播平台，以不断提升乘客对媒体的收视关注度。公司根据地铁运营的特质，节目制作注重新闻信息时效性与资讯传递的多元化，每天分早、午、晚三档时间，全线终端实时转播广东台新闻频道整点新闻、央视新闻联播等新闻节目，尽显节目时效性与权威性。除新闻版块外全天候放送涵盖体育、影视、娱乐等丰富资讯的娱乐休闲类节目，特别是围绕广州地铁建设、地铁沿线风土人情、与市民生活息息相关的生活小窍门等方面，开办富有广州生活气息，独具广州地铁特色的专属栏目，如《走出地铁》、《智慧生活》等全新自办栏目，真正做到成为地铁乘客喜闻乐见的电视媒体。

湖北广电城市电视有限公司

湖北广电城市电视有限公司（以下简称湖北广电城市电视）是在湖北省委、省政府关于提高城市预警应急能力、完善政务信息发布平台、加快城市信息化建设、构建和谐社会、大力发展湖北文化产业相关精神指引下成立的，湖北省唯一一家经党和政府有关部门正式批准开办的专业大型户外电视传播媒体。城市电视采用先进的数字传输技术，实现无线数字电视地面覆盖，终端无线联网播出，全面覆盖城市公共场所，又成为城市公共客厅的电视。根据城市公共客厅的大小，城市电视终端分为小屏和大屏两大系统。

自 2007 年 3 月 15 日成立以来，湖北广电城市电视按照爆炸式起步、裂变式壮大、多元化上市的总体规划全力抢占户外宣传阵地。截至目前，湖北广电城市电视共签订小屏电视终端合同 8700 块，建成开亮世界第一高屏——以龟山大屏、光谷大屏、洪山广场大屏、省委大屏、广埠屯大屏等为代表的 7 块户外高清地标大屏。已安装小屏电视 1500 台，全面覆盖党政机关、文化教育、医疗卫生、金融商务、公共服务、餐饮服务、商业卖场等 12 大系统，收视人群超过 410 万人次/日。同时将以武汉市为中心，在全省范围主城区立交桥、人行天桥两侧设置 LED 电子显示屏、地铁站出入口设置景观屏、标志性建筑外墙设置超大光幕屏，构建全省政务信息联播网。实现政务信息“一键通”，城市预警“一键通”，民生信息“一键通”，把城市装扮得更时尚、更亮丽，成为一道独特的风景线。每天播出节目 15 小时无差错，经济效益十分看好。作为新兴媒体，湖北广电城市电视是党和政府新的重要宣传舆论阵地，肩负宣传湖北、助推中部崛起的重任。以“户外资讯先锋”为频道定位，主打“政务信息权威发布”，播出内容以新闻资讯、政务信息为主，娱乐、休闲节目为辅，集新闻性、娱乐性、服务性于一体。

黄石数字移动电视有限公司

黄石数字移动电视有限公司是黄石广电集团旗下专业进行户外电视运营的新型媒体传播平台，公司自 2008 年 8 月 8 日正式成立以来，始终致力于本土无线“移动数字电视”领域的探索和拓展，打造全新的户外信息资讯传播平台；在各级领导的热切关注和广大商家的大力支持下，黄石数字移动电视有限公司历经近 7 年发展，已经逐步成长为鄂东南地区最具规模、最专业的移动数字电视运营机构之一。

公司自主开办了移动电视频道和城市电视频道，日播出时间 16 小时，播出栏目近 30 个，内容涉及新闻、娱乐、体育、生活资讯等众多与百姓生活息息相关的方面，其中《帮女郎·帮你忙》、《快乐旅游》、《全城 SO 居》、《果搞笑》、《生活百分百》、《微调查》等一大批本土自制栏目，以其贴近本土生活、实用、及时播报的特点受到了众多观众和商家的喜爱。

2012 年，公司荣获“国家二级广告企业资质（媒体服务类）”荣誉，成为黄石地区首家媒体服务类国家二级广告企业。同时，在历年的全国移动电视节目评选中，各自制栏目均获得优异成绩，其中，《生活百分百》栏目更是在 2014 年的评选中荣获“生活服务类”节目全国一等奖。

目前包括楚天第一屏、公交车载移动电视、楼宇电视、公交车尾 LED 电子屏、百家社区屏、家庭数字电视 EPG（调音/换台）广告等媒体平台在内的城市公共文化联播网络已经初步形成，传播效应不断彰显，媒体价值得到广泛认同。

截至 2014 年年底，各平台终端已经覆盖黄石港区、西塞山区、下陆区、铁山区四大主城区，以及团城山国家级经济技术开发区、黄金山国家级开发区、花湖省级经济技术开发区、大冶市中心城区等区域，给市民百姓和广大商家带来了更丰富、更及时、更便捷的文化资讯生活。

- 楚天第一屏幕：黄石广电大楼 2500 平方米超大幕墙屏。
- 车载移动电视：覆盖 2、5、7、11、13、14、15、16、22、23、25、28、31 路等十余条城区黄金线路。
- 城市楼宇电视：覆盖政府机关、医院银行、宾馆酒店、商超百货等人流密集区域。
- 公交车尾 LED 电子屏：覆盖全市公交车近 20 条黄金线路。
- 百家小区屏：已进驻全市近百家中高档小区，滚动灯箱+LED 游字组合传播，效果良好。
- 家庭数字电视 EPG（调音/换台）：覆盖逾 24 万户有线电视用户。
- 手机电视：无线信号发射，覆盖逾 3 万手机电视用户。

济南广电移动电视有限公司

济南广电移动电视有限公司成立于 2004 年 11 月，注册资金 800 万元。公司成立初期，主要经营公交移动电视项目，从 2004 年 12 月开始实验性播出，到 2005 年 5 月 18 日正式开播。

开播十年来始终以“服务政府公共管理，关注百姓身边生活”为宗旨，近年来在终端建设、节目内容、广告经营等方面更是大胆创新思路，实现整体突破。

2014 年，由总公司——济南广播电视传媒有限公司注资近 2000 万元将原有的 15 寸车载电视屏幕全部更换为 19 寸和 22 寸超大电视屏幕，信号发射机也进行了更新换代，从而使济南广电移动电视的播出信号更稳定、收视收听效果更好、覆盖受众面更广。

截至目前，已在济南市近 200 条公交线路、 3000 辆公交车上安装了近 4000 台移动电视接收设备，覆盖济南市东西南北各大交通要道，每天受众超过 300 万人次；根据不同的受众群体需求，播出时间自早 6:00 至晚 23:00，全天共计播出 17 个小时，节目内容主要涵盖新闻资讯、娱乐休闲、民生服务、应急预警等与百姓生活息息相关的多个方面。

除了济南广电移动电视频道的建设和运营，济南广电移动电视有限公司还利用自身平台及技术优势，积极探索户外 LED 大屏幕及楼宇电视领域。截至目前在济南市区人流量大、视野开阔、商业繁荣的广场、市区主干道和政府机关、企事业单位办公楼、机场、车站、酒店宾馆、银行、汽车 4S 店、医院、娱乐健身场所、卖场等场所已建成 21 块户外 LED 大屏幕和 1000 多台室内电视终端，发布信号覆盖济南市 6 个城区，有效受众接触规模达每天 260 万人次，逐步成了政府公共信息发布、城市应急预警发布和舆论宣传的重要平台，在传达党和政府声音、树立城市文明形象、提高城市应急能力、加强政府部门和市民沟通、促进社会和谐稳定等方面发挥了不可替代的作用。

另外，济南广电移动电视有限公司还积极推进打造“都市圈联播网”发布平台。目前“都市圈联播网”已覆盖济南、泰安、淄博、济宁、潍坊、莱芜、聊城、德州、滨州 9 个城市，整合各地市共计 52 块户外 LED 大屏幕的资源，延伸打造以济南为核心、环绕全省的全新的户外信息发布联播平台。“都市圈联播网”不仅有力配合了区域经济发展规划，而且以新的业态、新的视角，大力促进了济南文化产业多元化的发展。

洛阳广电数字电视有限公司

洛阳广电数字电视有限公司成立于 2012 年 3 月 30 日，注册资金 1000 万元，现有员工 21 人，下设节目部、工程部、办公室三个部门。

移动电视频道依托古都洛阳厚重的历史文化底蕴，致力于“数字电视”领域的探索和拓展，主要开展公交移动电视及广场、楼宇等户外电视媒体全覆盖，完善公共文化服务设施网络。以数字网为载体、以市场化、品牌化、本土化为目标，通过国际领先的无线数字传输技术传播节目信号，面向大众，逐步形成品牌突出、内容丰富、针对性强的系列节目。目前，洛阳移动电视盈利主要来源于广告收入及大型活动。

全天播出16小时，内容以生活、资讯、休闲、娱乐、服务为主，平均每档节目5～8分钟，采用录播的方式播出。在原有引进、转载等节目基础上，自办五个主力栏目——《典籍趣事》、《吃喝游乐购》、《最美公交人》、《吃遍洛阳》、《爱在花城》，深受老百姓的欢迎。

宁波广通传媒有限公司

宁波广通传媒有限公司成立于2014年4月，是宁波市轨道交通集团有限公司和宁波广波电视集团合资成立的新媒体公司，注册资本1000万元，是宁波市唯一一家经国家广电总局批准许可，在地铁、公交车、出租车、长途车等公共交通工具上开展移动数字电视业务的新媒体公司，并将在宁波轨道交通1号线一期20.8公里、20个站、22辆列车共计1167个车厢和站台的视频终端上正式启动移动电视节目的播出，拥有宁波市内1800辆公交车，超过3000个视频终端，不但可以接收到最新新闻、体育赛事转播、娱乐电视等节目，而且还能实时播放地铁控制中心所发出的关于列车个性化导乘资讯、应急信息等，渗透率高、时效性强、传播快、影响大，是党和政府政策舆论宣传、重要信息发布的主要阵地，也是城市应急系统的重要组成部分。

广通传媒，信息快捷、贴近百姓；它讲究实效，集平面媒体、广播电视的优势于一体，每日影响超过210万出行人群生活的方方面面，并致力于成为宁波最具影响力的主流新媒体。

上海东方明珠移动电视

上海东方明珠移动电视是国家广电总局首批下发资质的官方户外电视新媒体，作为全国户外移动电视的领军品牌，已被纳入上海市突发事件预警信息发布渠道之一。迄今已在公共交通、楼宇等拥有 32000 个收视终端，辐射上海 19 个商圈，100%覆盖上海中心城区，节目每天传至 1800 万市民，形成了大上海极具影响力的无线数字广播网络。

开播 12 年以来，东方明珠移动电视始终秉持“新闻资讯为主，关注民生为本”的品牌精神，着力发挥公共服务信息平台优势，先后与上海市气象局、上海市环保局、上海市食药监局等政府委办局展开紧密合作，为市民提供实用有效、喜闻乐见的服务信息，将东方明珠移动电视打造成一个面向公众的，集时效性、公益性于一体的公众媒体品牌形象。

苏州华视数字移动电视有限公司

苏州移动电视频道开播于 2007 年 5 月 18 日，隶属于苏州广播电视总台。频道是苏州地区唯一运用无线地面数字广播传输技术传播、地面数字接收方式播放的户外电视媒体。苏州移动电视频道覆盖苏州 98%的区域，每天满足 300 万移动人群在外对新闻、资讯、体育、娱乐等电视节目的信息需求。

温州数字移动电视有限公司

温州数字移动电视有限公司成立于 2007 年，2008 年 4 月正式投入运营，由温州广播电视传媒集团和温州交运集团共同出资 1200 万元设立。公司地点设在温州广电集团 24 楼，目前员工总数为 18 人。公司目前主营公交移动电视业务，采用 DMB-TH 国家标准，设两台数字电视发射机（功率分别为 2 kW、1kW）和若干补点设备，在温州市区组建了地面数字电视单频网，电视信号覆盖温州的鹿城、龙湾、瓯海三区和永嘉、瑞安部分地区。截至 2014 年 12 月，拥有车载移动电视接收终端 1700 个，水上巴士 4 个。2014 年，自营了 7 个行业并取得了较好的业绩。在此基础上，2014 年年底公司通过前期调研，将广告经营权全部收回，由公司自主经营。

根据温州市委、市政府的中心工作要求，重点抓好主题宣传报道工作。

历年来多次转播全国两会、市两会等大型会议，2014 年及时转播了“市十大措施看落实”活动、五场温州电视问政大型直播节目，特别是在 2014 年的文明城市及卫生城市的创建工作中，公司作为户外主要宣传阵地得到了市委宣传部及市文明办的肯定。

除了大量的国内外资讯节目，温州数字移动电视还播出许多科教文化类节目。2014 年 6 月，公司顺应时代发展潮流申请了移动电视微信订阅号，积极开拓微信互动平台。由移动电视、温州交运集团、梦幻屋共同主办的巴西世界杯竞猜活动，引起了大家的广泛关注。2014 年策划并在移动电视平台播出的《2014 年温州车展报道》取得了良好口碑后，2015 年 4 月公司为温州第十三届国际汽车展量身定制以“穹顶之下，绿色出行”为主题的免费巴士接送观展活动，成了本届车展的一大亮点。

除此之外，公司还陆续策划并成功开展了“送温暖进社区，马年新春贺岁、楠溪江旅游节、2014 温州时尚文化创意产业博览会室内图片、视频展和户外舞台互动”等一系列活动，在赢得经济效益的同时收获了社会效益。

近年来，公司积极探索发展新路子，着力建设和开拓第二平台，不断提升移动电视发展空间。目前，公司正在努力着手筹备、调研、拓展第二平台。其中，公交 BRT、社区巴士、城际公交线路、机场大巴等项目均已进入平台建设阶段。温州“市域铁路 S1 线”项目作为公司 2015 年的重点拓展对象，目前已完成期间的调研工作，两大集团高层正在积极接触和磋商中，各项程序也均在筹备进行中。

乌鲁木齐广电移动电视有限公司

乌鲁木齐广电移动电视有限公司成立于 2010 年 8 月 16 日，是由乌鲁木齐电视台控股的新型传媒企业。

公司采用国标地面数字电视技术，依托乌鲁木齐电视台丰富的节目资源和文化产业资源，致力于打造乌鲁木齐地区的无线数字电视平台。

在乌鲁木齐市委、市政府的大力支持下，公司已经在乌鲁木齐地区建立起一个公交移动电视平台，截至目前，在乌鲁木齐 438 辆 BRT、1980 辆普通公交车上搭载了移动电视终端，日覆盖乘客人次达到100万。

此外，公司在乌鲁木齐市委市政府大楼、BRT车站安装户外、楼宇电话200余部，公司发展家庭用户两万户。

现在，公司的移动电视频道每天播出18个小时，除了乌鲁木齐地区、央视的新闻直播外，还为公交乘客量身打造了10多档节目，从信息资讯到生活服务再到影视娱乐，每天缤纷的节目成为乘客短暂旅途的伴侣。

乌鲁木齐移动电视平台已经成为本地区一个覆盖面广、传递效率高、覆盖成本低的媒介。公交移动电视运行3年来，除了得到商家的青睐外，还与乌鲁木齐各政府部门、职能单位、公共服务的企业开展宣传合作，把移动电视打造成公益宣传、公共服务的有效平台，这一点也得到了乌鲁木齐市委、市政府的充分肯定。

西安移动电视

西安移动电视至今累计投资1812.8万元，已在西安市96条公交线路，2180辆公交车上安装了2366块数字移动电视接收设备，覆盖西安市东、西、南、北各大交通要道。同时，固定场所移动电视接收设备已经覆盖到火车站、汽车站等人流聚集场所。西安广播电视台移动电视每天受众500万人次。每天穿梭在城市脉络中的移动人群通过收看、收听这一全新概念的“移动媒体”，在第一时间了解到时事要闻、生活资讯。

在9年的试验播出中，西安数字移动电视试验频道严格执行各项国家法定法规，每年累计播出6000小时以上，实现了安全播出无事故，积累了大量的用户资源和播出经验。已经建设成为覆盖全市的数字电视网络传播平台，成为新时期广播电视事业新的经济增长点，扩大了西安广播电视台的影响力，在宣传党的政策、宣传西安改革开放三十年成就时发挥了应有的喉舌作用，配合了西安市五项重点工作的宣传。加快数字化技术的建设，加大在数字电视方面的试验力度，取得了很好的宣传效果。西安数字移动电视试验频道目前已成为传播党和政府声音的新媒体平台，丰富了西安市民公交出行，并成为市民接收户外信息的主要渠道。西安移动电视是西安市在努力建设人文西安、活力西安、和谐西安，加快向具有历史文化特色的国际性、现代化大城市的宏伟目标迈进的进程中闪烁的一颗亮点。

烟台移动数字电视中心

烟台移动数字电视中心成立于 2005 年。经过近 10 年的发展，目前移动数字电视信号已覆盖芝罘区、福山区、开发区、莱山区、牟平区，并不断向各县市区延伸壮大。烟台移动数字电视现已拥有公交车载电视（1200 余套）、出租车 1700 辆、楼宇液晶电视（100 余处 200 多个屏点）、私家车、户外大屏等多种接收终端，设备完好率达 98%，日受众 200 余万人次，是烟台市唯一拥有多种接收平台的电视媒体。

烟台移动数字电视的节目结合受众特点，确立了“短、小、精、新”的节目创办方向，每天 18 小时滚动播出，栏目特色鲜明、新颖，涉及新闻、娱乐、体育、生活资讯等众多与市民息息相关的内容。节目特点贴近民生、民意、民风，主要体现在重民生，重相关利益，重新鲜，重娱乐，重时尚，重潮流，重变化。

扬州电广新媒体传播有限公司

扬州电广新媒体传播有限公司成立于 2011 年 1 月，注册资本 1200 万元人民币，是扬州广播电视集团（总台）的全资子公司。扬州电广新媒体是全媒体重要的推广平台，2012 年实现移动电视、手机电视、网络电视并机直播。

其中，移动电视先期在扬州市 75 条线路、1200 多辆公交车上安装了 2400 块显示终端，通过国际领先的 DTMB 无线数字传输技术进行多媒体展示，是名副其实的扬州第一户外媒体，能够每日实现与 60 万城市主流人群的亲密接触。同时，在 70 个广告场所拥有 135 块显示屏，范围覆盖各行各业，重点覆盖学校等场所；还有北站停车场 3.6 米×1.6 米站台 6 个画面单面 6 副，动物之窗停车场 3.6 米×1.6 米站台 12 个画面双面 24 副，东站停车场 2.5 米×1.05 米×1.15 米站台 50 个画面双面 100 副等媒体资源。

公司还投资了扬州最大电商网站——A 计划网。扬州广电 A 计划项目自 2009 年成立以来已拥有高端会员 15 万人，合作商家 1152 家。A 计划已经成为老百姓信赖的、商家器重的集网络、移动电视、微信、短信、微博、社交等多种推广方式于一体的新型营销推广平台。

另外，扬州网络电视是扬州广播电视传媒集团投资组建的新形态网络媒体，是扬州电视台优秀节目在网络上的传播载体，也是扬州电视台节目走出本地，面向全球网络用户的门户。

芜湖广电交通传播投资有限公司

芜湖广电交通传播投资有限公司（芜湖广电移动数字电视频道）成立于 2011 年 4 月，注册资本 500 万元人民币，由芜湖市广电传媒（集团）有限公司控股、芜湖市公交集团公司参股，依托芜湖广电丰富的文化产业资源和完善的数字节目传输网络系统，致力于地面数字电视（移动）电视播出平台的运营、管理和服务，电视节目资源的整合和经营以及终端产品的研发、生产和销售的媒体。

公司自成立以来，经过资产投入和产业布局，目前已对芜湖市 1100 余辆公交车载电视实现了全面覆盖，并在全市 60 多个人流聚集的公共场所安装了移动电视终端，日受众达到 100 万人次，成为芜湖市委、市政府新的宣传平台以及党和政府喉舌的重要延伸。

作为一个全新的媒体信息平台，芜湖广电移动数字电视博采众长，精益求精，以节目为核心、以品牌为目标，面向受众，日播出节目总时长达 16 个小时，节目内容由并机直播、台内精选、自制自办、外联合办四大类型构成，设多个“短、新、全”的特色栏目，力争让芜湖公交一路精彩。

公司以广电和公交集团强大的传媒和交通资源为依托，经过 3 年多的努力拼搏，已成为政府公共信息、城市应急预警、受众生活服务和企业广告宣传的四大平台。

北京世巴传媒有限公司

北京世巴传媒有限公司成立于 2014 年 4 月 17 日，由北京巴士传媒股份有限公司和北京北广传媒移动电视有限公司合资成立，注册资本 5000 万元。

世巴传媒主营公交数字媒体业务，产品线覆盖公交车载移动电视、电子站牌、场站信息服务显示屏等可整合传播的媒体。辅以公益活动推广，致力于打造“全国性公交数字媒体运营平台”品牌。

世巴传媒拥有北京全市场站全彩大屏媒体的独家经营权，依托移动数字电视单频网进行电视节目及广告的实时联播。

为配合数字媒体广告营销，世巴传媒积极打造公益活动平台，辅助广告客户实现扩大影响力的宣传需求，用公益服务回报社会。以新闻消息、娱乐播报、品牌专题节目等形式在世巴传媒各类媒体平台实时联播，达到线下活动、移动电视、电子站牌、信息服务大屏多渠道整合传播的效果，在全国主流城市形成强势传播。

世巴传媒坚持“技术创新服务公交”的理念依法办企，主营业务清晰，经营业绩良好。经营团队将在公司董事会的领导下，带领全体员工开拓进取、真抓实干，以良好的经营业绩回报公交集团、回报社会、回报股东。

反侵权盗版声明

举报电话：（010）88254396；（010）88258888
传　　真：（010）88254397
E-mail：　dbqq@phei.com.cn
通信地址：北京市海淀区万寿路 173 信箱
　　　　　电子工业出版社总编办公室
邮　　编：100036